On trouvera des Exemplaires de cette Histoire,

A

ABBEVILLE, chez DE VÉRITÉ, Imprimeur du Roi & de Monseigneur Comte d'Artois.
AIRE, chez M. HIBON, Marchand, sur la grand'Place.
AMIENS, chez CARON, l'aîné, Imprimeur du Roi.
ARRAS, chez TOPINO & LORREAU, Libraires.
BEAUVAIS, chez CHEDIN, Libraire.
BÉTHUNE, chez M. HENNEBERT, Chanoine.
BOULOGNE, chez M. CAILLIETTE, Agent de Change.
BRUXELLES, chez DUJARDIN, Libraire de leurs Altesses Royales.
CALAIS, chez MAURI, Imprimeur-Libraire.
CAMBRAI, chez M. AUBRI DU BOCHET, Ingénieur-Féodiste.
DOUAI, chez DELANNOI, le jeune, Libraire.
DUNKERQUE, chez LÉTOCART, Libraire.
HESDIN, chez M. HALLETTE, Greffier en chef de la Maîtrise des Eaux & Forêts.
LILLE, chez JACQUEZ, Libraire.
PARIS, chez BELIN, Libraire, rue St. Jacques, & chez VOLAND, Libraire, Quai des Augustins.
ROUEN, chez BOUCHER, Libraire.
VALENCIENNES, chez GIARD, Libraire.
ST. OMER, chez HUGUET, Libraire, & chez l'AUTEUR, sur le marché aux Vaches, N.º 3.

Prix de ce volume broché, 4 liv. 12s.

HISTOIRE
GÉNÉRALE
DE LA
PROVINCE D'ARTOIS.

HISTOIRE
GÉNÉRALE
DE LA
PROVINCE D'ARTOIS,
DÉDIÉE
A MONSEIGNEUR
COMTE D'ARTOIS.

Par M. HENNEBERT, Chanoine de la Cathédrale de St. Omer.

Pius est Patriæ facta referre labor.
OVID. TRIST. L. 2.

TOME PREMIER.

A LILLE,
De l'Imprimerie de la veuve HENRY, rue d'Amiens.

M. DCC. LXXXVI.
Avec Approbation & Privilege du Roi.

A SON ALTESSE ROYALE, MONSEIGNEUR COMTE D'ARTOIS.

MONSEIGNEUR,

C'Eſt à la protection que vous accordez aux Sciences & aux Arts, que je dois la permiſſion de décorer cette Hiſtoire d'un nom que les anciens Comtes d'Artois ont rendu célebre, & que vos vertus rendent encore plus illustre.

Je suis avec le respect le plus profond,

MONSEIGNEUR,

DE VOTRE ALTESSE ROYALE,

Le très-humble & très-obéissant Serviteur,
HENNEBERT.

PRÉFACE.

J'Ai annoncé dans mon Prospectus, qu'on avoit publié l'Histoire de plusieurs Comtés qui avoisinent l'Artois, qu'il manquoit celle de notre Province qui a servi de théâtre aux révolutions les plus intéressantes, que cette omission m'avoit inspiré le courage de l'entreprendre sans autre dessein que d'être utile à ma Patrie, que si le succès répondoit mal à mon zele, je dirois avec Pasquier : *J'ai rompu la glace ; il sera aisé à ceux qui viendront après moi, de voguer en pleine eau* (a).

Pendant la circulation de mes Prospectus, il sortit d'une Presse clandestine une prétendue Histoire d'Artois (b) : il me sieroit mal de la critiquer. J'invite les Lecteurs éclairés à comparer cet ouvrage avec le mien, & à prononcer impartialement sur l'importance de l'un & de l'autre.

---

[a] Liv. & Ch. 1, *des Recherches de la France.*

[b] Maintenant en deux parties, formant ensemble 366 pages Historiques & 17 de Préface. Elle date de l'an de Rome 695 & finit à l'an 1373 de J. Ch. espace de 1530 ans : c'est environ 24 pag. pour chaque siécle, pris indistinctement. Les Chroniques de Locre ont beaucoup plus d'étendue.

Mais une chose plus risible qu'inquiétante, est l'esprit de parti qui s'est mêlé dans cette concurrence (a). En pareil cas, un Sage, ennemi des intrigues, médite dans le silence, les moyens de sa justification, & le Public décide si cet esprit a été bien ou mal conçu. Ce désagrément avoit été précédé de refus & de contradictions, au commencement de mon entreprise. Certaines personnes se montrerent encore jalouses de contrarier mes vues par leurs conseils & leurs démarches perfides. Heureux l'Écrivain qui sait mépriser le sourire de la basse envie, les ridicules de la morgue & le ton ironique du persiflage!

Il est doux pour mon cœur de publier les bons offices que l'on m'a rendus dans mes recherches; ma reconnoissance qu'ils ont excitée, doit être aussi durable que cet ouvrage; je prie ceux qui en sont les objets, de vouloir bien agréer mes plus vifs

---

[a] Depuis que le charlatanisme ose employer les intrigues & les voies d'une autorité mendiée, pour procurer du débit aux Ouvrages, on doit bien se défier des éloges outrés que certains écrits en publient. Je sais que des Auteurs se chargent eux-mêmes de l'analyse de leurs productions, ayant soin de l'assaisonner d'une douce critique. Il seroit bon, pour l'honneur & les progrès de la Littérature, que cette manœuvre fût arrêtée.

remercîmens. M. d'Allenes, Abbé de St. Bertin, m'a prouvé que l'honnêteté des procédés est inséparable de son caractere. L'Abbaye de St. Vaast s'est prêtée avec la plus grande complaisance à toutes mes demandes. Les riches Bibliotheques de ces Maisons offrent des ressources infinies à ceux qui cultivent les Sciences & les Arts, sur tout depuis que celle de St. Vaast, composée au moins de 40 mille volumes & d'un grand nombre de manuscrits, est ouverte (*a*) deux fois la semaine. M. Harduin (*b*), Avocat, Secrétaire perpétuel de l'Académie d'Arras, m'a témoigné, par son zele officieux, combien il honoroit les Lettres & ceux qui les aiment; il s'est empressé de me communiquer tout ce que le Musée de cette Capital a recueilli d'intéressant sur notre Province. On trouve dans le cabinet de Mr. l'Abbé Galhault, Chanoine de l'Eglise d'Arras, dans ceux de M. Vander-Cruys & de M. Godefroi, l'un & l'autre de Lille, un assortiment recherché d'Historiens sur la Flandre & l'Artois; ils ont poussé leurs bontés aussi loin qu'ils ont pu. Le Chapitre

---

[*a*] Depuis Janvier 1785; celle du Chapitre d'Arras l'est aussi depuis 1783.

(*b*) Décédé le 5 Septembre de l'année 1785.

PRÉFACE.

de St. Pierre de Lille m'a très-gracieufement ouvert fa précieufe Bibliotheque où mes recherches ont duré plufieurs mois. Les complaifances du Savant Pere Richard, Bibliothécaire des Dominicains de la même Ville, ont été fans bornes. Je fuis encore redevable de beaucoup de chofes à Mr. Defchamps de Pas, & à M. le Grand de Caftelle, Confeillers au Bailliage de St. Omer, & à leur concitoyen feu M. Vifconti, Avocat : j'ai vu chez les deux derniers (a) une Collection choifie d'Hiftoriens fur notre Province. L'érudit feu M. Butler, Préfident du College Anglois à St. Omer, m'a livré toute la fienne ; M. de Wilkinfon, fon Succeffeur, a daigné me continuer les mêmes fervices. D'autres fecours fe font préfentés dans les Bibliotheques du Chapitre de cette Ville & des Peres Dominicains. Je paffe fous filence plufieurs perfonnes, entre lefquelles je dois néanmoins citer feu M. Blondel d'Aubers, ancien premier Préfident au Parlement de Douai : il m'a prêté fort obligeamment les volumes dont j'avois befoin, de l'immenfe collection du Pere Conftantin, Carme. J'y ajouterai M. Buiffart ; l'ainé, Avocat à Arras, & Mad.elle Bon-

_____

(a) La Bibliotheque de M. Vifconti a été vendue depuis fa mort,

temps , d'Aire ; ils m'ont procuré des livres & des notes manufcrites avec une ardeur qui prouve leur goût pour l'Hiftoire.

Pendant le temps que j'ai vifité à Paris plufieurs bibliotheques & des cabinets particuliers , tout le monde m'y a certainement accueilli avec autant de politeffe qu'il eft poffible d'en mettre dans l'envie d'obliger. M. le Noir a bien voulu, à la recommandation de MM. les Députés des États d'Artois à la Cour, me permettre la communication des manufcrits de la Bibliotheque du Roi, avec cette urbanité qui le diftingue. J'ai encore des grandes obligations à M. de Brequigny, à M. le Comte de Waroquier de Combles, &c. Tâchons maintenant de développer ce que j'ai annoncé dans les feuilles périodiques de nos Provinces.

L'Hiftoire, qui porte le flambeau dans les temps les plus ténébreux, eft une collection variée de faits intéreffans & liés méthodiquement les uns avec les autres. C'eft le dépôt public des actions humaines, un livre ouvert à tout le monde, fervant d'école aux grands Hommes, & après leur mort, de titre honorable pour leur poftérité. Elle cenfure les erreurs, les foibleffes

& les crimes, dans la vue de nous en garantir. Elle exalte les actions morales, héroïques & chrétiennes, afin de nous inciter à leur noble imitation. Elle se réjouit du bien & s'attriste avec les malheureux. Elle enseigne aux Rois l'esprit de prudence, de justice & de force pour gouverner, & aux sujets, la fidélité, l'obéissance & le courage pour concourir aux intérêts des Souverains. Tandis qu'elle promet aux Sages une place glorieuse dans ses fastes, elle menace les gens lâches, perfides, vicieux, impies, scélérats, de flétrir éternellement leur mémoire. Cette espérance ou cette crainte, puissant mobile de l'amour propre, a poussé beaucoup de nos semblables à fuir ce qui est contraire au bien & à tenter de grandes choses.

L'étude réfléchie de l'Histoire convient aux Militaires. Elle leur montre l'habileté & les fautes d'un Général, le mérite de toutes ses manœuvres quand il est question d'un campement, d'un fourrage, d'une embuscade, d'un retranchement, d'un siége, d'un ordre de bataille, d'un combat gagné ou perdu, d'une poursuite ou d'une fuite, d'une retraite & des quartiers d'hiver. Ils observent ce qu'il est bon d'éviter ou d'imiter.

La même étude sert à former un excellent

PRÉFACE.

politique. Il acquiert le don de pénétrer les myſteres d'un état, de démêler les reſſorts cachés qui motivent une Ambaſſade, un traité d'alliance, de commerce & de paix. Les Souverains agiſſent quelquefois par des motifs ſecrets qui doivent avoir leurs effets après un certain laps de temps, à moins qu'un événement imprévu ne dérange l'exécution de leurs vues. Je pourrois citer deux Miniſtres célébres par la ſagacité de leur politique. Les années ont fait éclore de nos jours d'heureuſes révolutions que l'un avoit prévues de loin, & dont l'autre a dirigé le ſuccès à l'honneur de la France. Je ne doute pas qu'ils ne ſoient redevables de leur ſcience politique à l'étude aprofondie des faits hiſtoriques.

Les principaux devoirs d'un Hiſtorien conſiſtent à choiſir une matiere intéreſſante, neuve s'il eſt poſſible, à claſſer les événemens ſelon leurs époques, à taire les faits qu'il ſeroit imprudent de révéler, à ne les laiſſer tout au plus qu'entrevoir, à ne haſarder rien de faux ni d'indécent, à ſe montrer impartial dans les diſcuſſions, à dire hardiment la vérité ſans la rendre offenſante; en un mot inſtruire, ne point tromper & craindre d'ennuyer, voilà ſes trois objets à remplir.

PRÉFACE.

L'Hiſtoire impoſe des devoirs à ceux qui l'écrivent, non ſeulement par rapport au fond de l'ouvrage, mais encore par la maniere de le traiter. Auſſi leur eſt-il très-difficile de ſe mettre à l'abri de toute critique.

Après être convenu de ſa matiere, on doit ſe former un plan : mais ſon exécution ou la marche que l'on ſe propoſe, ſera peut-être applaudie des uns & déſapprouvée des autres : car chacun a ſa maniere différente de voir & de juger. Quelle eſt donc la meilleure méthode de l'arrangement ? les anciens nous l'ont tracée : mais faut-il s'y aſſervir ? Je penſe que l'on doit conſulter ſon génie & en ſuivre les inſpirations réglées.

Quelque marche que l'on tienne, l'exactitude des faits & de la Chronologie eſt eſſentielle : la premiere eſt l'ame de l'Hiſtoire ; la ſeconde & la Géographie en ſont les yeux. Quand la fidélité a guidé la plume d'un Ecrivain, qui d'ailleurs aura épuiſé les recherches convenables, on ſe perſuadera qu'il n'a point cherché à tromper ; on lui pardonnera des omiſſions & des erreurs peu conſidérables.

C'eſt une néceſſité d'uſer de précaution dans le récit des faits que des Narrateurs certifient avoir entendus. L'amour du merveil-

PRÉFACE. xiij

leux, un défaut de jugement, un esprit de passion, auroit pu les tromper, & l'on s'égareroit avec eux. Quand ils se disent témoins oculaires de ces faits, leur témoignage mérite toute croyance, pourvu qu'on les connoisse dépouillés de ces préjugés & de cette partialité que l'on reproche à beaucoup d'Historiens. Le témoignage de deux Auteurs contemporains étant unanime, les faits qu'ils racontent, acquiérent une évidence qui nous oblige de les croire : mais si leurs sentimens contredisoient celui d'un témoin oculaire, ce dernier obtiendroit sur eux notre préférence, pourvu qu'il eût la réputation d'être sincere & vrai. Il est plus d'un Ecrivain coupable de mensonge ou de déguisement.

Il est dit dans Sallufte, *Conjuration de Catilina*, que la narration est le corps de l'Histoire, & que l'instruction en est l'ame.

L'instruction concerne les faits & les conséquences morales que l'on en induit. La premiere doit embrasser assez de détails pour que les Lecteurs connoissent une Province & chacun de ses événemens, presque aussi parfaitement que si les choses représentées s'étoient passées sous leurs yeux. Quant à la moralité, elle est ou politique ou chrétienne ;

toute l'adreſſe conſiſte à l'employer convenablement; il y en a trois manieres: l'énoncer par ſoi-même comme une maxime ou une ſentence; la placer dans la bouche de la perſonne dont on parle; ou bien la faire ſortir viſiblement du fond du ſujet. Quand il s'agit de l'accréditer contre des préjugés contraires, on ne ſauroit la rendre trop frappante. Les circonſtances déſignent laquelle de ces trois manieres convient le mieux.

La narration que le ſtile aſſaiſonne, ne doit être ni ſeche ni décharnée, ni peſante, ni prolixe, ni ornée du clinquant de cette rapidité qui gliſſe légérement ſur des faits eſſentiels ou qui les omet. Cette derniere maniere d'écrire eſt la marche d'un Géant qui, preſſé d'arriver à ſon but, enjamberoit les lieux difficiles capables de le retarder: auſſi épargne-t-elle beaucoup de recherches & de méditations. Si l'eſprit en paroît ſatisfait, il lui en reſte peu d'utilité. La narration doit être fidele, inſtructive, claire, facile, riche en images, conciſe, ſans ornemens trop recherchés, grave, ennemie des pointes affectées, de tout propos de méchanceté; s'il échappe à la plume quelques-uns de ces derniers traits, ils doivent être cités avec cir-

PRÉFACE.

confpection, briévement, fans aucune perfonnalité. Mais ces préceptes font plus aifés à expofer qu'à mettre en pratique.

Inftruire les Savans, amufer ceux qui ne lifent que pour tuer le temps, édifier les ames pieufes, voilà trois claffes de Lecteurs qu'il eft rare de contenter à la fois. La feconde eft la plus nombreufe & la plus encline à critiquer. On l'entend dire ; *je ne cherche dans l'Hiftoire que l'amufement.* L'omiffion ou l'inexactitude des faits l'affecte moins que les charmes de la diction. C'eft juger d'un ouvrage comme l'on jugeroit d'un arbriffeau, par les fleurs. La premiere claffe des Lecteurs eft la plus redoutable, mais auffi la plus judicieufe dans fes obfervations critiques. Le débit ou la chute d'un ouvrage dépend de fes oracles. Elle aime la difcuffion des points Hiftoriques & n'allegue pas qu'un Hiftorien ne doit pas être un differtateur. Ces differtations font néceffaires à la formation d'un corps d'Hiftoire complet : elles l'enrichiffent fans le déparer, pourvu qu'on ait foin de les placer hors du fil de la narration : on a la liberté de les lire ou de les omettre.

Je connoîtrai plus tard fi cette Hiftoire aura de quoi fixer l'attention de ces deux claſſes. J'eſpere que les ames religieuſes y trouveront des motifs d'édification dans tout ce que Dieu opéra pour notre converſion par la voie de ſes Miniſtres, & dans les moyens continuels qu'il nous procura pour fortifier notre Foi & aſſurer notre Salut, je veux dire, par l'établiſſement des Dioceſes & des Communautés religieuſes. Ces motifs ſe multiplieront chaque fois que je rendrai à la vertu tous les hommages qu'elle mérite. Si certains détails provoquent l'ennui des uns, les autres les enviſageront d'un œil différent. Une Hiſtoire générale mérite d'être appréciée par ſon enſemble, & non par quelques-unes de ſes parties, qui ont plus ou moins d'intérêt ſelon l'opinion du Lecteur, ou ſelon le genre des connoiſſances qu'il préfere le plus.

Les Anciens n'ont point laiſſé l'exemple de traveſtir l'Hiſtoire en Roman. Cette maniere frivole de l'écrire abrege les recherches pénibles. C'eſt, à mon avis, payer ſes Lecteurs avec de la fauſſe monnoie. Un tel livre eſt digne de figurer, à côté des nouveautés agréables, ſur la toilette des femmes à prétentions.

Depuis que notre ſiécle ſe pique d'être plus philoſophe que les ſiécles précédens, on aime que des traits Philosophiques assaisonnent la narration. Cette méthode a beaucoup d'agrémens, quand elle est sagement employée. Mais si l'Ecrivain affecte d'avancer des maximes fausses ou captieuses, de soutenir des paradoxes, de démentir, avec un ton tranchant & décisif, des faits relatifs au culte de la Religion & à la pureté de sa morale, s'il ose enfin accorder les honneurs de l'apothéose à des hommes qui furent par leurs débauches ou leurs persécutions, la lie & l'exécration de leur siécle, son ouvrage deviendra un traité dangereux, préconisé par les défenseurs des systêmes hasardés & de l'incrédulité, mais réprouvé des amateurs de la vérité & de la vertu.

L'Historien, après avoir adopté un plan, s'occupe de la recherche des matériaux. Les écrits sur l'Artois ne sont que des fragmens, la plupart imparfaits. On est obligé de feuilleter un grand amas de Livres, de Mémoires, de Manuscrits, de chartres; les faits y sont épars, quelquefois avec confusion, avec contrariété, ou peu d'authenticité, excepté les siéges & les batailles de nos derniers siécles. On est réduit aux fonctions de l'abeille, qui voltige de côté & d'autre pour pomper le suc des fleurs, mêmes mau-

PRÉFACE.

vaifes, afin d'en compofer une nourriture folide & agréable.

Voici plufieurs Ecrivains connus, qui ont écrit fur les Provinces de Flandre & d'Artois, originairement confondues. Cette collection de matériaux n'eft rien en comparaifon des autres auxquels il eft néceffaire de recourir. L'opinion peu avantageufe que j'ai conçue de ceux que je vais citer, malgré l'eftime que quelques-uns méritent, m'a mis en garde contre les faits qu'ils racontent.

Les Commentaires de Céfar laiffent beaucoup à défirer fur la Gaule Belgique, tant la narration eft rapide & ferrée. Il décrit fes victoires auffi leftement qu'il les a remportées. Cet ouvrage eft la porte par laquelle un Hiftorien d'Artois entre dans la lice.

Ammien-Marcellin, né en 390, a publié une Hiftoire qui commence à la fin de l'empire de Domitien. Il eft avantageux de le confulter fur les Empereurs Romains. La dureté de fon ftile eft compenfée par la réputation d'être inftruit & impartial. Il fervit fous Conftance, Julien & Valens.

Le célebre Grégoire de Tours, né & mort dans le VIe. fiécle, eft généralement confidéré comme le Pere des Hiftoriens François; mais il n'en eft pas le modele : il eft crédule dans les faits, rude dans le ſtile, peu obſervateur des regles de la grammaire, & fort négligent dans la chronologie. Qui le prendroit pour guide, riſqueroit de s'égarer. Plus il remonte aux ſiécles antérieurs au ſien, plus il eſt prudent de s'en défier. Ses annales tirent leur prix du beſoin où l'on eſt de l'étudier ſur les premiers ſiécles de notre Monarchie. Il ne dit preſque rien ſur l'Artois.

Il exiſte un petit ouvrage intitulé, *Antiquités des Villes & Cités des trois Gaules*. Son Auteur, G. Corrozet, mort en 1568, paſſe pour fabuleux, un conteur de rêveries. Cependant on y a recours, mais ſans y croire.

G. Gazet, Chanoine de la Collégiale d'Aire, contemporain d'Aubert le Mire, a défiguré ſon Hiſtoire Eccléſiaſtique par des anachroniſmes ſans nombre, par la falſification des noms propres des lieux & des perſonnes (a). C'eſt un copiſte mal-adroit d'Iperius & de Meyer.

Les chroniques d'Oudegherſt ſur la Flandre ne valent pas mieux : c'eſt une fourmilliere d'erreurs.

(a) La nomenclature hiſtorique doit être exacte & uniforme.

Jean le Long, dit Iperius, Abbé de St. Bertin dans le XIVe. siécle, a écrit les annales de son Monastere, comprenant environ 700 ans. Il a la réputation d'un Écrivain crédule, fabuleux, superstitieux & partial. Le Pere le Cointe le taxe d'être injuste & trop passionné pour le Monachisme. Il faut, dit l'Abbé Butler, *Vie des Peres & des Martyrs*, le lire avec précaution, parce qu'il y a dans ses annales beaucoup d'erreurs par rapport aux dates, aux personnes & aux faits.

Si l'exactitude caractérisoit les annales de Meyer, j'estimerois son ouvrage comme un des meilleurs sur les Comtes de Flandre. Il est encore amateur des fables. Mais ce qui révolte particulierement en lui, sont ses déclamations contre nos Souverains. Il affecte de la partialité dans les événemens qui concernent la France : il affoiblit nos triomphes ; il exagere nos défaites. Les annales d'Iperius lui furent, selon Locre, d'un grand secours.

Molan, Martyrologiste de la Belgique, a pareillement travaillé sur des piéces communiquées par l'Abbaye de St. Bertin ; il en copie même servilement les faits apocryphes & les contes fabuleux. Il florissoit au XVe. siécle.

PRÉFACE.

Les chroniques de Locre offrent beaucoup de reſſources à celui qui veut traiter de la Flandre & de l'Artois. Les fondations qu'il donne des Égliſes & des maiſons de charité, ſont immenſes. Il a beaucoup de détails ſur d'autres objets. Quoiqu'il ſemble s'être piqué d'une ſévere exactitude, il en manque en bien des endroits, nommément dans ſa chronologie. Le Lecteur s'appercevra que j'ai eu de fréquentes raiſons de le contredire.

L'Hiſtoire des Morins par le Pere Malbrancq en 3 vol. in-4º. prépare un champ vaſte pour écrire ſur l'Artois; mais ce champ eſt hériſſé de ronces & d'épines qui rebutent. On eſt réduit à dévorer bien des choſes déſagréables avant d'y cueillir une fleur. Il faut d'abord s'être familiariſé avec ſon latin, afin de comprendre la ſignification de certains termes & les tours de ſon élocution, puis ſe défier de ſes ſyſtêmes haſardés, de ſes hiſtoriettes, de ſes fables. La nomenclature y eſt fautive, & ſa chronologie ne s'accorde pas toujours avec celle des autres Écrivains. Comme il fréquentoit Dom de White, Moine de St. Bertin, il a ſans examen admis beaucoup de choſes que ſon Ami lui fourniſſoit ſur cette Abbaye. Ses mémoires ont été dreſſés ſur une des trois copies d'Iperius. L'enſemble de cet ouvrage eſt eſtimable par ſes recherches & ſes vues. L'étude en eſt indiſpenſable à tout Hiſtorien d'Artois.

Aubert le Mire, né en 1573, Doyen & Vicaire général d'Anvers, eſt ſoupçonné par Baillet d'être peu exact, & quelquefois peu judicieux. Il a imprimé un recueil de chartres & de diplomes, en 4 vol. in-fol. ſans les avoir vérifiés. C'eſt vraiment un préſent digne d'un compilateur fort laborieux; mais on lui reproche de n'avoir pas procédé avec plus d'examen. Il a employé des copies rangées ſans ordre, entieres ou tronquées, fournies par des perſonnes quelquefois intéreſſées à déguiſer la vérité. Ce recueil défectueux eſt ſuſceptible d'une grande correction. Le chartrier commencé par ordre du gouvernement, remédiera à ces erreurs.

On accuſe pareillement les Freres de Ste. Marthe de n'avoir formé quelquefois leur *Gallia Chriſtiana* que ſur des mémoires peu authentiques. On verra que je ne les ai par crus infaillibles.

Les Savans remarquent que *l'Hiſtoire de Cambrai & du Cambreſis*, par J. le Charpentier, eſt remplie de fables, de généalogies fauſſes, de diplomes tronqués & falſifiés. Ce Religieux, malheureux par ſa faute & juſqu'à la fin de ſes jours, malgré les remords de ſa conſcience, ſemble avoir produit cette informe compilation, *non propter famam ſed propter famem*. C'eſt la deviſe d'un Écrivain mercenaire.

Les chroniques & les annales de divers Monaſteres, tels que ceux de Cambrai, d'Arras, de Waten, de Clairmarais, de Tournai, de St. Amand, de Lobbes, &c. ne ſont pas d'accord pour la Chronologie & le rapport des faits; les noms des perſonnes & des lieux y ſont différemment articulés. Tant de variations laiſſent un Hiſtorien dans l'embarras de ſe fixer à quelque choſe de vrai. Il eſt obligé de s'armer de la critique pour examiner & rejeter ce qui mérite de l'être. Mais cette regle n'eſt pas facile à pratiquer pour l'Hiſtoire des premiers ſiécles. La ſeule reſſource, parmi tant d'obſcurités & d'incertitudes, eſt de chercher la vérité à tâtons; & de quelque prudence que l'on uſe, on n'eſt pas ſûr de ſe préſerver des écueils.

On a obſervé que les Moines qui ont écrit dans les premiers ſiécles, ſe ſont attachés au merveilleux. Leur plume craintive ou adulatrice a retenu la vérité captive : ce qui a produit beaucoup de fauſſetés qui altèrent leurs productions.

Quant aux autres Hiſtoriens, ſavoir Aimoin, Frédégaire, l'Auteur des Geſtes, Sigebert de Gemblours, Sévere Sulpice, Paul Oroſe, Jornandès, Sidoine-Apollinaire, &c. On peut conſulter ce que l'Abbé du Bos en a penſé, dans ſon diſcours préliminaire de *l'Hiſtoire critique de l'établiſſement de la Monarchie Françoiſe*.

Il reſte à rendre compte de la conduite de mon entrepriſe. Elle n'eſt pas le fruit avorté de deux ou trois années de travail, mais le fruit mûr de longues recherches. Je joins à cet avantage, celui d'être né Artéſien : je penſe que pour mieux écrire l'Hiſtoire d'une Province, il faut y avoir reçu le jour, ou y avoir demeuré long-temps. Cette conſidération fait naître un doux ſentiment dans l'ame de l'Écrivain, & l'attache à ſes travaux avec une ardeur infatigable. Et combien ſes Compatriotes ont-ils à ſe féliciter de ces travaux, quand le ſuccès les a heureuſement couronnés ? De quel œil doivent-ils enviſager les efforts d'une plume étrangere pour leur ravir une gloire que

PRÉFACE.

l'un d'eux pourroit mériter ? Loin qu'aucun rayon en rejaillît fur l'Artois, on s'étonneroit un jour de ce que cette Province, quoique diftinguée par une Académie, eût été incapable de produire fon Hiftorien.

La collection des faits, paffés en Artois depuis plus de dix-huit fiécles, eft auffi intéreffante que neuve. Cette Province eft le cimetiere des millions d'hommes que la guerre a dévorés. Nous foulons tous les jours aux pieds la pouffiere de leurs cadavres, & fans y penfer, celle de nos parens, de nos concitoyens qui fe dévouerent pour leur Patrie. Cette Province eft auffi le théâtre brillant des Perfonnages célebres par leur nobleffe, leur bravoure, leurs vertus & leurs talens. Ils figureront fucceffivement fur la fcene pour montrer à leur poftérité les palmes glorieufes qu'ils ont cueillies foit au champ de Mars, foit dans le fein de l'Églife, foit dans le temple de l'éloquence ou des Mufes, foit parmi les fonctions de la vie civile. Les éloges que j'en ferai, ferviront d'aiguillon à ceux qui feront jaloux de mériter les mêmes diftinctions. Les races nobles d'Artois & des contrées voifines revivront dans ces faftes, fi elles font éteintes ou tombées dans l'oubli; les premieres,

PRÉFACE.

pour l'honneur des maisons à qui elles appartiennent par la ligne collatérale, & les secondes, pour exciter leurs descendans à ranimer & soutenir la splendeur du nom de leurs Ancêtres. C'est dans cette vue que je citerai les Officiers de marque, prisonniers & tués dans les combats, notamment à la journée d'Azincourt. La liste de ces derniers sera la plus complete que je connoisse.

Nos prédécesseurs furent témoins des faits que j'ai à rapporter ; mais ils ne les virent qu'en passant, comme des voyageurs qui promenent leurs regards sur les objets d'une région qu'ils traversent rapidement : la chaîne de ces événemens présentera un corps de lecture, dont l'étude deviendra pour les Artésiens une partie importante de l'éducation : car seroit-il permis d'ignorer l'histoire du pays que l'on habite ?

Il convient qu'un Historien qui se propose une longue carriere, débarasse les voies de tout ce qui pourroit l'interrompre, & qu'il fasse la description de la Province dont il va parler : tel est le but de mon Introduction. Elle contient, après la notice des Gaules, une Chorographie (a) de l'Ar-

---

(a) Le second Tome en donnera la suite. Cette partie n'est pas la plus aisée à faire. La lecture en est indispensable pour ceux qui voudront bien connoitre l'Histoire d'Artois.

PRÉFACE.

tois, repréſenté avant l'établiſſement de la Monarchie Françoiſe & ſous nos Rois. Le premier livre s'ouvre par le Roi Arioviſte, le plus haut point d'où l'on puiſſe partir. Sa défaite eſt ſuivie des conquêtes des Romains & des événemens qui ſe paſſerent durant leur domination en Artois. On y recherche l'eſprit de leur gouvernement & de leurs Loix, & la nature de leurs impoſitions ſur les Peuples. Si l'on me blâmoit de m'être trop étendu ſur les Empereurs, je répondrois que des faits deſtinés à s'encadrer dans la narration, ne ſauroient être expoſés bruſquement; ce que j'en dis forme de petits tableaux, incapables de nuire au tableau général.

Les étranges révolutions qui ont préparé la fondation de la Monarchie Françoiſe, qui joignit à ſes premieres conquêtes une partie de l'Artois, ſeront expliquées & dignes de notre admiration. Outre les lacunes que j'ai remarquées ſous le regne de pluſieurs Empereurs qui nous ont gouvernés, notre Hiſtoire en offre d'autres ſous nos Rois, ſpécialement entre les années 524 & 562, entre la mort de Clotaire II & le commencement du IX.e ſiécle. A qui attribuer ce vide, ſinon à l'obſcurité des temps, à l'ignorance des Nations, à la négligence des Historiens, ou à des expéditions étrangeres qui auront fait détourner les yeux de nos Provinces ?

Ce qui tourmente & fatigue un Ecrivain, sont les problêmes & les mysteres, qui obcurcissent les premiers âges de l'Histoire : celle d'Artois en a plusieurs qu'il n'est guere possible d'expliquer clairement ; comme l'origine de la Cité des Atrebates, d'Hesdin & d'autres lieux, la dérivation de Morin & d'autres dénominations, l'étendue du district de la Morinie, celle du *Belgium*, la situation du Port Itius, les noms des Chefs & l'esprit des loix qui ont régi les Artésiens avant César, l'époque de leur premiere conversion, celle de l'Episcopat de St. Omer & de quelques autres, l'endroit de la défaite de Clodion par Aëtius, l'inhumation de Berte à Aire, la construction du monastere qu'on lui attribue, &c. Il n'est permis que de conjecturer. Il est des vérités Historiques qui resteront éternellement cachées.

Ce qui rend encore pénible, le travail d'un Historien d'Artois, est la difficulté de trouver des notions satisfaisantes sur les mœurs des anciens peuples, leur costume, leur idiome, sur la nature de leurs sciences, de leurs arts, de leurs manufactures & de leur commerce, avec les progrès plus ou moins étendus qu'ils ont faits en diverses conjonctures; sur leurs armes tant défensives qu'offensives, &c. On est obligé d'étayer ses observations sur des objets de comparaison, tirés des nations qui les soumirent. La nature de leurs anciens usages, de leurs anciennes coutumes, loix & franchises, nous tient dans un autre labyrinthe; on n'en trouve l'issue qu'après l'écoulement de plusieurs siécles. C'est après avoir franchi les espaces ténébreux de l'Histoire que l'on commence à respirer, tel qu'un homme qui passe d'une profonde caverne à la lumiere du jour. Néanmoins on est encore arrêté par les véritables noms des personnes & des lieux, par des dates & des circonstances dont les variations changent les événemens. Je me suis donné mille mouvemens pour obtenir une filiation exacte des Comtes de St. Pol & une bonne liste chronologique de nos Gouverneurs, tant généraux que particuliers, sans être certain d'avoir réussi. Celles que l'on a imprimées de ces derniers, sont imparfaites & fautives.

Je fournis des détails instructifs & curieux sur les voies Romaines, les rivieres & les canaux, fur les Foreſtiers de Flandre & les Comtes de cette Province, fur ceux d'Artois, de St. Pol & d'Hefdin, fur les Officiers fupérieurs dans l'Etat militaire & civil, fur les Vaudois, les Proteſtans, & les troubles du XVI.e ſiécle, fur les Communes, l'Echevinage, les Bailliages, le Conſeil d'Artois & ſes Juridictions, fur la rédaction de nos coutumes, les modifications miſes à la réception du Concile de Trente, fur l'origine, les aſſemblées & la forme des Etats Généraux d'Artois, fur les viſites des Souverains dans cette Province, les Tournois & autres ſpectacles, &c. Les hoſtilités, les ruſes de guerre, les ſiéges, le ſaccagement & la deſtruction des villes & des campagnes, les capitulations, les treves, les congrès, les traités de paix, &c. Seront ſuſceptibles d'autres détails, les uns plus attachans que les autres. L'Hiſtoire naturelle de cette Province ſera imprimée dans l'un des volumes ſuivans, avec la Bibliotheque Artéſienne (a).

(a) Cette Bibliotheque, dont les matériaux ſont raſſemblés, formera la partie littéraire de cette Hiſtoire. J'y ferai connoitre la Patrie des Auteurs Artéſiens, le temps de leur mort, &c. en y joignant une notice de leurs ouvrages. Je recevrai avec bien de la reconnoiſſance les notes peu connues qui les concernent.

Ces Volumes dont chacun contiendra un recueil d'anecdotes & une table particuliere des matieres (*a*), se succéderont promptement; il n'en sera tiré qu'un petit nombre d'exemplaires.

La partie Ecclésiastique, détachée des autres, mais inséparable, sera précédée d'une autre Préface.

Mon premier dessein étoit de préférer l'in 4.° à tout autre format; mais les Souscriptions n'ont point fourni pour cette exécution, quoique je me sois borné à retirer seulement les frais d'impression. Ce défaut de confiance m'a obligé de prendre l'in 8.° que beaucoup d'amateurs avoient souhaité. L'essentiel est de contenter les Lecteurs: tel est mon but; en le remplissant, je serois amplement dédommagé de mes veilles.

On a dit, à l'occasion des méprises relevées dans les annales Ecclésiastiques de Baronius (*b*), *quand on entre le premier dans une carriere immense & très-épineuse, on est pardonnable de faire de faux pas.* Quoique mon travail ne soit pas comparable à celui

―――――――

(*a*) Une table générale eût été fort longue: si on la désire, je la disposerai pour le dernier vol.

(*b*) On peut s'en convaincre par la savante critique du P. Pagi.

de ce laborieux Cardinal, je n'ai pas moins osé défricher un champ hérissé de ronces & de cailloux qui résistent aux premiers efforts. L'Ecrivain qui reviendra un jour sur ce sol préparé, trouvera la besogne moins difficile. S'il aime le travail, il lui sera possible de perfectionner son entreprise : *alius alio plura invenire potest, nemo omnia.* Je ne saurois donc avoir la vanité ni la témérité de me croire exempt d'erreurs (*a*). Disposé à profiter des observations judicieuses qui me seront communiquées, je promets de les insérer dans l'un des volumes qui suivront. Cet aveu prouve tout le desir que j'ai de faire mieux. Mais l'on me permettra d'exiger que l'on se comporte poliment, avec modestie, sans malignité, dans la seule vue d'éclaircir une difficulté & de faire connoître la vérité (*b*).

_____

(*a*) Quis liber à mendis liber ? vix ullus in orbe.

(*b*) Neque adeò vanus sum, neque adeò temerarius, ut in animum inducam meum nihil me fugisse..... Auctor non sese erroris expertem existimare debet, nec offendi quod ejus errores detegantur..... qui alios carpit, ejus censura sit urbana, modesta, nec malevola, adeò ut ex solo studio vel enodandæ difficultatis, vel patefaciendæ veritatis nata videatur. *Préf. du T. 3 du Rec. des Historiens, par D. Bouquet.* Je prie les Lecteurs qui sauront sur l'Artois des choses intéressantes & peu connues, de vouloir bien m'en faire part avant la publication des volumes suivans ; je leur en attribuerai toute la gloire, s'ils le

PRÉFACE.

Tout Aristarque qui se complaît dans l'étalage d'une érudition pédantesque, qui trempe la plume dans le fiel, qui reprend les fautes d'un ton aigre, qui blesse en un mot les regles de l'honnêteté, donne à penser mal de son esprit ou de son cœur, & n'inspire que du mépris pour lui.

Je fis, en 1773, circuler une lettre imprimée dans toutes les Abbayes d'Artois. Elle indiquoit les objets dont la connoissance m'auroit aidé à rectifier les erreurs avancées par des Ecrivains sur ces maisons Religieuses. Ma demande ne pouvoit donc être taxée d'indiscrétion, encore moins de malignité. Ma priere fut réitérée en diverses occasions, tant par moi-même que par des personnes qui eurent la complaisance de s'en charger. Ces moyens ont réussi foiblement (*a*). Je ne

---

jugent bon. Quant aux critiques anonymes, mal-honnêtes, injurieuses, je les regarde comme la production très-méprisable d'un homme sans honneur. J'ai pris la résolution, non seulement de ne jamais y répondre, mais de ne point les lire. Je saurois mauvais gré à ceux qui me les communiqueroient.

(*a*) On s'étoit offert de me procurer un ordre supérieur pour forcer l'ouverture des Archives : cette voie qui déplaît aux Dépositaires des Titres, est favorable à ceux qui, sous ce prétexte, cherchent à s'introduire dans les maisons, & s'y amuser jusqu'à ce qu'on leur fasse honnêtement sentir que leur besogne dure long-temps.

suis aucunement tenté de renouveller les plaintes ameres, faites, pour de semblables refus, par l'Auteur des *Mémoires pour servir à l'Histoire de la Province de Vermandois*. Je me contente de répéter que les Abbayes qui n'ont point fourni, n'imputeront qu'à elles-mêmes le mécontentement qui pourroit résulter de l'exposition inexacte de leurs articles. Au reste mon intention n'est pas d'altérer la vérité, & tout ce que j'avance trouvera des garants. Un seul astérique désignera les Abbayes qui m'ont adressé de courtes instructions ; celles dont les instructions m'ont paru plus satisfaisantes, auront deux astériques ; les autres n'en auront point.

Liv. 18. p. 153.

Deux moyens tendront à perfectionner l'Histoire d'Artois : le premier, quand les Maîtres des dépôts publics & des meilleures sources s'empresseront à les ouvrir sans réserve : mais je préviens que certains trésors resteront éternellement fermés par l'appréhension que leur découverte ne devienne préjudiciable : tels sont des chartres & des mémoires relatifs au Clergé, aux Communautés Religieuses, aux Corps de Magistrature, &c. Le second moyen seroit de composer l'Histoire générale de cette Province sur les histoires particulieres de ses villes. Tous les matériaux alors rassemblés procureroient une grande aisance : mais le courage ou l'amour propre des Écrivains auroit besoin d'être excité par des prix académiques ou d'autres récompenses.

MATIERES DE L'INTRODUCTION.

	Pag.
Notice des Gaules.	1
Chorographie de l'Artois ancien.	9
Arras ou Cité des Atrébates.	Ibid.
Morins & leur Contrée.	15
Térouane.	20
Boulogne.	22
Sithiu ou St. Omer.	25
Peuples voisins des Atrébates ou des Morins	26
Explication du Belgium.	31
Recherches sur plusieurs étymologies.	32
Les sept Voies Romaines & autres grands chemins.	36
Rivieres, Ruisseaux, Fontaines, Isles flottantes & Puits qui se voient en Artois.	52
Situation du Port Itius.	80
Description du Port Itius & de son Golfe, selon le systême du P. Malbrancq.	98

HISTOIRE GÉNÉRALE DE LA *PROVINCE D'ARTOIS.*

INTRODUCTION.

NOTICE DES GAULES.

LA Gaule comprenoit anciennement cette partie de l'Europe qui est enfermée entre le Rhin, les deux Mers, les Alpes & les Pyrénées. Ses divisions principales sont l'Aquitaine, la Celtique & la Belgique.

L'Aquitaine ou l'Aquitanique, ainsi nommée à cause de l'abondance de ses eaux, commençoit à la Loire & s'avançoit jusqu'aux Pyrénées qui séparent la France de l'Espagne.

Hist. de l'Et. & Rép. des Druides, &c. par Tallemand.

Ant. des Gaul. par G. Corvo;u.

Not. Ecc. Belg., par A. Lemire.

Tom. *I*   A

INTRODUCTION.

Ant. de la Gaule Belg. par R. de Wasse-bourg. Belgium. Rom. Æg. Bucher. Not. de l'anc. Gaule, p. d'Anville. Desc. de la G. Belg. par Wasselaire. Gutherii de Off. Domis augusta. Hist. de Fr. par Velly. Géogr. de G. Mercator. &c.

La Celtique, de Celtes, Roi des Gaulois vers l'an du monde 2219, ou la Noble, à cause du surnom Jupiter, donné à Celtes, prenoit naissance à la Seine, continuoit jusqu'à la Loire & s'étendoit de la Marne jusqu'au Rhône.

La Belgique, de Belgius (*a*), Roi des Gaules vers l'an du monde 2382, tiroit son origine dans le Rhin, partie vers le Septentrion, partie vers l'Orient, & embrassoit tout l'espace qui se trouve entre le Rhin, la Seine & la Marne.

Jules-César divisa la Gaule Belgique en deux parties : il assigna la cité de Treves pour le Siége principal & Métropolitain de la premiere ; la cité de Rheims fut la seconde.

Les Gaules étoient, sous l'Empereur Galba, figurées par trois têtes de femmes ; des Historiens les ont caractérisées par ces épithetes Latines, *braccata*, *comata* & *togata* (*b*) : La premiere étoit celle, dont les habitans portoient des braies ou haut-de-chausses courtes ; ceux de la seconde laissoient croitre leur chevelure dans

---

[*a*] Cluvier, *in Germ. Ant. l.* 2, rejete cette origine, avec d'autres Historiens. Il donne pour son opinion un passage cité ci-après à l'art. des Etymologies. Il se débite, sur les Celtes & les Belges, beaucoup de fables dont il est bon de se défier.

[*b*] *Braccate*, petite partie de la Gaule transalpine ; *Comate* ou chevelue, la plus grande partie de cette même Gaule ; & *Togate*, toute la Gaule Cisalpine ou une de ses parties.

toute sa longueur; dans la troisiéme, la toge ou longue robe étoit en usage. Chaque partie de ces Gaules différoit par le langage, les coutumes & les loix.

La Gaule Belgique est, dit-on, restée sans division sous le regne d'Auguste. Ce n'est que sous Constantin ou peu après, qu'on l'a, selon Ammien-Marcellin, divisée en deux parties : cet Historien place dans la I.re Treves, qu'il nomme le séjour des Empereurs, & Metz; & dans la 2.e Belgique, Amiens, Châlons & Rheims.

La notice des Provinces des Gaules fait une énumération plus détaillée des Dioceses ou Cités de ces deux Provinces : la I.re en comprend quatre, savoir; Treves, Métropole, Metz, Toul & Verdun; la seconde, douze, savoir: Rheims, Métropole, Soissons, Châlons-sur-Marne, Noyon ou l'Evêché de Vermandois, Arras, Cambrai, Tournai, Senlis, Beauvais, Amiens, Térouane & Boulogne. Au temps de cette notice, le pays de Caux & le Vexin, compris dans la Belgique sous César, en étoient détachés & attribués à la 2.e Lyonnoise.

Les Gaules, après la conquête des francs, au commencement du V.e siécle, étoient divisées en dix-sept Provinces, dont chacune avoit sa Métropole, c'est-à-dire, sa ville Capitale, ou mere-ville, ou ville matrice; on en comptoit cinq Viennoises, trois Aquitaines, cinq Lyonnoises, deux Germaniques & deux Belgiques. Ces deux dernieres avoient Treves & Rheims pour Métropoles; celles des deux Germaniques étoient à Maïence & à Cologne. Les Atrébates & les Morins étoient claſſés dans la ſeconde des deux Belgiques, & nommés Belges (a), ſignifiant féroces, quérelleurs. Ces Peuples avoient apporté, de la Germanie d'où ils étoient ſortis, toute leur férocité. Ils compoſoient, avec les Celtes & les Aquitains, les trois nations qui partageoient les Gaules lorſque Céſar en entreprit l'invaſion. Ces trois mêmes pays n'ont fait depuis Auguſte qu'un Corps politique ſous le nom collectif de Gaules, & ont été conſidérés comme une des grandes Provinces de l'Empire. Dès la fin du regne de Clovis, cette diviſion en dix-ſept Provinces paroît n'avoir plus eu lieu dans l'ordre politique; du moins par rapport au plus grand nombre des Provinces.

Des Hiſtoriens, contraires à l'opinion ci-deſſus, prétendent que, l'an de Rome 728, l'Empereur Auguſte diviſa la Gaule Belgique en trois, ſavoir, en Belgique proprement dite, qui étoit la partie Occidentale juſqu'à la Moſelle, en Germanie ſupérieure dont la Capitale étoit Maïence, & en Germanie inférieure ou la baſſe Allemagne, ayant Cologne pour Capitale. On entend par Germanie, abſolument dite, les deux Provinces Germaniques ſituées ſur la Gauche du Rhin & formant deux des dix-ſept Provinces ſuſdites.

(a) Junius rapporte le mot *Belges* à la fierté & au courage farouche de la Nation. *Géograph. de G. Mercator.*

INTRODUCTION.

Constantin *le Grand* réduisit à deux, les quatre Préfets du Prétoire, qui étoit le lieu où se rendoit la justice. Chacun d'eux avoit son Diocese ou département, jouissant d'une grande autorité. On a avancé que même ils avoient, sous le regne d'Alexandre, un Souverain empire sur les Sénateurs. Il semble que le premier objet de cette charge, créée par Auguste, ait été de remplacer celle de Maitre de la Cavalerie. D'abord elle embrassa tous les détails de la guerre, puis les affaires civiles. Elle devint si considérable, que toutes les appellations des Tribunaux ressortissoient à celui de ces Préfets. Les Présidens & les Gouverneurs des Provinces étoient tenus à leur rendre compte de leur administration; on les déposoit quand ils avoient malversé. Les Officiers qui commandoient sous le Préfet du Prétoire des Gaules, s'appelloient Vicaires des Provinces; ils étoient au nombre de dix-sept.

Le Préteur étoit un Magistrat Romain, chargé d'administrer la Justice soit dans la Ville soit à la campagne, pendant l'absence des Consuls. Le civil & le criminel étoient indifféremment de son ressort. D'abord, pendant un siécle, les Romains n'eurent qu'un seul Préteur; un second fut ensuite établi en faveur des provinciaux & des étrangers. Leurs grandes conquêtes donnerent lieu de les multiplier : du temps d'Auguste, on en comptoit jusqu'à seize. Les Propréteurs ou Proconsuls gouvernoient dans les pays éloignés.

Les Édiles étoient des Magiſtrats Romains qui avoient inſpection ſur les édifices publics & particuliers; on diſtinguoit les grands & les petits. Les villes Municipales avoient auſſi leurs Édiles, appellés *Quinquennales*. Il paroit que, par les fonctions de leur miniſtere, ils étoient dans les villes ce que les Cenſeurs étoient à Rome. L'élection de ces derniers, dans leur premiere inſtitution, n'avoit lieu que tous les cinq ans; par la ſuite, on réduiſit leur exercice à dix-huit mois.

Hiſt. de l'etab. de la Mon. &c. par l'Abbé Dubos.
Le pays Armorique (*a*), dérivé d'un mot Celtique & Tudeſque *Ar-mor-rick*, ſignifie, ſitué ſur la Mer; il comprenoit, au V.e ſiécle, toutes les Cités dans l'étendue du Gouvernement Maritime, quelque éloignées qu'elles fuſſent de la Mer.

Theſ. Geogr. A. Ortelii.
Les Gaulois, ſelon les Commentaires de Céſar, appelloient Armoriques, toutes les cités de la Gaule, qui confinoient à l'Océan. La Province

Ad. Scrieckl. Origin. Celtica & Belg.
de Bretagne a reçu particulierement ce nom, comme étant preſque toute ſur la Mer. Sigebert a donné celui de *Britannia minor* aux villes Armoriques.

Les Francs, nation barbare (*b*), s'étendoient au

(*a*) *Arborique* dans Procope, le P. Daniel & autres, eſt une faute. Borel entend armorique pour maritime.

(*b*) *Barbare*, en parlant des Francs & autres nations Germaniques, n'étoit point un nom odieux dans les VI.e & VII.e ſiécles; il ſe prenoit dans la ſignification d'*étranger*. Ces peuples s'appelloient ſouvent eux-mêmes *barbares*, dans les occaſions où ils vouloient être diſtingués des Romains. Les barbares ou chevelus, portoient les cheveux fort longs, & les Romains fort courts. *Dubos*, liv. 6

INTRODUCTION.

V.ᵉ siecle, selon la carte de C. Peutinger, dressée sous l'empire du Grand Théodose, depuis l'embouchure du Mein dans le Rhin, jusqu'à celle de ce fleuve dans l'Océan. St. Jérôme, mort en 420, fixe l'étendue de leur Contrée, depuis le pays occupé par les Saxons, jusqu'au pays habité par les Allemands. Les anciens Historiens lui donnoient le nom de Germanie; mais on l'appelle aujourd'hui France. La France Germanique signifiera donc l'ancienne France.

Les Gaules ont été le théâtre des guerres d'autant plus fréquentes qu'elles étoient partagées entre de petits Souverains, ayant leurs Loix & leurs Coutumes particulieres: la réunion de plusieurs de ces Provinces sous la domination d'un seul, a diminué les sujets de discorde & mis les forces des armes sur un pied plus respectable.

On sait que le Corps des troupes Romaines étoit composé de Légions; César en fournira des exemples dans la Belgique. Chaque Légion étoit dans son origine, sous Romulus, de trois mille hommes; par la suite, le nombre en a souvent varié: elle a été augmentée & même portée jusqu'à six mille, dont quatre ou cinq cens étoient montés (a). Rarement on les divisoit pour servir dans un pays différent. L'Officier qui en commandoit une en chef, avoit le titre de Lieutenant.

Antiquit. Romana. l. 10.

___

[a] Les Armées Françoises, sous le regne des Merovingiens, n'étoient composées que d'infanterie; on n'y voyoit que quelques Cavaliers pour le service du Général. *Velly.*

Une cohorte formoit la dixieme partie d'une Légion, lorfqu'elle étoit complete. La cohorte Prétorienne étoit la compagnie qui gardoit le Gégéral. Les Turmes ou brigades qui fe difoient de la Cavalerie, faifoient dix troupes, chacune de trente Cavaliers. Les fantaffins de ces premiers fiécles étoient péfamment armés. Les gens de trait & de fronde, avoient une armure légere & ne combattoient point en rang, mais épars.

Mém. des Gaules, &c. par Scip. Dupleix. Les murs épais des Cités Gauloifes étoient conftruits de pierres & de poutres, liées enfemble; les premieres réfiftoient au feu, & les fecondes, aux machines de guerre. Elles étoient encore défendues par des remparts, des tours & de profonds foffés remplis d'eau : plan de fortifications que l'on a fuivi dans les villes d'Artois. Leur maçonnerie étoit un maftic folide de blocage, de terre & de chaux. Leurs bâtimens, excepté les églifes & les édifices publics, étoient entierement de bois. Les nobles de la campagne occupoient des châteaux de grandes briques ; quelques-uns y ont par la fuite mêlé des pierres. Ils étoient garnis de tourrelles & ceints de grands foffés, avec des ponts-levis. Ils y vivoient dans l'indépendance, avec une autorité abfolue fur leurs vaffaux. Quant à leurs mœurs, nous en ferons mention avec celles des anciens Artéfiens.

Le Roi d'Efpagne a long-temps poffédé la moitié de la Gaule Belgique ; la meilleure partie de 'autre moitié, comme la Picardie, la Champagne, l'Artois, la Flandre, &c. eft au pouvoir du Roi de France. Le reste a appartenu aux Ducs de Lorraine, de Cleves & de Juliers, aux Archevêques Electeurs de Treves, de Maïence & de Cologne, à l'Evêque de Liége & à d'autres Souverains.

Cette Gaule, renommée tant par les guerres courageusement soutenues contre les Romains, que par l'invention de plusieurs arts utiles & agréables, renferme environ trois cens villes murées; les plus célebres sont Louvain, Bruxelles, Anvers, Bois-le-Duc, Gand, Malines, Liége, Namur, Bruges, Cambrai, Arras, St. Omer, Tournai, Mons, Valenciennes, Lille, Calais, Boulogne, Amiens, St. Quentin, Beauvais, Rouen, Paris, Rheims, Treves, Nanci, Metz, Toul, Verdun, Strasbourg, Maïence, Aix, Cologne, Cleves, Juliers, Nimegue, Utrecht, &c. Outre cela, on y compte environ 230 Villes closes ou gros Bourgs, & plus de 1200 Villages. Ses grosses rivieres sont le Rhin, la Meuse, la Seine & l'Escaut.

N. Description des P. Bas.

Ce détail sur les Gaules m'a paru nécessaire pour l'intelligence des faits qui se sont passés tandis que l'Artois a resté sous la dépendance des Romains. On y appercevra l'origine de nos Officiers, tant Militaires que Civils, avec une idée de leurs fonctions.

Chorographie de l'Artois ancien.

Arras ou Cité des Atrébates.

C'est mal-à-propos que l'on a dérivé Arras du

verbe latin *Arare*, labourer : Artois auroit donc été formé de son substantif *Arator*, laboureur. Des Auteurs ont pensé qu'Artois, en langue vulgaire, signifioit pain. Cette étymologie paroît hasardée. Les Atrébates, nommés dans les anciennes notices des Gaules, *Atrabates, Atravates ; Atrevates*, ne sont pas clairement connus avant César. Béat Rhénan les fait descendre des Germains. Avant cet Empereur, ils étoient réputés anciens Belges. On ne sait ni par qui ni en quel temps leur Cité fut bâtie ; Belle-Forest témoigne ne l'avoir lu nulle part. Balderic n'en est pas mieux instruit. Les Écrivains fabuleux (*b*) qui en ont parlé affirmativement, ne sont dignes d'aucune foi. Gramaye dit que les Auteurs des villes d'Arras & de Cambrai sont ignorés, parce que les annales se taisent sur les faits qui les concernent. Il seroit même assez difficile de fixer l'ancienne situation des Atrébates. Selon des historiens, elle étoit à Estrum. Ils le prouvent par l'assiette du camp de César & les anciens fondemens trouvés dans l'excavation des terres. Ce camp étoit à une lieue d'Arras, entre

Manusc. N.º 2. [a].
Res Germanice B. Rhen.
Annal. de Fr.
Chron. Camer. & At. a Balderico.
Antiquitates Came. l. 1.

(*a*) La Concurrence qui s'est ouverte pour l'Histoire d'Artois, m'empêche d'indiquer la source de mes Manuscrits & de certaines Chartres peu connues que je citerai : ce secret sera découvert dans le dernier vol. de l'Ouvrage : c'est pourquoi ils sont numérotés.

(*b*) Par exemple Corrozet qui hasarde trois opinions sur l'origine de Cambrai, l'attribuant à Cambre, Chef des Huns, ou à un Roi de Bretagne, nommé Cambrai, ou à Cambre, Roi des Cymbres, des Tongriens & des Belges.

le confluent de la haute & basse Scarpe. On remarque, sur le côteau de la petite vallée, une grande & haute digue, présentement rompue dans le milieu. » Ce camp, dit l'abbé de Fonteau, est un *Dissertation sur quelques camps de César.* » tertre qui forme un triangle presque équila-» tere, dont chaque côté peut avoir 250 à 300 » toises de longueur. Le côté qui barre les deux » rivieres & qui fait le front du camp, est encore » marqué des restes d'anciens retranchemens, » dont les fossés sont à présent entiérement com-» blés. On voit aussi quelques vestiges d'ancien-» nes levées de terre, le long des bords de ces » deux rivieres qui se joignent du côté d'Arras » vers l'orient. Au bas du camp est l'Abbaye » d'Estrun «.

Ce tertre ou la montagne en pointe, qu'on a coupée par le milieu, s'appelle *le Cran-Madame*. *Valesii notit. Galliarum.* Ceux qui ont voulu approfondir l'antiquité, croient que le pont de communication, jeté sur une branche de la Scarpe entre ce camp & les assiégeans de la cité d'Arras, a retenu long-temps le nom de *Drusi*, & que l'on a écrit par corruption *Pont d'Hugi* (a). On n'apperçoit aucune analogie entre ces deux noms, dont le premier passe pour dériver de celui de Drusus, Général Romain, sous l'Empereur Auguste. Auprès de ce pont, commencent les débris du camp; ils se ter-

_____

(a) Sur le grand chemin d'Arras à Saint-Pol, & peu éloigné du Camp Romain, se voit un ancien Pont dont le nom semble le même; c'est celui de la riviere du Gi.

minent au-dessus d'un canal formé par de belles fontaines qui tirent leur source de l'Abbaye d'Estrun.

On reconnoit pour la plus ancienne ville des Atrébates, celle que des Ecrivains, nommément Sanson (*a*), ont appellée Némétocenne ou **Cité d'Arras**, *Nemettocenna*. Le *Nemetacum* de l'Itinéraire d'Antonin & de la Carte de Peutinger, signifie la même chose : ces deux mots latins ont une origine Celtique. Des Géographes ne conviennent point que *Nemetocenna* (*b*) soit la ville actuelle d'Arras, parce que la notice des dignités de l'Empire, a distingué ces deux lieux : plusieurs raisons prouvent que leurs conjectures sont fausses, entre autres la même distance qui se trouve aujourd'hui entre Arras & les autres villes mentionnées dans l'Itinéraire d'Antonin, & le sens dans lequel on interprete *Nemetocenna* dans les Commentaires de César. Ptolomée est le seul qui ait nommé cette ville *Origiacum*, que Cluvier, par erreur, a pris pour Orchies, entre Tournay & Douai. St. Jérôme, dans son Epitre à Agérucie, regarde Arras comme

Wastelain.

Comm. de César. l. 8.
Rec. des Hist. des Gaules.

―――――――

(*a*) Urbis nomen primùm fuit nemetocenna, deindeque nemetacum, & tandem ultimum, & quod cum populi nomine commune fuit, Atrebates. *Disquisitiones Geogr. &c. N. Sanson.*

(*b*) Nemetocenne, dit Godvin, Commentateur de César, est présentement un lieu sans nom, en lui appliquant ce Vers de Virgile :

Hæc tùm nomina erant, nunc sunt sine nomine terræ.

une des principales villes des Gaules ruinées par *Malbr. l.* les Barbares. La notice de l'Empire l'appelle *Atre-* *Cluver. l.* *batæ*, Atrébates. Tout ce qu'il y a de plus certain 2. est l'existence de cette Cité avant l'invasion des Romains. On s'imagine bien que dans son origine, elle étoit, comme la plupart des autres, une es- péce de village, rempli de cabanes construites à la hâte; mais on ne doute aucunement qu'on ne l'ait par la suite munie de fortifications. C'est-là que César, après avoir tenu les Etats de la Gaule Narbonnoise, établit son quartier d'hiver & apprit la révolte de Comius, que nous expliquerons ci-après.

Le pays des Atrébates embrassoit à peu-près toute l'étendue du Diocese d'Arras. Il étoit borné au nord par les Morins, au couchant & au midi par les Amiénois. L'Escaut, depuis sa source jus- qu'au confluent de la Scarpe, les divisoit des Ner- viens à l'orient. On y comprenoit l'Ostrevant, c'est-à-dire, tout le pays renfermé entre ces deux rivieres qui le séparent de la Flandre, & le Sen- set qui le sépare de l'Artois.

Quelques Auteurs ont fait trois divisions de ces Atrébates: *Adardenses* ou *Adartenses*, *quasi ad arctum sive septentrionem*, sont ceux depuis la cité d'Arras jusqu'à la Lis, bornés par le couchant du Comté de St. Pol; c'est le *Rigiacum* de Malbrancq. *Austre-* *bates*, *quasi ad Austrum sive meridiem*, depuis Arras jusqu'à Bapaume & la riviere d'Authie; c'est le *Nemetacum* ou *Nennetacum* de Malbrancq. *Ostreba-* *tes*, *quasi ad ortum*, depuis Douai jusqu'à Valenciennes (a); c'est le *Dostacum* de Malbrancq; on a articulé *Doutacum*, puis *Douacum*.

Adartesia sera donc le substantif latin pour désigner le canton septentrional de l'Artois. On a formé, par le retranchement de la premiere syllabe, *Artesia*, *Artenses*, *Artesienses*, & de ces mots, *Artois*, *Artésiens*. On lit *Adertisus* pour Artois, dans les capitulaires de Charles le *Chauve*, & dans le P. le Cointe, *Aderten seu pagus Adartensis sive Adartisus, vel Adartesus, posteris Adartesia & Artesia cujus caput Atrebatum.*

Loerii.
Chron. Belg.
Malbr. l.
10.

Cet Artois, comme distingué du Comté moderne, & ne renfermant ni l'Ostrevant ni le pays de Térouane, ne comprenoit guere, au moyen âge, que les Bailliages d'Arras, de Bapaume, Lens & Béthune.

César a désigné chaque canton des Atrébates & des Morins, par le terme *Pagus*, & leurs villes principales, dont le nombre s'est fort augmenté sous

---

[a] Est autem Austrovantum, Austrabantum, Austrebantum, Ostrobantum, Ostrevannum, Ostrebannum, Ostrebantum, pagus seu districtus, plures complexus villas Duacum inter & Valencianas. *Vredius de Gen. Com. Fland.* On lit dans P. le Cointe, Osterban seu pagus Austrebatensis, vel Austerbantus, aut Austerban sive Ostrebannus, & Ostrebantus vel Austerbantus. *Annal. Eccles. Francorum, T. 8.* L'Ostrevant a été long-temps possédé par les anciens Châtelains de Valenciennes, Seigneurs de Bouchain & de Ribemont. Il a cessé d'appartenir à l'Artois, quoiqu'il soit encore du Diocese d'Arras, depuis la vente qu'en a faite, l'an 1160, Godefroi, Châtelain de Valenciennes, à Baudouin *le Bâtisseur*, qui l'a réuni à son Comté de Hainaut. P. *Wastelain*.

INTRODUCTION.

la domination Romaine, par *Civitates*. *Civitas*, selon sa signification primitive, est, selon Bergier, une nation, une multitude d'hommes, alliés sous les mêmes Magistrats & les mêmes loix. Les anciens Romains entendoient, par ce mot, un certain district gouverné par une Ville capitale. *Civitas* suppose, selon le sens vulgaire, l'ancien quartier d'une Ville dont l'enceinte s'est agrandie, comme celles d'Arras, de Paris, &c. Nous appellons communément Cités, les Villes où siégeoit un Archevêque ou un Evêque. On a désigné Arras par ce terme dans la chartre confirmative de sa Commune, octroyée en 1211 par le Roi Louis VIII. Je tracerai l'étendue de cette Cité dans l'introduction au Tome second.

Hist. des grands Chemins, &c. par Bergier, l. 4.

Rec. des Ord. T. 1, par M. de Villerault.

Dubos. l. 6.

Morins & leur Contrée.

Les anciens & les modernes sont fort partagés sur la dénomination de Morin. Les uns en tirent l'origine de *Morus*, Mûrier. Ils prétendent qu'à l'arrivée des Romains, les champs, les forêts, les bords des prairies & les jardins, étoient remplis de ces arbres, & que ces étrangers, enchantés de la douceur de ce fruit, en ont formé l'étymologie de ce nom. Mais cette nation s'appelloit ainsi long-temps avant César. On ajoute que les Druides, Prêtres Gaulois, lui avoient persuadé que ces Mûriers contenoient quelque chose de divin & qu'en conséquence elle les révéroit comme des

Malbr. l. 1 & 2.

Dieux. Si l'on a égard aux ténebres de son idolâtrie & à la rudesse de ses mœurs, ce rapport semble ne pas révolter toute croyance; néanmoins il m'a l'air fabuleux.

D'autres ont imaginé Morin à l'occasion des armoiries de Térouane, représentant sur un écusson d'argent, une tête de Maure ou More, ceinte d'une bandelette rouge, suivant l'usage des anciens Césars. Cette tête étoit surmontée d'un chef d'azur, parsemé de fleurs de lys d'or. On raconte à ce sujet qu'un Général *Maure*, dit *Morineus* ou *Morinus*, & selon quelques-uns *Morus*, l'un des quatre gendres de Bavon, Roi de la Gaule Belgique, relâcha avec sa flotte, à cause des vents contraires, sur les côtes Belgiques, & qu'il s'y établit long-temps avant l'arrivée de César, après s'être emparé de tout le pays renfermé par la Somme, la Mer, la Lis & l'Escaut. On veut que le château où il se retrancha, soit le berceau de la ville de Térouane. On n'a pas besoin d'une critique sévere pour réfuter ces contes populaires. On sait que l'origine des Armoiries ne remonte pas si haut. On ne voyoit dans l'antiquité que des emblêmes, des devises, des chiffres.

Marchantii Fland. Alting, dans son ancienne Batavie, dérive Morin de *Moëren* ou *Moer*, terme Allemand, qui se prononce *Mour* en François, & qui signifie marais (*a*). Divœus & Marchantius, adoptent la même

---

(*a*) *Moeringhen*, veut dire, habitans des lieux marécageux ou bourbeux. *A. Scrieck.*

INTRODUCTION. 17

même étymologie. Cette Contrée est effectivement environnée de lieux marécageux. Du temps de César, elle étoit encore remplie de forêts. Cette opinion est plus vraisemblable que la précédente qui présente une aventure de Roman.

Selon d'autres, l'étymologie de Morin (a) vient du terme latin *Mari*, parce que les mers d'Angleterre & d'Allemagne entourent ce pays. Ils ont forgé ce nom par allusion à Marin. Ce sentiment se rapproche de celui que Marchantius attribue à certains savans : ils ont, par extension, formé Morin du mot Celtique *Mor*, qui veut dire mer. Delà vient, dit-on, la dénomination de *Cités armoriques*, donnée par César aux Villes qui avoisinent les côtes de l'Océan. *Comm. de Céf. L. 7.*

Chacun, selon son affection pour la Morinie, en a agrandi ou rétréci les limites, qu'il seroit assez difficile d'indiquer exactement. La prévention qu'un tel procédé fait naître dans les esprits, devient un obstacle à la découverte de la vérité. Les circonstances où les Morins, naturellement guerriers, se sont rencontrés avec leurs voisins, de vaincre ou de céder, doivent servir de régle pour la fixation de leurs limites : mais toutes les recherches pour les connoître, seroient inutiles, à cause des variations de cette étendue. On ignore même jusqu'où elles s'étendoient originairement ; il est à croire que leur Contrée étoit plus grande que celles des Atrébates & des Amiénois, si César n'a

---

(a) Voy. infrà, art. de Térouane, ce que je dis sur Morinie.

Tome I. B **

point exagéré le nombre de troupes qu'ils ont fourni contre lui dans leur confédération avec les Belges. Ce que nous tenons pour le plus certain, c'est qu'ils étoient situés à l'extrêmité de la Gaule Belgique; telle est l'expression de Pomponius Mela (a), *ultimi Gallicarum gentium Morini*; tel est le sens de ce vers de Virgile.

Virg. Æn. l. 8.

Extremique hominum Morini.

Pline les a aussi regardés comme les plus éloignés des hommes dans le continent de l'Europe, *ultimique hominum existimati Morini.*

Pl. l. 19. & Valefius.

Cosmographis. par Munster & Augm. par Belleforest.

Du temps de Jesus-Christ, les Moriniens ou Morins & les Nerviens s'étendoient, selon Munster, jusqu'à Calais. Marchantius place les premiers *in eo littoris tractu*, dans la Contrée maritime où l'on remarque Boulogne, Calais avec le port Itius, Gravelines, Bourbourg, Dunkerque, Bergue-Saint-Vinoc & Nieuport. Un autre dit que du temps de César, les degrés de latitude de la Morinie étoient depuis Amiens jusqu'à Calais, & que ceux de longitude prenoient depuis Anvers & Zélande jusqu'à Montreuil & Etaples. Le P. Malbrancq, en zélé Artésien, en a poussé les confins jusqu'au delà d'Ostende & de Tournai. Ce pays contenoit, selon l'Historien des Gaules, les Evêchés de Boulogne, St. Omer, Ipres, Bruges, Tournai & partie de celui de Gand, qui comprennent une division de la Picardie, des Comtés de Flandre & d'Artois. D'autres y enclavent le Ponthieu, le

---

(a) Dans son Ouvrage *de Situ orbis*. Ce Géographe florissoit dans le I.er Siècle de l'Eglise.

INTRODUCTION.

haut & bas Boulonois, le Ternois ou les dépendances de St. Pol, la Flandre Espagnole, le pays de Waës, & le pays enfermé entre l'Escaut & la Mer pour lors Stéelande ; & aujourd'hui les quatre Offices.

On voit que la description Géographique de ces Peuples n'est pas plus solidement établie que leur origine. Tout ce qui les concerne avant l'arrivée des Romains, est resté dans l'incertitude. Les premiers qui en ont fait mention, ont négligé les détails que nous voudrions, & ceux qui les ont suivis, n'ont laissé que des conjectures ou des contradictions. Au milieu de ces opinions diverses, celle du P. Wastelain doit être considérée. Leurs limites, dit-il, sont celles de l'ancien Diocese de Terouane, anéanti & rétabli en quelque sorte par l'érection des Dioceses de Boulogne, St. Omer & Ipres, qui partagent le territoire de l'ancienne Cité des Morins. L'Océan la bornoit au couchant & au nord. Ils avoient à l'orient les Ménapiens depuis Nieuport jusques & compris Warneton sur la Lis, en suivant les limites orientales du Diocese d'Ipres. Les Amiénois & les Atrébates les bornoient au midi par la Canche & une partie du cours de la Lis. Ce sentiment paroît d'autant plus probable à cet Ecrivain, qu'il s'accorde mieux avec l'étendue de l'ancienne Province Ecclésiastique des Morins, qui doit être censée avoir eu, dès les premiers temps, les mêmes limites que l'ancienne Cité. Il regarde cela comme une regle générale adoptée pour tous les Dioceses qui n'ont point souffert de changement depuis leur création. Quand il s'en est fait, les actes publics ne manquent presque jamais d'en faire mention : ce qui n'a point été remarqué lors du démembrement de la Contrée des Morins en trois Dioceses.

Les lieux connus dans la Morinie du temps des Romains, sont Térouane, Boulogne, Sithiu ou St. Omer. Ipres n'existoit point alors ; cependant je ferai connoître cette Ville, de même que plusieurs autres voisines de l'Artois, quand elles donneront lieu à des événemens relatifs à cette Province.

Térouane.

Bellefore{t}.
Malbr.
Cette Ville, une des douze Cités de la seconde Belgique, étoit le centre & la Capitale des Morins, la demeure de plusieurs Empereurs, des principaux Seigneurs, & dans le VIIe siécle, le Siége ordinaire des Évêques. Assise sur la Lis, à sept mille pas de St. Omer, elle avoit au nord le Comté d'Oie, à l'occident les Boulonois, au midi le Comté de Ponthieu avec une partie de l'Artois, & à l'orient le pays de Flandre. Dans Ptolomée & l'Itinéraire d'Antonin, on la nomme en Latin *Taruenna*, ou *Tarvanna* (a), dans la Carte Théodosienne ou de Peutinger *Teruanna*; quelques-uns ont écrit *Tarubanum*. Des Historiens ont prétendu, mais gratuitement, que Térouane

---
(a) P. le Cointe, T. 8. Dit. *Tarvunensis seu Taruenensis vel Taruennensis pagus cujus Caput Taruenna.*

portoit, avant J. Céfar, le nom de *Morie*, & que celui de Morinie en eft dérivé, que ce Conquérant fit appeller cette Ville *terra Vana*, terre vaine, dont on a formé *terruana*, dans la vue d'exprimer moins la qualité de fon fol que les defirs qu'il avoit de la rendre ftérile & déferte. Elle reconnoit jufqu'aujourd'hui pour Fondateur & Auteur de fa dénomination, Lucius Taruannus ou Tarvacinus. Il y fut conftitué Préteur Provincial à vie, & chargé d'y publier les loix & les coûtumes de l'Empire Romain. Elle n'avoit été jufqu'alors qu'un Bourg : cet Officier eut foin de l'agrandir, de le fermer de murs & d'autres fortifications. Malbrancq qui rapporte ce fait hiftorique, fe fonde fur le Diftique fuivant, gravé, avant fa deftruction, fur le Frontifpice du grand portail de l'Eglife Cathédrale :

Ex Morinis Tarvana vocor, prætore volente,

Quos Cafar vicit nomine, prætor habe.

Ce Préteur réuffit à embellir cette terre inculte, à difcipliner & réunir en fociété, autant qu'elle pouvoit l'être, une Nation groffiere & vagabonde ; il l'affujettit au paiement des fubfides & des contributions, ordonnés aux Provinces conquifes par les Romains. Il la mit encore à l'abri des infultes ennemies, en la couvrant d'un bon rempart & la flanquant de deux tours à fes extrémités. Aucune Ville n'étoit dans ce temps-là mieux fortifiée.

Taillepied. On raconte que Brunehault, Roi des Belges & Contemporain du Roi David, a fait réédifier la Cité de Térouane, qui avoit été pillée & brûlée par un Roi des Bretons. On veut même que ce Roi & deux de ses Successeurs y aient établi leur résidence ordinaire. Ce fait est des plus fabuleux.

L'état florissant de cette Ville a subsisté jusqu'en 451, qu'elle a été prise d'emblée par Attila. Elle n'a point tardé, par la réparation de ses ravages, à reprendre son ancien lustre qu'elle a conservé jusqu'en 850. On verra que les Normans l'ont alors remplie de nouvelles ruines, & qu'ils ont reparu dans la Morinie, lorsqu'elle avoit à peine perdu le souvenir de ses désastres. Cette Ville n'y a point encore succombé : elle est devenue plus petite ; mais elle en a été mieux fortifiée : on l'a environnée de murailles, d'un fossé large & profond, afin d'opposer une plus solide barriere aux brigandages.

Cosmogr. univ. par Thévet. Elle a été, selon Thévet, rétablie l'an 998 par Robert, fils de Hugues Capet.

Nous ferons mention des autres fâcheuses révolutions que cette Capitale des Morins a subies jusqu'au temps que Charles-Quint l'a fait raser de fond en comble.

Boulogne.

Ptolomée appelle Boulogne, *Bononia* (a), *Galliæ togatæ urbs.* Anciennement son nom étoit

---

(a) Bohen-hon, mot Celtique, signifie hauteur superieure, situation plus haute. *Scrieck.*

Gessoriac (a), *gessoriacum vel gesoriacum*. La Carte de Peutinger écrit, *gesogiacum quod nunc Bononia*. On a dit aussi *gesorigia* & *selsina*. La fondation de cette Ville, qui ne tenoit que le second rang parmi les Cités de la Gaule Belgique, est communément attribuée à Q. Pedius (b), parent de César & Lieutenant de ses armées. Elle est bâtie sur le côté occidental, qu'on nomme le mont-Lambert. Les trois boules ou Globes de gueules en champ d'or que l'on voit dans ses armoiries, ont, selon les uns, occasionné le nom qu'elle porte aujourd'hui. Ces boules, disent-ils, figurent les trois fortifications construites par les Romains, ou les trois Apostolats des Sts. Firmin, Victoric & Victrice. Selon les autres, sa dénomination actuelle provient de ses terres bouillonnantes ou de son sablon bouillant; mais elle ne l'a reçue que sous l'empire de Dioclétien. On lit, dans la *Légende des Flamands*, que cette Cité, nommée autrefois Agripine, fut instaurée & augmentée par les François, après avoir défait les Romains sur le Rhin. Les avantages & les commodités de son port pour le voyage d'Angleterre, l'ont rendue peuplée & commerçante. Elle a servi, pendant plu-

Ortel.
Malbr. l. 1 & 2.
Annal. de Calais, par Bernard.
Hist. de Cal. par M. Lefebvre. Wastel.

Fol. vij.

[a] Gessoriac est formé du mot Celtique *Gesso*, qui signifie havre. *Mézerai, liv. 2. Gesogiacum*, dit Cluvier, *l. 2.* est une faute dans la Carte de Peutinger.

[b] Q. Pedius, que César avoit amené d'Italie, est mort Consul, selon Malbrancq, l'an de Rome 711 : mais les Fastes consulaires ne le désignent Consul qu'en 716.

fieurs fiécles, de domicile aux Empereurs & aux Comtes de Boulogne; on conjecture que le palais de ces premiers étoit dans l'endroit de la maifon de ville actuelle. Les feconds occupoient le Château d'aujourd'hui.

Cette Ville a confervé fon état floriffant depuis la fin du III.e fiécle, jufqu'en l'année 881. Après la bataille de Wimile, dont il fera parlé, elle a été prefque changée en folitude par les Normans. Elle s'eft relevée de fes ruines, au point que fon port, par fa fplendeur, éclipfoit ceux de Witfant & d'Ambleteufe; mais il a été par la fuite comblé par les fables. Le Boulonois dont il eft parlé en 835 dans le partage des Etats de Louis *le Débonnaire*, étoit placé entre le pays de Térouane & la Canche. Il a ceffé d'être du Comté de Flandre l'an 965, quand le Comte Arnoul II l'a perdu contre Guillaume, Comte de Ponthieu. Louis XI l'a réuni à fa Couronne. Philippe de France, Comte de Boulogne, avoit rendu cette place plus réguliere en 1227, par l'élévation des murs qui lui fervent d'enceinte du côté de la montagne, & par la conftruction d'un nouveau Château à la place de l'ancien.

J'obferverai que les Comtes de Boulogne ont été, fous les Romains, chargés des affaires des Finances, de Police, quelquefois de la Juftice & de la Guerre. Sous les premiers Rois de France, ils tenoient lieu de Gouverneurs Provinciaux. Voilà pourquoi ils ont porté le titre de Ducs.

Mon deffein n'eft pas de revenir à la defcription de cette Ville, depuis long-temps sortie du ressort de la Morinie & de l'Artois. Aussi mes remarques ont été poussées jusqu'au regne de nos Rois : ce qui la fera mieux connoître, lorsqu'il en sera traité dans le cours de cette Histoire.

Sithiu ou Saint-Omer.

Sithiu, dans son origine, n'étoit qu'un petit Village, avec une tour bâtie sur une colline, ayant une entrée souterraine proche le lieu où est maintenant la Cathédrale; de là vient sa dénomination de Mont-Sithiu. Les uns rapportent que Sitius, Duc & Chef des Morins en a jeté les premiers fondemens; d'autres veulent que les Romains soient Auteurs de sa construction; mais ce lieu existoit avant leur invasion; d'autres, plus croyables, en attribuent la dénomination à son assiette, la dérivant du Latin *à Situ* (*a*). Quand Adroald en étoit Seigneur avant l'arrivée de St. Omer, Sithiu s'appelloit *Hebbingahem* (*b*). Ses libéralités ont donné lieu à de pieux établissemens que nous expliquerons amplement.

Cette Ville, ayant été bâtie sur l'Aa, s'est agrandie peu-à-peu. Ses ruines, causées par les Normans, ont été d'abord réparées dans le IX.ᵉ

Malbr. l₁

Vit. de l'Eglise de de Saint-Omer.

(*a*) S*:et-hieu* mot Celtique, veut dire *Conspicua elevatio*, élévation remarquable, d'où l'on peut découvrir d'autres situations. *Scrieck*.

(*b*) Ce qui pourroit signifier, selon l'art des étymologies ci-après, demeure ou maison d'Hebbin.

siécle, par Baudouin I.ᵉʳ Comte de Flandre. Foulques, Abbé de St. Bertin, d'un courage supérieur aux adversités, l'a ensuite fortifiée, d'une maniere à résister aux nouveaux assauts de ces Barbares qui l'avoient ravagée trois fois. Les détails qui doivent suivre, nous occuperont en temps convenable.

Les Armoiries de St. Omer étoient une double croix blanche, en forme de Croix de Lorraine, dans un champ de gueules. Le travers supérieur s'étendoit moins que celui d'en bas, qui partageoit la largeur de l'Ecusson. On les avoit ainsi choisies pour signifier les deux martyres des Sts. Fuscien & Victoric.

Malbr. l. 1.

Peuples voisins des Atrébates ou des Morins.

Le rapport que des peuples ont avec leurs voisins, devient un motif de faire connoitre les uns & les autres. D'ailleurs nous aurons occasion de citer la plupart de ceux qui vont suivre, tandis que l'Artois a resté sous la domination Romaine.

Les Nerviens, *Nervii*.	Les Lévaques, *Levaci*.
Les Gessoriaques, *Gessoriaci*.	Les Pleumosiens, *Pleumosii*.
Les Oromansaques, *Oromansaci*.	Les Ménapiens, *Menapii*.
	Les Toxandrois, *Toxandri*.
Les Bretons, *Britanni*.	Les Meldes, *Meldi seu Lisani*.
Les Centrons, *Centrones*.	Les Saxons, *Saxones*.
Les Grudiens, *Grudii*.	Les Amiénois, *Ambiani*.
Les Gordunois, *Gorduni*.	Les Bellovaques, *Bellovaci*.

Comm. de Cis. Om‑

Les Nerviens, voisins des Atrébates, &,

INTRODUCTION.

selon Grotius, habitans de tous les environs de l'Escaut, vantoient, selon Tacite, leur origine Germanique. Lucain leur reproche de s'être révoltés souvent & indignement souillés du sang de Cotta. Il est très-apparent que leur premiere Métropole étoit Bavai, en Hainaut, détruite par les Barbares en 409. Cambrai fut ensuite choisi pour leur Capitale. Ce qui concerne ce Peuple avant leurs démélés avec les Romains, reste dans l'obscurité. On sait qu'il s'étoit interdit les délices des étrangers, & tout commerce avec eux. Leur bravoure leur a mérité l'estime de César & d'Auguste. *lius. Buchet. Cluver. Malbr. Meyer. Wassel. &c.*

J'ai dit que les Gessoriaques étoient les Boulonois.

Les Oromansaques, que Pline joint aux Gessoriaques & aux Bretons, habitoient les environs de Calais ou du pays reconquis. La Notice les appelle *Marci*, parce que le bourg de Marquise s'y trouve.

Pline reconnoît, entre la Canche & la Somme des Peuples qu'il nomme *Britanni*. Le P. Hardouin les place sur les côtes de l'Océan où sont Montreuil, Hesdin, Etaples, avec la partie du Ponthieu qui touche à la rive droite de la Somme. Ortelius les dit peuples de la Gaule Belgique. Mais ces Bretons du Continent ont-ils donné cette dénomination aux Bretons insulaires, ou ces derniers l'ont-ils reçue des premiers ? La difficulté de cette question tient à l'ignorance où l'on est, sur l'origine de la formation de l'une & l'autre Colonie.

Sanson donne aux Morins d'autres Peuples qui étoient leurs tributaires ou dans leur dépendance, tels que les Centrons, les Grudiens, les Gordunois, les Lévaques & les Pleumosiens. Ils ont, selon ce Géographe, vécu par la suite sous la protection des Nerviens. César n'en a cité que le nom dans ses Commentaires. Divæus regarde comme apocryphe, l'indication des cantons qu'on leur fait habiter. P. Heuterus s'est figuré que les Centrons étoient les habitans de St. Tron, les Grudiens ceux de Bruges & des environs, les Gordunois ceux de Gand, les Lévaques ceux de Louvain, & les Pleumosiens ceux d'entre la Sambre & la Meuse. Cluvier les a placés sur les deux rives de l'Escaut depuis le confluent de la Scarpe jusqu'à celui de la Lis. L'incertitude de leur véritable position & le silence des Historiens touchant ce qui les concerne, font présumer qu'ils ont été compris dans la classe générale des Nerviens : car les anciens états des Evêchés, les monumens de S.ᵗ Bertin qui précédent l'arrivée des Normans, & d'autres Annales qui auroient pu les faire connoitre, n'en ont aucunement parlé.

La Flandre, dit Marchantius, étoit autrefois la demeure des Morins, des Nerviens & des Ménapiens. Ortelius fait ces derniers, limitrophes des Morins. Tacite & Ptolomée les mettent en deçà de la Meuse, leur donnant pour Ville, le château de Kessel sur la rive gauche de cette Riviere : mais ces Peuples se retiroient dans les forêts & les marécages pour y vivre en sureté. Ils n'ont occupé de Ville qu'après César. A l'arrivée de ce Conquérant, les véritables Ménapiens, d'origine germanique, occupoient des terres & des bourgades situées sur l'une & l'autre rive du Rhin. Après les avoir soumis, il en forma, afin de les gouverner plus facilement, deux especes de départemens divisés par l'Escaut : ceux qui résidoient à la gauche de ce fleuve, confinoient avec les Morins sur la côte de l'Océan ; les Ménapiens situés entre la Meuse & l'Escaut, répandus même jusqu'au pays des Morins, étoient alliés des véritables Ménapiens ; on les a nommés Toxandrois ou Toxandriens, comme ayant été confondus avec une grande partie de ces Peuples.

Le canton des Menapiens, *pagus mempiscus* ou *Menapiscus* (a), comprenoit, selon le P. Wastelain, une partie du territoire des anciens Menapiens, & se prolongeoit dans la partie orientale des Morins. Ses bornes étoient au nord l'Océan & la Flandre ancienne, à l'orient les pays de Gand & de Courtrai, au midi le pays de la Lis, & au couchant celui de Térouane.

Les Meldes habitoient le long de la Riviere de ce nom. On répond aux Ecrivains qui les mettent dans un pays plus reculé, qu'il n'est pas croyable que César ait pu ordonner si loin la construction

---

[a] Pagus Menpiscus Pagus est Menariorum, qui Morinis & Flandris proximi dicuntur. *P. le Coiste*, T. 8.

de ses navires, tandis que le voisinage du port Itius lui offroit des bois plus commodément & à moindres frais.

Les Saxons, originaires des Cimbres, occupoient une partie de la côte, qui va depuis Marck ou Calais, jusqu'à l'embouchure de l'Escaut près de l'Ecluse. Ils étoient bornés à l'orient par le territoire de Sithiu, domaine des Oromansaques. Leur établissement dans la Gaule Belgique ne dura point. Ils fonderent une nouvelle Monarchie dans la Grande Bretagne. Leurs conquêtes, du temps de la notice de l'Empire, n'alloient point au-delà de Mardick.

Les Amiénois que les Nerviens touchoient au nord, étoient bornés au couchant par l'Océan, & par les Véromandois à l'orient. César *l. 5 de ses Commentaires*, fait mention d'Amiens sous le nom de *Samarobriva*; Ortelius écrit *Samarabriva vel Samarabriga*. En langage Celtique ou Gaulois, *Briva* ou *Briga* signifie pont, & *Samarum* ou *Samara*, fleuve. On a dit ensuite *Sumina* ou *Sumena*, & par corruption, *Samona*. Duchesne & Belleforest ne conviennent pas avec Corrozet, qu'une troupe de vagabonds sans chef, après avoir soumis la côte de Neustrie, ait construit un château avec une Cité fermée de portes & de tours, en appellant cette Ville, *Ambienne*, du latin *Ambire* ou *Ambitio*, parce que cet emplacement étoit environné de ruisseaux.

Le pays des Bellovaques étoit compris dans l'espace moderne des Dioceses de Beauvais & de

Senlis. Les Véromandois & les Sueſſons les bornoient à l'orient, les Pariſiens au midi, les Caletes & les Vélocaſſes à l'occident, & les Amiénois au nord.

Explication du Belgium.

Le *Belgium*, relatif à l'hiſtoire d'Artois, a exercé les diverſes opinions des Hiſtoriens. Nous entendons par ce mot, l'endroit où Céſar dit avoir placé ſes Légions, où il renforçoit ſes garniſons, où il paſſoit les hivers, afin que tenant ce pays en reſpect, il pût compter ſur la tranquillité de la Gaule. Il nous apprend qu'il en mit une chez les Morins, une ſeconde chez les Nerviens, une troiſieme chez les Eſſuens & une quatrieme chez les Rémois. Trois autres furent envoyées dans le *Belgium*, & une quatrieme avec cinq cohortes chez les Eburons. Ce rapport prouve clairement que ce lieu n'étoit point une Ville comme pluſieurs l'ont imaginé. On ne peut non plus l'interprêter pour toute la Belgique, quoique abuſivement des Ecrivains l'aient avancé. On voit, par le texte de Céſar, que ce *Belgium* étoit diſtingué des autres pays où des Légions furent pareillement envoyées. On ne ſauroit, dit M. d'Anville, le confondre avec la Belgique ſans prendre une partie pour le tout. Ortelius l'aſſigne dans la partie ſeptentrionale de cette Gaule, renfermant aujourd'hui la Hollande, la Zélande, la Flandre, le Brabant, la Gueldres & le pays de Cleves. Les grandes Rivieres qui arroſent ces Provinces,

Comm. de Céſ.
Ortel.
Bucherl.
7.
Cluvier.
Germ. ant.
l. 2
Waſtel.

facilitorent la descente dans l'Océan & la Bretagne. Le sentiment aujourd'hui le plus suivi, indiqué le *Belgium* dans la Contrée des Atrébates, des Amiénois & des Bellovaques, auxquels, par conjectures, on joint ceux de Senlis & de Soissons. Le P. Boucher prétend que cette Contrée étoit entourée de la Seine, des Rémois, des Nerviens, des Morins & de l'Océan, & occupée par les Peuples de Beauvais, d'Amiens, d'Arras & du Vermandois. Pour plus d'éclaircissement, consultez la dissertation de l'Abbé Carlier, en 1752.

Recherches sur plusieurs Etymologies.

Un Artésien versé dans les langues primitives & les vieux jargons, connoîtroit la signification de la plupart des noms que portent les Villes & les Villages de sa Province. Cette découverte seroit quelquefois la preuve de leur antiquité. Je conviens que les variations qu'ont subies les langues, exposent à des conjectures, à des ressemblances équivoques; dans ces cas, surtout lorsque l'analogie d'un nom se montre contraire à la signification qu'il conviendroit de lui attribuer, on prend pour guides les principes & les regles générales dont il n'est pas permis de s'écarter. J'aime beaucoup mieux, dit Cluvier, ignorer l'origine de certains mots, que d'en imaginer une ridicule interprétation & de tomber dans une erreur grossiere. (*a*).

Avant

──────────

(*a*) Ego sane ignorare origines ejusmodi vocabulorum

INTRODUCTION.

Avant de citer, dans les articles suivans, un grand nombre de lieux, je vais montrer l'étymologie de plusieurs. Cet essai suffira pour inspirer aux Amateurs la recherche des autres, en consultant les Auteurs qui ont écrit sur cette matiere.

La signification d'un nom de lieu peut nous découvrir;

1.° La nature de son sol: les lieux terminés en *brai*, sont dans un terrain fangeux: *braium seu lutum*, signifie, boue, fange.

Witsant est composé de deux mots Anglois, *With* ou *Wich*, & *Sant* ou *Sand:* ce qui signifie, sable blanc ou dunes qui environnent le port de ce lieu que l'on écrit diversement.

De *broc*, ancien Teuton, on a formé *brouk* ou *brouc*, terme Flamand qui signifie, marais. St. Pierre-Brouck indique que cette paroisse de St. Pierre est dans un marais. Si *kerke* ou *kerque*, ancien mot Allemand, signifiant, temple, est joint à *brouck*, comme *Broukerque*, cela voudra dire, Eglise dans un marais.

Val signifie vallée, comme dans Mingoval, Diéval & autres Villages. *Nant*, comme terme Celtique, a la même signification; comme mot Breton, il veut dire, ruisseau.

Maën ou *Men* signifie, pierre.

---

multò malo, quàm ridiculè in eorum enodatione ineptire ac turpiter errare. *Cluv. German. antiquit. l. 2.* On peut consulter cet Auteur sur la signification de plusieurs terminaisons que j'omets.

Hout, nom Flamand pour bois, comme *ruhout*, & *eicke* pour chêne : des lieux ainsi terminés font concevoir qu'il s'y trouve des bois ou des chênes.

2.° La situation, la forme d'un lieu, ou le nom de son Auteur.

Gravelines est un composé de deux mots Flamands *grave*, pour Seigneur ou Comte, & *linghe*, pour canal ; aussi a-t-on écrit *Gravelinghe*. Quelques-uns ont dit que ce nom signifioit, grand ravelin.

Kerque, selon mon observation, veut dire, Eglise : Zudkerque & Nortkerque signifieront dans le premier de ces Villages, une Eglise au midi, & dans le second, une Eglise au nord.

Bant est pris pour limite ou frontiere, & *ner* pour noir : Nermonstier, *nigrum Monasterium*, Monastere noir.

Not. Val. Les terminaisons en *heim*, en *ham*, dont *hamel* est le diminutif, *hamus*, désignent un Hameau, une Maison, un Village ; en *camp*, *campus*, un champ ; en *chin*, en *huns*, *Census*, une Cense, une Ferme en roture ; en *tun*, comme totingatun, alinctun, une haie qui sert de clôture à l'héritage de quelqu'un.

Les lieux terminés en *celles*, signifient, maisons : courcelles pour maisons de la cour. Anciennement on écrivoit *Vin* ou *Wen* pour vingt ; ce monosyllabe précéde le nom de plusieurs lieux, nommément Vincelles, pour signifier que ce Village étoit originairement composé de vingt maisons. *Wyn*, en Flamand, veut dire, Vin.

INTRODUCTION. 35

Les terminaifons en *Ghem* ou *Ghen*, autrefois *Gahem*, fignifient auffi, maifon, demeure : Bainghen ou Baingahem pour maifon de St. Bain; Meldeghem, pour demeure fur la riviere de Melde. Ces terminaifons & les fuivantes qui font en grand nombre dans l'Artois & la Flandre, fententla langue Celtique, felon Malbrancq, & prouvent l'ancienneté des lieux. Malbr. l. 1.

Les terminaifons en *Court*, comme Ranchicourt, Ambricourt, fignifient, Courtil, enclos de celui dont le nom précede.

Ponchel, Village proche Auxi-le-Château, & le diminutif Ponchelet font interprétés pour pont & petit pont.

Beaumez, *bellum manfum*, fignifie, belle maifon. Herbamez doit être une maifon dans les herbes, & Aubromets, la maifon d'Aubri.

Molen ou *Meulen*, terme Flamand pour Moulin : Molinghem doit fignifier, demeure ou fe trouve un Moulin.

Plufieurs lieux en Artois font appellés *la Targette*, terme dérivé du Wallon, & font pris pour Cabarets où les voyageurs s'arrêtent; *s'attarger* eft s'y arrêter.

Près de St. Omer eft un Village nommé le Nart, & autrefois le Mart, pour Eglife dediée à St. Martin; on en a retranché la feconde fyllabe *in*. Plufieurs le nomment St. Martin au Laert (a).

_____

(a) *Laer*, écrit fans *t*, eft un mot flamand qui fignifie pâture publique, lieu non cultivé : ce lieu étoit effectivement autrefois une Prairie, une Commune.

3.º Les fortifications ou les retranchemens que l'on a originairement conſtruits dans un lieu.

Le village d'Arques eſt ainſi nommé du Latin *ab arcibus*, pour déſigner des forterefſes, qui ont été, ſelon Malbrancq, bâties du temps de Céſar; le nom de celui de Tournehem provient du Latin *à turribus*, à cauſe des tours qu'on y a conſtruites. Le Ponthieu tient auſſi ſa dénomination du Latin *à pontibus*, à cauſe des ponts que l'on y a mis ſur les Rivieres.

Malbr. l. 2.

Les ſept voies Romaines & autres grands chemins (a).

Qui n'admireroit pas l'induſtrie des Romains, en conſidérant les obſtacles qu'il leur a fallu ſurmonter pour ouvrir des grands chemins de communication d'un pays avec un autre, & les faire preſque tous aboutir à la Morinie? Ils les ont rendus praticables au travers de longues forêts, dans les plus hautes montagnes, au milieu des marais. Ils ont employé les Légions à leur conſtruction; & des travaux opiniâtres leur ont aſſuré une ſolidité qui triomphe encore, en pluſieurs endroits, des ravages du temps.

Malbr. l. 1.
Bergier, T. 1.
Hiſt. de Val. par d'Outre-man.
Hiſt. de Tournai. &c.

Pluſieurs Ecrivains ont exercé leurs rêveries ſur ces chauſſées. J. de Guiſe & Lucius attribuent la conſtruction des premieres à Brune-

---

(a) Preſque tous les lieux par leſquels ces chemins paſſoient, étoient enclavés dans la Morinie.

hault, Roi des Belges ; d'autres en reconnoiſſent Auteur, Bavon, Roi de la Gaule Belgique, & parent de Priam, Roi des Troyens. On prête à ce dernier la réputation d'un habile Magicien : ce qui a ſans doute fourni matiere à des eſprits crédules de raconter que ces chemins avoient été fabriqués en une ſeule nuit. Le peuple eſt ordinairement dupe de cette fable groſſiere.

Il eſt poſſible que les Belges, les Gaulois ou autres Peuples en aient ébauché quelques-uns ; dans cette ſuppoſition, Céſar & ſes Succeſſeurs auroient ſenti l'importance de les perfectionner & de les multiplier. C'eſt Auguſte, ſelon Bergier, qui a pavé les chemins des Provinces de l'Empire. On prétend que la meſure réunie de ceux que cet Empereur a ordonnés dans toutes les parties des Gaules, avoient une étendue de plus de douze cens lieues françoiſes.

Les chemins appellés verts, différoient de ceux des Romains : les premiers étoient tortueux, ferrés de cailloux entiers ou briſés, de couleur noirâtre ou tirant ſur le Fer ; les ſeconds avoient diverſes couches de pierres : la premiere, dite *ſtatumen*, étoit compoſée de pierres aſſez groſſes ; on y jetoit des moellons ou pierrailles caſſées & mêlées avec de la chaux : ce qui ſe nommoit *rudus*. Sur cette rudération ou eſpece de terraſſe, on élevoit une troiſieme couche, faite de briques, têts de pots ou tuiles battues & de chaux. Puis on y étendoit une ſurface de grès, de cailloux ou gravois, *ſumma*

Crufta. Ces lits ainfi maftiqués (*a*) étoient plus élevés que les terres adjacentes & conduifoient à des Ports de Mer. Voilà pourquoi ces chemins, préparés avec tant d'induftrie & de dépenfes, ont réfifté long-temps. Les uns ont duré moins que les autres, quoique d'égale bonté, parce qu'ils ont été plus foulés & gâtés par les charrois, ou renverfés par les torrens : ce qui eft caufe qu'on ne les diftingue plus tous. D'ailleurs les voies de traverfe ont été omifes dans l'Itinéraire d'Antonin & la Carte de Peutinger. Ces chauffées étoient tirées en ligne droite ; fi, en quelques endroits, elles s'en font écartées, attribuons-le à la trop grande hauteur des montagnes & à la profondeur des vallées. Tels ont été les quatre grands chemins militaires, qu'Agrippa, Gouverneur de la Belgique, a commandés à l'imitation de celui que l'on prête à Céfar depuis Térouane jufqu'à Sangate : le premier alloit de l'Aquitaine vers l'Efpagne, deux autres vers le Rhin, & de Narbonne vers l'Italie ; le troifieme & le plus long de ces quatre, paffoit de Lyon à Troie, Rheims, Soiffons, Noyon, Amiens pour fe terminer à Boulogne. D'autres chauffées, nommément celle de Cambrai à Arras, Térouane, Witfant, ont été, felon la commune opinion, ouvertes ou réparées par la Reine Brunehaut, femme du Roi Sigebert. Bergier lui

Chron. Belg.
A. Mirœi.

―――――――――――――――――――――

[*a*] Nous avons perdu l'ufage du Ciment qui les lioit de fond en comble.

en contefte pourtant la gloire; & la Chronique de St. Bertin ne lui en accorde qu'une petite portion, eftimant que fon nom appliqué à une partie des chemins, s'eft, par erreur, étendu fur le tout. Les autres chemins militaires ont été entrepris fous les Empereurs Néron, Marc-Aurele & Valentinien; on en a pavé plufieurs avec de grands carreaux; les autres préfentent au dehors un maffif fabriqué de cailloux & de menus gravois.

Il eft réfulté de l'exécution de ces divers ouvrages plus de facilité pour les Provinces à communiquer enfemble, plus de liberté pour le commerce & plus d'étendue dans fes branches, plus de célérité dans les Courriers dépêchés par la Cour & les Armées, plus d'aifance pour la marche des Troupes, pour le tranfport des denrées & des munitions de Guerre.

Je vais donner la notice de ces chemins felon la defcription du P. Malebrancq. Plufieurs Villages dont il fera fait mention, font omis dans les Cartes gravées en 1774. La plupart de ces lieux n'exiftoient point avant l'établiffement de notre Monarchie.

La premiere des voies Romaines, placées toutes entre Térouane & Boulogne, conduifoit à Amiens par Doudeauville (a), Herli, Crequi, Sains, Freffin, Auchi-les-Moines, Marconne, Ste.

(a) Une des douze Baronies du Boulonois. Ces fept voies partoient des environs de ce Village.

Auftreberte, Capelle (*a*), le voifinage de Fontaine-les-Talons, Auxi-le-Château, Maiferoles (*b*) & Montrelet (*c*). Cette voie qui répondoit à la feptieme étoit la plus courte & la plus praticable d'Amiens à Boulogne.

La deuxieme conduifoit au Golfe d'Itius par Senlecque & Guines (*d*). On côtoyoit les villages de Bainghen, Hocquenghen, Licque & Landret-

---

(*a*) Son nom vient d'une Chapelle érigée en l'honneur de la Sainte Vierge.

(*b*) Maiferoles, au-deffous de Doulens, où faint Furfi, dont le corps repofe à Péronne, eft venu mourir vers le milieu du VIIe fiécle. Ce Village eft nommé Maioc dans la vie de ce Saint; c'étoit, felon Bolland, un Fort fur l'Authie.

(*c*) Montrelet dérive du latin *à Monftrando* ou à *Monftratá per Angelum futurá fede* : ce qui s'entend de Malguille, compagnon de faint Furfi, qu'un Ange conduifit de Saint-Riquier dans un Ermitage fur l'Authie.

(*d*) Guines, entre Calais & Boulogne, fut une Ville confidérable avec trois Parciffes, & dans le faubourg, l'Abbaye de St. Léonard, fondée l'an 1117 pour des Bénédictines, & détruite aujourd'hui jufqu'aux moindres veftiges. Sigefroi ou Sifrid, Seigneur Danois, s'empara de Guines l'an 928 & en devint le premier Comte; il fortifia ce lieu d'un Château & d'un double foffé. Ses fortifications ont été rafées, fes portes abatues & fes foffés comblés vers l'an 1559. *Hift. gén. de la M. de Guines. A. Lemire, T. 1. Gallia. Chrift. T. 10.*

hun. On trouvoit à Guines un chemin pour Sangate (*a*), non loin de Marck (*b*).

La troisieme à Étaples (*c*) : elle aboutissoit vers

(*a*) Sangate, dont on ignore l'ancien nom, est entre Witsant & Calais. Ce Village est nommé par *Paradin Fangales*, & par les Anglois *Ste. Agathe* ; soit que cette sainte Martyre y ait eu une Eglise, soit qu'on y ait déposé ses Reliques. Baudouin II, Comte de Guines, y a fait, au XII.e siécle, bâtir un très-fort Château, avec une tour haute, des fossés & des boulevards. *Hist. gén. des Comtes de Guines. Hist. de Calais.*

(*b*) On a écrit aussi Mark, Marcq, Merc, Merch, Marcanes, Marcnes, Marcknes & Marchennes. C'est un des Villages les plus considérables du Calaisis. On y a fondé une Abbaye ; *voy. celle de St. Jean-au-Mont.*

(*c*) Cet endroit à deux lieues de Montreuil, sur la Canche, a été nommé *Vic*, & souvent *Quantavic* ou *Cuentavic*, nom latin de cette Riviere. Suivant la tradition, il tire son nom actuel de l'Étaple, que les Anglois y avoient établi pour leur Laine. Son Château, aujourd'hui ruiné, fut construit l'an 1171, par Matthieu d'Alsace, Comte de Boulogne, sur un terrain qui appartenoit à l'Abbaye de St. Josse ; il lui céda en échange dix mille Harengs à prendre sur la pêche de ce Poisson dans les ports de Boulogne & de Calais. *Descr. hist. & géog. de la France. Hist. de Cal.*

L'Histoire fait une mention honorable de quelques habitans d'Etaples : le 1.er est Jean l'Advantage, Médecin de Philippe *le Bon*, Duc de Bourgogne, qui, à cause de son mérite & de ses services, le fit Prévôt de St. Pierre de Lille en 1434 ; trois ans après, il fut Evêque d'Amiens. Il est décédé l'an 1456. *Journal de la Paix d'Arras.*

Le 2.d est Jacques Fabri ou le Fevre, né en 1455. De Professeur de l'Université de Paris, il devint grand Vicaire de Meaux, & Précepteur du 3.e fils de François I.er Cet

les villages de Cormont, Longvilliers (*a*), Atin, Frencq, Marles, Tubersent, Sorrus & Recques.

La quatrieme à Sithiu : elle passoit par la forêt de Thiembronne (*b*); auprès du Prieuré de Val-Restaut; après avoir rencontré de petites Rivieres venant d'Ulkinghem & Seninghem, elle continuoit droit à Lumbres proche l'Aa, par le bout de Setques; ayant traversé Leulinghem, elle gagnoit les villages de Wisques, Tattinghem & Longuenesse.

La cinquieme à Térouane, par Campagne-lez-Boulenois, Fauquembergue & le bas de la montagne d'Upen.

La sixieme à St. Pol, passant par Bourthes, Rumilli, à côté de Coupelle-Vieille & de Vandone (*c*),

---

habile homme, Auteur de plusieurs Ouvrages, est mort en 1530. On lui est redevable d'avoir, un des premiers, inspiré le goût des études solide, particulierement celle des langues Orientales. Le célèbre Poëte Jean Salmon, surnommé *Macrin*, fut un de ses disciples.

Le 3e. dont parle Belleforest, est Bertin le Comte, homme très-versé dans la langue Latine. Il remplaça en 1547 François Vatable ou Wattebled, dans la Chaire royale d'Hébreu à Paris.

(*a*) Où l'on voit une Abbaye de l'Ordre de Citeaux, fondée l'an 1135, par Etienne, Comte de Boulogne, mort Roi d'Angleterre en 1154. *Gall. chr. T.* 10.

(*b*) Lieu remarquable par les ruines d'une maison de Templiers, fondée par Clarembaut, Seigneur de ce Pays.

[*c*] Village appellé originairement Pétresse, *Pitressa*, à

INTRODUCTION. 43

par Fruges (a), Werchin (b), delà à la jonction des trois Rivieres, prenant leur source, partie à St. Martin proche de St. Pol, partie à Fontaine-les-Boulans & Heuchin & partie à Aix. Un autre chemin menoit de St. Pol à Arras par le *Rigiacum* de Malbrancq, & de cette Capitale à Cambrai (c).

---

cause d'une Eglise érigée sous le vocable de St. Pierre par Wambert : il faisoit alors partie de la Seigneurie de Renti. *Malbr. l. 3.*

[a] Malbrancq, *l. 3*, raconte que vers l'an 639, un noble Breton, nommé Eler, passa la mer ; se rendit à Térouane par Boulogne & la Chaussée des Romains, & delà à Fruges, où il se choisit une demeure solitaire. L'affluence du peuple interrompant le genre de vie qu'il s'étoit proposé, il se cacha dans une autre solitude & retourna par la suite en Angleterre. On a conservé la mémoire de ce saint Ermite & de sa petite demeure.

Fruges est aujourd'hui un Bourg des plus considérables d'Artois, contenant environ trois mille habitans. Cette Vicomté, relevant de Saint-Pol, a appartenu à la maison de Fiennes, pendant plusieurs siécles ; elle a ensuite passé dans celles de Sandelin & de Béthune. M. *Emm. Fr. Jos.* Le Sergeant, Seigneur de Radinghem, de Vincli & d'Héseque, a fait l'acquisition de cette terre en 1780.

(b) Ce village est, selon Malbrancq, *l. 5.* remarquable par le miracle de sainte Mérence. L'an 829, Transacaire, Seigneur de Werchin, avoit promis d'accorder tout le terrain qu'elle pourroit labourer dans un court espace de temps, au profit du Curé de ce lieu. A l'aide de deux haridelles, elle en prépara trois arpens depuis le déjeûner jusqu'au dîner. Cette Sainte, après avoir vécu dans une chaumiere, y est décédée & y a reçu la sépulture.

(c) La chaussée de Térouane par St. Quentin, Cambrai, Arras, &c. subsiste encore presque entierement.

La septieme à Boulogne : à deux lieues delà (*a*), ce chemin rentroit dans celui de Sithiu à cette Ville.

Outre ces chemins, nous remarquons les suivans.

I. Celui d'Arques à Boulogne par le Mart ou Nart, Salpéruick ou Sobruick; il procuroit l'entrée des villages de Tilques, Serques, Houlle, Eperlecque (*b*) & Ruminghem. Non loin de ce chemin, étoient Quelmes, Acquin, Bainghen, Hocquenghen & Boisdinghen. On entroit ensuite dans Alquines (*c*), Journi & Bouvelinghen. Après avoir rencontré à Licque un chemin croisé ou la seconde voie Romaine qui conduisoit à Guines, on découvroit sur la droite les villages d'Alembon, Wiere & Hédene ou Hédénesberg; près de la riviere de Vimereux, étoient ceux de Fiennes, Beaulieu, & non loin delà, Totinghen & Mar-

___

(*a*) A un endroit nommé *Divernia* dans la Carte de Malbrancq; ce qui signifie, Désurennes ou Desvres, proche de Sainte-Gertrude.

(*b*) Ce Village, maintenant enclavé dans l'Artois, est célebre pour avoir été le titre d'un Comté que portoit un Seigneur illustre par sa valeur, nommé Gérard, vivant encore en 845. Malbrancq le croit de la création de Charlemagne. On présume qu'Éperlecque faisoit, du temps de César, une forteresse essentielle, ainsi que Waten, pour assurer les conquêtes des Romains dans cette Contrée de la Morinie. *Hist. de Cal.*

(*c*) Avant l'arrivée des Normans, les Evêques de Térouane alloient souvent à Alquines. *Malb. l. 1.*

quife. Ce chemin fe terminoit à Waft en droiture, où il s'en trouvoit un autre pour Witfant (*a*), paffant par Ambleteufe (*b*), & un fecond pour Boulogne & le Boulonois. Au bout de cette côte maritime, étoit celle des Ruthéniens (*c*). Après le paffage de la Liane, on rencontroit la feptieme voie Romaine, enfuite la troifieme.

II. Celui de Sithiu à la Canche maritime : il gagnoit Arques & Hallines ; après le paffage de l'Aa, il fe continuoit par Enne, Ouve, St. Liévin, Fauquemberghe, Renti (*d*), Herli, St. Van-

---

(*a*) Ce lieu fitué entre Ambleteufe & Calais, floriffoit au VII.e fiécle par la beauté de fes bâtimens, par fes marchés & fon commerce. St. Faron, Evêque de Meaux & frere du Comte Valbert, y avoit fait conftruire un Monaftere qui fut totalement détruit par Gormon & Ifembard, Chefs des Danois. *Vales-Not. Malbr.*

(*b*) Ce lieu, nommé autrefois *Ampléat* & *Ambleteuil*, eft à trois lieues de Boulogne & cinq de Calais. Son port étoit peu de chofe du temps des Romains ; il doit fon rétabliffement à Renaud de Trie, qui y bâtit une Ville. Ce Comte de Boulogne eft mort enchaîné dans la tour neuve de Péronne l'an 1216, felon Baluze, & 1226 felon le P. Daniel.

(*c*) Ainfi nommés de Ruthenus, leur Chef. On croit que la Ruthénie étoit cette partie d'Angleterre, appellée aujourd'hui province de Kent. Un Ecrivain prétend que ces anciens Peuples ont poffédé la Ville, les Ports & les Rivages des Morins. *Malbr. l. 2. c. 1.*

(*d*) Il a exifté à Renti un fort avec quelques châteaux, détruits par les François en 1521. Ce Village eft la premiere terre d'Artois qui ait été érigée en Marquifat par

drille, Embri, Hesmont, Beaurain, Marenla & Marant.

III. Celui depuis la Canche jusqu'à Amiens : après avoir passé cette Riviere, on alloit directement à Douriers par Campagne, puis à Dommartin, Noyelle, & à côté de Gapenne & de Domart.

IV. Celui d'Amiens à Térouane : sur l'Authie, on découvroit Rémainil, Doulens (*a*) & St. Leger. De cette Riviere à celle de Canche, ce chemin s'étendoit jusqu'à Frevent, Ligni & Monchel près de Canchi. Au delà de la Canche, on rencontroit Nunc, Laires, la Laquette & Bomi (*b*).

V. Celui de Térouane à Arras & Amiens : ce chemin partoit directement depuis le centre de cette Ville jusqu'à Arras, par Querne près de Wi-

---

Charles V l'an 1532, en faveur de Guillaume, Sire de Croï, Prince de Chimai. La branche aînée de la maison de Renti est tombée en quenouille depuis le XIV.ᵉ siécle. *Nantigni. Théât. de J. le Roux.*

(*a*) Cette Ville, sur la frontiere d'Artois, est connue par son château depuis l'an 931. Avant la conquête de notre Province, c'étoit un des boulevards de la Picardie. On y remarque encore aujourd'hui une forte Citadelle.

(*b*) Ce Village est connu par Sainte Frédevise qui quitta l'Angleterre, sa patrie, s'embarqua avec deux de ses Compagnes & s'en vint dans la Morinie; elle se retira dans le voisinage de Bomi, où est un petit Oratoire avec une Cellule, qui a cessé, depuis plusieurs années, d'être habitée par un Ermite. Elle est morte dans son monastere d'Oxford en 759. *Malbr. l. 4.*

ternès ou Witreneffe. A gauche étoit le village de Fontes (a) ou Fontaines. Plus loin, à côté de la chauffée, étoit Ham. On gagnoit enfuite Lillers, Frefaï & la vallée de ce Village, Preffi & Houdain. On entroit à Arras par le pays dit *Adardenfis*; on en fortoit par celui nommé *Auftrebatenfis*, en paffant à Pas en Artois, & à Thiévres fur l'Authie (b).

L'on voit que quatre chemins, dont les deux du milieu étoient directs, aboutiffoient à la Morinie. Celui d'Arras à Sangate fembloit avoir été tracé avec le cordeau. Si les collines n'avoient mafqué la vue, on auroit pu de cette Capitale découvrir la pointe du promontoire d'Itius, & même le rivage Britannique, felon Malbrancq.

VI. Celui de Térouane à St. Pol : on entroit d'abord dans Enquin, en laiffant Cuhem à côté; fe préfentoit enfuite Févin. Plus loin on paffoit auprès de Tangri & St. Martin; on trouvoit à Saint-Pol la VIme voie Romaine pour Arras.

VII. Celui de Terrouane à Caffel (c) : en par-

(a) Cet endroit eft remarquable par fes Sources, qui produifent d'excellent Creffon, dont une feule verge eft affermée jufqu'à fix livres.

(b) Il paroit, par la Carte actuelle, que de tous ces chemins, l'on n'a confervé que celui d'Arras à Térouane, paffant par St. Eloi, Gauchin-le-Gal, Houdain, Divion, Cauchi à la Tour, Frefnoi, Auchi-au-Bois & Eftrée-blanche.

(c) Ville élevée fur une très-haute montagne, d'où l'on découvre, felon Malbrancq, *l.* 1. quinze Villes, & felon

tant de Clarques, il menoit à Ecques, dans le voisinage de Bilques. On rencontroit le *Gessoriacum navale* (a), & plus loin la forêt de Rihoult ou Ruhout (b); avant Cassel étoit Bavincove.

VIII. Celui de Cassel à la Lis: de Cassel, on revenoit au village de Thiennes, en passant par Oxelare & Staple. De cette Riviere, on communiquoit avec Aire, Boësinghem & la forêt de Wastelau ou Wastelo (c).

IX. Celui de Cassel au port Itius (d) : on rencontroit

Gramaye, plus de 30, & presque 100 Villages, lorsque le Ciel est serein. Le premier ajoute que son antiquité & sa célébrité sont connues dans l'Itinéraire d'Antonin. Son château, selon Heuterus, a été bâti par Odoacre, Forestier de Flandre. Le mot *Cassel*, parmi les Allemands & les Flamands, est le même que *Castel*. On y voit deux Colleges de Chanoines.

(a) Selon le système de Malbrancq, qui met à Sorieck *Gessoriacum navale*

(b) Ou Russchure, *quasi Rusi horreum*, parce que Sulpitius Rufus, Lieutenant de César, y forma un magasin de blé pour la mer. Il y trouvoit aussi des bois de construction pour les vaisseaux. Cette forêt, voisine de Clairmarais, forme aujourd'hui la maitrise des Eaux & Forêts à Saint-Omer. *Malbr. l. t.*

(c) Cette forêt s'étendoit autrefois sur la rive droite de la Lis, entre les Villes d'Aire, Lillers & Merville. *Wastelain.*

(d) Selon le système de Malbrancq, qui prétend ce port à Sangate.

contrôit d'abord Ochtezeele, laissant Arnick à côté, sur la riviere de Peene; ensuite on entroit à Léderzeele, Waten & Holckes. Après le passage du Golfe, à l'endroit le plus étroit, on arrivoit à Tournehem (*a*), & au promontoire d'Itius.

X. Celui de Cassel à Mardick ou la côte des Saxons: il passoit par Ekelsbeque, Bissezeele, Crochte, Steene & Spiékre. Sur la côte maritime, existoient plusieurs lieux anciens, tels que Gravelines (*b*), Bourbourg & Loon sur la riviere de Mardick. Non loin de cette Chaussée, on remarquoit

---

[*a*] Cette Ville, bâtie sur le bord d'une petite Riviere, étoit connue du temps de Céfar. Après s'en être emparé, il y fit quelque séjour pour l'avantage de sa Cavalerie. Le château étant tombé en ruines, il fut réparé par Baudouin II. Ce Comte de Guines, mort en 1205, environna encore la Ville d'un large & profond fossé, renouvella ses murailles & les boulevards, & pratiqua au dehors un étang spacieux. Cette Ville fait partie du Comté d'Artois, depuis qu'elle a été démembrée de celui de Guines, avec Audruicq & le pays de Bredenarde. Le château d'Audruicq fut rétabli par le même Baudouin qui avoit essayé d'en faire une Ville forte. *Locre. hist. de la M. de Guin, &c.*

[*b*] Cette Ville de la Flandre françoise, à l'embouchure de l'Aa, étoit originairement un Village, nommé Saint-Willebrode, premier Evêque d'Utrecht. Cet Anglo-Saxon y aborda en 690. Le Comte de Thierri d'Alsace l'a convertie en Ville, vers l'an 1160, après l'avoir fermée de murailles. Il y avoit fait, en 1147, creuser un Canal pour servir de Port. Charles V l'a fortifiée d'un château & de plusieurs Bastions en 1528. *Guicciardin. Meller. &c.*

Tom. I.   D

Coudekercke, Bierne, Warhem, Bergue-St-Vi-noc (*a*), Socx & Wormhout.

XI. Celui de Caſſel à Eſtaires (*b*) : après avoir paſſé au delà de Marie-Capelle & St. Silveſtre-Capelle, on parvenoit à Strazeele qui eſt dans le voiſinage de la forêt de Niépe, à la proximité d'Eſtaires, ſe trouvoient Merville (*c*), Sailli, Fleurbais & la Venthie; & vers cette petite Ville, au delà de la Lis, il ſe préſentoit un chemin pour Arras en paſſant vers Lens, & un autre pour Tournai par la Venthie.

XII. Celui du Golfe d'Itius (*d*) à Wervick (*e*):

[*a*] Cette Ville fut bâtie l'an 902 par Baudouin II, Comte de Flandre ; elle ſe nommoit anciennement *Groenberg* à cauſe d'une Colline verte ; aujourd'hui c'eſt Bergue-Saint-Vinoc, depuis la conſtruction du Monaſtere, qui étoit autrefois le Château ordonné par Baudouin IV. *Marchant. l. 1.*

[*b*] Petite Ville, entre Merville & Armentieres, aux confins de l'Artois; elle eſt connue par ſes Foires en toiles. Elle a été érigée en Comté l'an 1611, par le Duc Albert d'Autriche. *Chron. Belg. A. Miræi.*

[*c*] Petite Ville ſur la Lis, près de la forêt de Niépe. Elle a appartenu aux Seigneurs de Caſſel. C'eſt aujourd'hui un lieu tout ouvert. Il en ſera parlé à l'article de la Collégiale de St. Amé, à Douai.

[*d*] Ce Golfe, ſelon le ſyſtème de Malbrancq ; s'étendoit depuis Sorieck juſqu'à Sangate.

(*e*) Bourg de Flandre ſur la Lis, célebre par le ſéjour qu'y a fait Louis XV, lors du ſiége de Menin en 1744.

INTRODUCTION. 51

il partoit de la forêt de Rihoult & menoit au chemin croisé de Cassel à Estaires, proche de Vléteren ou Fletre. On rencontroit en suite Bailloeul (*a*); le mont des Cats ou Cattes (*b*) n'en étoit pas loin. Les villages de Locre, Kemle, Witecate & Messine avec son Abbaye, avoisinoient la Chaussée qui finissoit à Wervick, près de Comines & de Warneton (*c*). Il y avoit un chemin de Wervick à Tournai.

XIII. Celui de Cassel à toute la Flandre : on se rendoit d'abord à Steenworde, Poperingue (*d*) & Ipres ; après avoir laissé Merkem, on passoit entre Clarchem & Essene, & l'on traversoit la forêt de Tourhoult ou Thorolt (*e*). Étant à Bruges, on trouvoit un chemin pour Ardembourg & plus loin.

———————

[*a*] Petite Ville de Flandre, sans défense, connue dans le XIe siécle par les Comtes Lambert & Albert, & fortifiée d'un Château par Robert *Le Frison*, Comte de Flandre. *Malbr. l. 8.*

(*b*) *Mons Cattorum*. Peuples éloignés du Rhin, dont un essain a peut être été transplanté dans ce lieu par les Ménapiens qui avoient étendu leurs quartiers.

[*c*] Cette ancienne petite Ville, mal fortifiée, dans la Flandre Autrichienne, sur la Lis, n'est aujourd'hui qu'un Village. On disoit autrefois *Garneston* & *Guarneston*. Nous parlerons ailleurs de son Abbaye & de celle de Messine.

(*d*) J'en ferai mention dans la partie Ecclésiastique.

[*e*] Bourg entre Ipres & Bruges. Il y existoit anciennement, dit-on, une vaste forêt, tirant son nom de Thoroald, Roi des Cimbres & des Teutons.

Il seroit téméraire de certifier l'existence de toutes ces Chaussées & impossible de fixer la véritable époque de leur construction. Ces chemins, dont il ne reste, quant à la plupart, que de foibles vestiges, forment, par leur croisement & la fréquente communication entre eux, un cahos que l'on auroit peine à débrouiller.

Rivieres, Ruisseaux, Fontaines, Isles flottantes & Puits qui se voient en Artois (a).

Les Rivieres navigables procurent les mêmes avantages que les Chaussées, avec la différence que les premieres rendent tous les transports moins dispendieux. Outre les difficultés qu'elles peuvent augmenter dans le siége d'une Ville, elles contribuent encore à la fertilité des campagnes, en resserrant les eaux dans leur lit : quand leur débordement, occasionné par des pluies abondantes, menace d'enlever au laboureur le fruit consolant de ses travaux, les Etats d'Artois, toujours sensibles aux désastres qui affligent l'humanité, s'empressent de les prévenir ou d'y remédier pour l'avenir par les moyens les plus convenables. Depuis qu'ils ont ordonné des canaux navigables, le retour des inondations est

---

[a] Les nouvelles Cartes de l'Académie Royale des Sciences m'ont guidé dans la connoissance des sources & des passages des Rivieres de cette Province ; j'y ai joint des éclaircissemens que des personnes instruites m'ont procurés

rarement à craindre, excepté dans les cantons où les circonftances n'ont pas encore permis d'en creufer de nouveaux. Mais ce qui n'a pu à cet égard s'effectuer de nos jours, nos defcendans en admireront l'exécution : il eft des projets qui font un long efpace de temps à mûrir, comme celui du canal d'Hefdin à Montreuil, même de la jonction de la Scarpe à la Canche & à la Somme.

L'Aa, Agnio.

Cette Riviere navigable fe nommoit *Agnio* du temps de Céfar. Elle prend fa fource à Bourtes, dans le haut Boulonois, non loin du centre des fept voies Romaines, paffe à Quéhen & Rumilli. Elle reçoit le nom d'Aa au-deffous de Renti, où elle fe rend, ainfi qu'à Fauquembergue, Mercq-St. Liévin, Ouve, Wirquin, Wavrans, Enne, Lumbres, Efquerdes, Wizernes, Blandecque, Arques & St. Omer. Elle fe divife en deux branches près de l'Eclufe du Prieuré de Waten : la premiere qui coule par la droite, prend le nom de Colme; l'autre fe dirigeant par la gauche, conferve celui d'Aa. Après avoir entouré Gravelines, en paffant par St. Nicolas, elle forme un petit Port & fépare la Flandre de la Picardie. Elle fe jete enfuite dans l'Océan, près du lieu où il fe donna en 1558 une bataille entre les François & les Efpagnols. Son cours, depuis fa fource jufqu'à St. Omer, eft de fix ou fept lieues. Elle ouvre, au commerce de cette Ville, une communication avec la Mer par Gravelines & par le Canal de Bourbourg à Dunkerque.

L'an 1681, les Etats d'Artois mirent en délibération si l'on rétabliroit l'ancien Canal menant à la riviere d'Aa par Gravelines. On en avoit ouvert un par Waten l'an 1114. Il fut résolu d'en creuser un nouveau par un chemin plus court, parce que l'entretien de l'ancien, qui étoit comblé de sable, auroit entraîné dans de grands frais. Les Négocians de Calais se cotiserent volontiers pour cette opération, chacun selon ses facultés. On leva à cette fin quarante-cinq mille livres sur toutes les terres du pays.

La jonction de l'Aa avec la Mer s'est faite en 1740.

L'Authie, Altheia.

Cette Riviere tire sa source proche de Sailli & Coigneux, aux confins de la Picardie & de l'Artois, à quatre lieues de Doulens. Elle promene son cours par Authie, Thiévres, Sarton, Orville, Authieulle, Doulens, Outrebois, Maiseroles, Frohens, Wavans, Auxi-le-Château où elle sépare l'Artois de la Picardie, Vitz, Villeroi, Bouflers, la Broie, Raye, Dompierre, Douriers, Saulsoi, Nempont, & se décharge dans l'Océan, du côté de l'occident entre l'embouchure de la Somme & celle de la Canche. Ce trajet est de quatorze ou quinze lieues. Elle est déclarée Artois pour la moitié du fil de l'eau : ce qui fait un Fief relevant du Comté de cette Province. Elle eſt navigable de ſon fonds, mais on ne la jamais miſe en état de porter des bateaux d'une Ville à l'autre.

Petite riviere de Beauvoir, Fluviolus Belli viſûs.

C'eſt le nom d'un ruiſſeau qui part de ce lieu proche de Wavans, qui s'étend juſqu'au Souich, qui, par un demi-cercle, paſſe à Pomera (a) & Halloi pour ſe perdre dans l'Authie entre Authieulle & Ampliers. Il enferme un autre ruiſſeau, appellé Grouche, qui a ſa ſource à Coullemont, & qui tombe pareillement dans l'Authie à Doulens, après avoir paſſé par Luchuel.

Petite Riviere de Brai.

Voyez à l'art. *des Fontaines*, celle des Marichons.

Riviere de Buſnes, Butneti Fluvius.

Cette Riviere prend ſa ſource à Canteraine, auprès de Lillers, paſſe à Beaulieu, Buſnes & va ſe précipiter dans la Lis à St. Venant.

La Canche, Cuenta, Quenta, vel Quantia.

Cette Riviere a deux ſources, l'une à Magnicourt, l'autre entre Ambrines & Givenci. Elle

---

[a] La Succurſale de Pomera & Coullemont ſont du Doyenné de Pas, Dioceſe d'Arras.

paſſe par Eſtrées, Mortagne, Cercamp, Frévent, Ligni, Boubert, Conchi, Aubrometz, Filiévres, Galamets, Wail, St. George, Ste. Auſtreberte, Heſdin, Plumoiſon, Bouin, Aubin, Ricquebourg, Beaurainville, Marenla, Marant, Neuville fous Montreuil, & va ſe perdre dans la Mer à Étaples, du côté du nord. Sa courſe eſt d'environ douze lieues.

La nature ſemble avoir deſtiné cette Riviere, navigable de ſon fonds & ne gêlant jamais, à ſe convertir en un Canal depuis Heſdin juſqu'à la Mer. Les travaux en ont été commencés en 1672 (*a*). Les difficultés du local, qu'on n'a point ſu prévenir, ont fait échouer l'entrepriſe après une dépenſe de plus de cinquante mille écus. Des Entrepreneurs éclairés ſe ſont offerts depuis, même pluſieurs fois, notamment à l'Aſſemblée générale des États d'Artois en 1756, de perfectionner ce Canal en quatre ans, moyennant cent ſoixante mille livres. Leur but étoit de maitriſer le cours des eaux, non par le ſecours ruineux des Ecluſes, mais par les différentes ſinuoſités que l'on pourroit pratiquer ſans préjudice aux Riverains, vu la grande étendue des Communes. Ces plis tortueux auroient ſauvé les frais continuels d'entretien. Ce projet avantageux eſt reſté ſans exé-

---

(*a*) J'ai publié, dans l'Almanach d'Artois de 1763, un mémoire ſur la poſſibilité & les avantages de ce Canal; M. Linguet en a poſtérieurement donné un autre mieux détaillé.

cution, soit à cause de la guerre, soit pour des vues particulieres qui ont coutume de détruire le bien général.

Il a été encore question de réunir la Canche avec la Scarpe. On auroit eu, au travers de l'Artois, une navigation depuis la Mer à Étaples jusqu'à la Mer au-dessous de Gand. Cette entreprise, quoique de facile exécution, seroit fort coûteuse, mais l'Etat en seroit bien dédommagé par les grands avantages qui en résulteroient. Des Citoyens, beaucoup plus inquiets de leurs propres intérêts que de ceux de leurs voisins, ont fait avorter cet utile projet. Il est à souhaiter qu'il revive un jour efficacement, ainsi que le précédent, & que les Etats de la Province en sollicitent la réussite, lorsque les circonstances se déclareront favorables.

Carenci; voyez Souchez.

La Clarence, Clarentia.

La Clarence se nomme vulgairement la *Riviere Choquoise*, parce qu'elle passe à Choques. Ce n'est qu'un ruisseau pour la décharge des eaux courantes. Elle cause bien des dégâts, quand son lit se gonfle & se répand dans les environs. Elle s'engloutit dans la Lys, au-dessus du village de Calonne, après s'être montrée à, Marest, Camblain, Calonne-Ricouart, Marle, Choques, Aix, Gonehem, Montbernançon & Robecq. Ses sources viennent de Boom dit Valhuon, de Noyelles,

Gricourt, de Pressi & des marais de Pernes. Elle prend le nom de Cléniance au village de Robecq. Cette Riviere se remplit aisément de boue & de sable ; on est obligé de la curer souvent, pour éviter les suites fâcheuses de l'inondation.

<small>Manusc. N.º 2.</small>

On trouve un pont à Calonne sur la Lis pour passer la Clarence & entrer, du Diocese d'Arras, dans celui de St. Omer.

La Cléniance.

La Cléniance, formée du concours des différentes eaux qui se rassemblent à Robecq, se perd dans la Lis à Calonne, après avoir passé par Calvin & Baquerolles.

Le Cogeul.

Le Cogeul est un ruisseau, ordinairement à sec, dans le Bailliage de Bapaume, dont il forme la séparation d'avec la Gouvernance d'Arras. Dans des temps fort pluvieux, il s'emplit & se déborde, en causant des ravages. Sa source provient d'Audinfer, passant par Boiri, Boisleux, & St. Martin. Il reçoit, entre l'ancienne demeure de l'Abbaye du Vivier & Wancourt, les eaux de Blairville, Ficheux, Mercatel, Neuville-Vitasse & des environs. Il poursuit sa route par Guémappes & se précipite dans le Sansét vers l'Ecluse en Flandre.

Le petit Cogeul est un ruisseau qui part d'Hamelincourt, Béhagnies & Biévillers, aux environs de Bapaume. Il admet, dans son cours, les eaux de divers endroits. Vers Fontaine-lez-Croisilles, il prend celles d'Escout-St.-Mein, & se rend à Eaucourt pour former le Senset.

La Colme, Colma.

La Colme, qui a été rendue navigable, est un bras de la riviere d'Aa; elle le quitte à Waten, comme nous l'avons dit, après leur communication sur un coin de l'Artois, par le moyen d'un bassin. Depuis que le port de Dunkerque a été comblé, elle se partage en plusieurs canaux qui vont, par diverses issues, aboutir à l'Océan. Une partie de cette Riviere, que l'on nomme *West-Colme* ou Colme occidentale, tombe dans l'Aa au-dessus de Gravelines, après avoir traversé la Châtellenie de Bourbourg; l'autre partie, ayant passé à Bergue-Saint-Vinoc, va se perdre dans la Mer à Dunkerque. *Dict. de F. la Martiniere.*

La Colme a été vendue par la ville de St. Omer à celle de Bergue qui, pour la décharge de ses eaux, y a ordonné un Canal navigable.

La Comté.

Cette Riviere se forme de différens ruisseaux, dont le principal vient de Raucourt, le second de Magnicourt & le troisieme de Bajeu; tous les trois se réunissent à la Comté. Elle fait, au-dessous de ce Village, tourner un Moulin, passe *MJ. N.º 2.*

le long de Beugin, & se jete dans la Brette à Houdain; voy. *la Lave*, *infrà*.

Le Courant, Fluviolus Currens.

Le grand ou haut Courant est un ruisseau qui ne sert qu'à décharger les eaux. Il tombe dans la Lis au-dessus d'Estaires. Il semble partir des environs d'Aix en Gohelle & recevoir d'autres ruisseaux dans sa route.

Le Crinchon, Crintio, vel Crientio.

Le Crinchon prenoit autrefois sa source vers Basseux, longeoit la gauche de l'Eglise de Rivieres. On en voit encore le lit qui n'est plus qu'un fossé sec en été, peu large & peu profond, depuis Basseux jusqu'à Bétancourt. La premiere source de ce ruisseau dérive aujourd'hui de Monchi-au-Bois. Après avoir passé à Ransart, Bretencour, Wailli, Agni, Achicourt, il entre dans Arras par la porte Barbacanne, dite vulgairement *Claquedent*, fournit de l'eau au Moulin de St. Aubert, se divise en plusieurs Canaux dont le principal coule dans la rue des Teinturiers, le long des murs de St. Vaast. Ses branches s'étant réunies vers le Rivage, il passe dans un ouvrage à corne, puis au Marais de St. Michel, & va se verser dans le Canal de la Scarpe.

Ses eaux ont été, en 1723, renfermées dans un beau bassin, entouré d'un mur, aux dépens du Roi; il est large de cent douze pieds.

sur trente-quatre de longueur & environ cent vingt de hauteur. Ces eaux s'échappent par une porte grillée, forment une espece de nappe, puis un petit étang dans un jardin au-dessous du Château de Bétancourt Elles sont estimées pour la teinture, spécialement pour celle des Laines. Ce ruisseau, après qu'Arras eut perdu ses Manufactures, n'a servi qu'à balayer une partie des immondices de cette Ville. Depuis les années 1755 & 1756 que l'on a curé, redressé, élargi & approfondi son lit, on a remédié à ses débordemens, qui étoient autrefois considérables, jusqu'à submerger plusieurs quartiers de la Ville : ce qui avoit été ordonné par l'Arrêt du Conseil d'Etat, du 26 Octobre 1754.

Le pouvoir du Crinchon appartient au Monastere de St. Vaast : néanmoins le Magistrat peut le faire nettoyer sans la permission de l'Abbaye, depuis un Concordat passé entre eux en 1735, & homologué le 2 Juin de l'année suivante.

La *Deule ou Deulle*, Deulla, Dula, vel Dupla.

Cette Riviere, qui n'étoit autrefois qu'un ruisseau, est fort remarquable depuis que l'on y a pratiqué des Canaux & des Écluses. Elle tire son origine des fossés de Lens ; le nom de Souchez lui est resté auprès du village d'Ablain-Saint-Lazare ; elle ne prend celui de haute-

Deule qu'à Lens, où elle devient navigable : on diſtingue la haute & la baſſe : l'une ſe mêle avec l'autre à Courieres, à deux lieues de Lens. Elle communique avec Douai & Lille, par un Canal ouvert en 1690, au-deſſus du village de Berclau.

La Deule longe un côté entier de la ville de Lens, à ſoixante pas environ des murailles. Ayant paſſé contre la porte qui mene à Douai, elle dirige ſon cours vers Loiſon, à la droite d'un Canal artificiel où elle ſe jete vis-à-vis ce Village. Ce Canal accompagne cette petite Riviere pendant une demi-lieue de chemin ; il baigne les anciens remparts de la Ville du côté du nord & offre un rivage aux bateaux qui arrivent de Lille. Cette Riviere paſſe de Loiſon à Harnes, delà à Courieres, Pont-à-Vendin, Haubourdin, l'Abbaye de Los, Lille, Marquette, Wambrechies, Queſnoi, & ſe perd dans la Lis à Deulemont, près de Warneton.

Eſcrébieu, Eſcrébiere ou Eſcrébeau.

C'eſt une petite Riviere qui prend ſa ſource au-deſſus d'Izers, laiſſe à côté les villages de Comeri, Quiéri, Equerchin & Lauwin, en paſſant à Quinci-Baudouin ; elle va ſe jeter dans la Deule entre Douai & Flers. On l'appelle auſſi *ruiſſeau d'Equerchin*.

On voit, au Pont d'Oignies, deux Ecluſes ou Egoûts, nommés Goulots dans le pays : ce ſont deux Canaux grillés à leur extrémité ; ils reçoivent les eaux de l'Efcrébieu & celles du marais de Wagnonville. Ces eaux fe répandent dans la Deule, par le moyen d'un Aqueduc voûté, d'où elles filent le long du Bois & du Château de Belleforiere, puis à Flines où elles font tourner un Moulin.

Petite riviere d'Eftrun, Strumii fluviolus.

Ce ruiffeau eft une fource d'eau qui commence au-deffous de l'Abbaye d'Eftrun. Il ne ceffe de couler avec la même force, tant fon abondance eft grande. Il laiffe à gauche le petit bois contigu à cette Maifon, & fur la droite, les Prairies. Il va fe confondre dans la Scarpe, vers le Hameau de Louez, à un endroit appellé les trois Eaux.

MJ.N.° 2.

La Gache.

La Gache prend fa fource à Noreuil & au foffé de l'Hirondelle : ces deux branches fe réuniffent vers Pronville pour fe rendre à Inchi, Sains, Marquion, Wancourt où fe verfent les eaux de Baralles. Cette Riviere continue fon fil par Sauchi & fe mêle avec le Senfet vers Pallue.

Le Gi.

C'eft une Riviere produite par le concours de plufieurs eaux. Après avoir reçu celles d'Hauteville & de Lattre-Saint-Quentin, elle passe à Noyelette & Gouves, où elle prend encore les Eaux de Gouy, Wancquetin & Montenescourt; elle pourfuit fa marche par Agnez où fe déchargent celles d'Hermaville & Bellavefnes, puis par Duifans, & dépofe ces divers tributs dans la Scarpe, après le Pont d'Hugi vers St. Aubin.

Riviere de Ham ou de Guarbecque. Marsbeka (a).

Cette Riviere paroit fortir des fources de Rombli, Fontes & St. Hilaire; elles forment deux branches dont une traverfe les marais de Ham; l'autre paffe à Mazinghem; elles fe réuniffent en une feule à Guarbecque : c'eft pourquoi le nom lui en eft refté. Elle fe décharge vers la Lis à St. Venant.

Riviere Kilienne, Fluviolus Chilianus.

Cette Riviere prend fa fource dans la Fontaine de St. Kilien, au village de Warlincourt, proche de Grincourt par où elle paffe. Elle fe jete dans l'Authie, à l'entrée de Thiévres, après s'être montrée à Pas & Famechon. Son cours eft d'environ deux lieues : elle eft abondante en Truites.

(a) Je penfe que Malbrancq, T. 1. l'a défignée par ce mot latin.

INTRODUCTION. 65

La tradition est que St. Kilien à miraculeusement tiré de l'eau de la montagne de Warlincourt : c'est pourquoi le peuple de ce canton est dans l'usage d'y plonger les enfans qui ne peuvent marcher, dans l'espérance de leur en obtenir la facilité par l'intercession de ce Saint Irlandois, dont l'Eglise d'Aubigni conserve le corps.

La Laquette, Laqueta, & autrefois Wuellula.

Cette petite Riviere est redevable de ses sources aux villages de Bomi, Grœuppe, Boncourt & Honnenghen. Ces différentes branches se réunissent à Estrée-Blanche à deux lieues d'Aire, après avoir paru à Erni St. Julien, Anquin & Serni. Malbrancq dit qu'elle murmure en coulant sur un lit pierreux. Elle passe ensuite à Liétres, Querne, Witernès & derriere le Prieuré de St. André, d'où elle entre à Aire du côté du midi, sous une des courtines de cette Ville où elle fait tourner le Moulin au pont du Châtel, & se perd dans la Lis, derriere le Couvent des Sœurs Grises, vers le rivage. Ce n'est que depuis le commencement de ce siécle qu'on lui a donné entrée dans Aire ; auparavant elle se confondoit dans la Lis au-dessous de cette Ville.

La Lave ou Viette (a), Lavula, vel Vietta.

Cette Riviere, que l'on remarque à Béthune,

---

[b] Elle est appellée Viette, qui est, je crois, la même que Brette. Thést. du P. Villes du Monde. T. 4.

a trois sources éloignées de trois ou quatre lieues de cette Ville : la principale est à Caucourt, au bas de la montagne d'Estrée, passe à Gauchin-Legal, Olhain, Barasle, Rebreuve, Ranchicourt & Houdain, où elle reçoit un ruisseau qui part de Magnicourt ; son courant continue par les Fermes de Grandcourt, par Quesnoi, vieux-Fort, Fétu, Hochron, Hulluch, Brouai, après s'être mêlé avec un ruisseau provenant de Diéval, delà se rend à la Buissiere, à Gosnai entre les deux Chartreuses ; cette Riviere s'y sépare en deux branches, nommées la Blanche & la Brette.

La Blanche, venant de Gosnai, passe à Fouquieres, delà à Béthune d'où elle sort du côté d'Annezin, après avoir fait tourner un Moulin proche des Conceptionistes. La Brette va de Gosnai à Fouquereulles, fournit d'eau le Moulin d'Annezin où elle se confond avec la Blanche. Leur concours forme la Lave qui se précipite dans la Lis, vers la Gorgue, par deux issues.

L'an 1510, on a creusé à Béthune un Canal de douze cens toises pour communiquer avec cette Riviere, navigable depuis cette Ville jusqu'à sa décharge.

Délic. des P. Bas. Le fossé des Laves est un Canal que l'on a tiré du village de Papegai, proche de Richebourg, en Artois, jusqu'à Armentieres.

La Lis, Lisa, Letia, vel Lisia (*a*).

On a jugé que cette Riviere avoit plusieurs

(*a*) Avant les Normands, on disoit encore *Legia*, *Mellé*

sources, parce qu'elle reçoit dans sa route di- Malbr. 1. vers ruisseaux qui la grossissent considérablement. Sa source la plus certaine, celle que j'ai examinée, est au village de Lisbourg (*a*), en Artois: elle auroit donc retenu pour sa dénomination la premiere syllabe de ce nom. Quelques-uns l'ont au hasard nommée Lis, à cause du cristal de ses eaux qui paroissent lisses. Elle sort d'une espece de mare profonde, ne donnant, à l'origine de son écoulement, qu'un filet d'eau. Ce n'est qu'au delà de Werchin qu'elle commence à prendre la forme d'une Riviere. Quand il doit pleuvoir, sa source bouillonne; il en sort de petits sables qui la troublent plus ou moins, selon le volume de pluie qui doit tomber. Lorsque ces sables se précipitent au fond de la source & que l'eau se purifie, c'est un pronostic de beau temps. Cette mare est le Barometre des habitans de Lisbourg.

Cette Riviere va de Werchin à Lugi (*b*), où le ruisseau dit la Traxenne, lui verse ses eaux, à Hezpelles où elle prend encore celles de plusieurs lieux, à Nielle, aux ruines de Térouane &

---

en la confondant avec la Melde. On a dit aussi *Lydia*, du nom de Lyderic, premier Forestier de Flandre. *D'Oudegherst. C. 1.*

[*a*] La Terre de Lisbourg, a été érigée en Marquisat l'an 1629, en faveur de Jacques de Noyelle, Comte de Croix.

[*b*] Cette Terre a été érigée en Marquisat au mois d'Avril 1694.

à Creques. Elle se partage en deux branches en deçà d'Aire, vers une prairie nommée vulgairement *Laudwel*, & tenant aux fossés de cette Ville. Une de ses branches, après l'avoir côtoyée, va se réunir à l'autre vers l'écluse des Bateliers. Celle-ci, ayant traversé Aire, s'écoule par l'écluse de la Porte à l'eau. Cette réunion faite, la Lis qui reçoit les ruisseaux de la Laquette, du Madick & de Wittes, & qui sépare la Flandre de l'Artois, continue sa marche par Thiennes, vers lequel Village elle se renforce des eaux d'Isbergue, par St. Venant, Calonne, Merville, Beaupré, Estaires, Sailli, Erquinghem, Armentieres, Warneton, Comines, Menin, Courtrai, Harlebeck, Deinse & se perd dans l'Escaut à Gand. Son cours, dans les terres de France, est d'environ 14 lieues. Cette Riviere étoit navigable du temps des Romains. Ceux qui étoient à Térouane, avoit établi un Rivage à Aire. Le pays de la Lis, *Leticus Pagus*, dont l'Histoire fait mention, s'étendoit, en deçà de cette derniere Ville, le long de cette Riviere jusqu'au delà d'Armentieres, comprenoit les environs de la Bassée, & s'alongeoit au nord assez avant dans le canton appellé *Mempiscus*; il étoit borné par le pays de l'Isere, *Iseretius Pagus*. Le pays de l'Allœue étoit le canton le plus considérable de celui de la Lis & le plus fertile de la province d'Artois.

Depuis le Canal de jonction de la Lis à l'As, perfectionné en 1772, Lille & le Hainaut communiquent avec la Mer par Gravelines & Dukerque : il avoit été ordonné par Arrêt du Conseil d'État du Roi du 7 Mars 1753.

Le petit Canal de Niépe & celui d'Hasebrouck, où entre une partie de la Lis, servent au transport des bois de ce premier endroit, & au Commerce du second.

Les eaux de la Lis sont très-claires, & les Poissons, fort bons.

La Louane ou Louene.

C'est un ruisseau qui tient sa source du bas de la montagne de Verderel, près de Coupigni, à deux lieues & demie de Béthune. Après s'être perdu au-dessous d'Hersin, il reparoit au delà de Nœux qu'il traverse dans toute sa longueur; mais son lit est à sec dans tout cet endroit, excepté l'hiver & les temps pluvieux : alors ses eaux coulent à Verquigneul, Estracel & Loine ; au-dessus de ce Village, vers le pont de Leauette, il se joint aux eaux de Noyelle, qui passent par Favri ; puis il poursuit sa route par la Couture, Vielle-Capelle, Fosse, & se lance, vers les Marais proche de Lestrem, dans le Canal de Béthune.

Dans ce même canal à Lestrem, se déchargent un Ruisseau sans nom, qui part de Vendin en passant par Hingete, & un autre de la Cour-Pacau.

Le Madick ou Madi, Madika.

Ce Ruisseau, dont parle Malbrancq, prend sa *Malbr. l. 1.*

source entre Bleſſi & Marthes; après avoir paſſé par l'Eſtraſſelle, il tombe dans l'avant-foſſé des fortifications d'Aire, en deçà du four à chaux.

Marichons.

Voyez à l'art. des *Fontaines*, celle des Marichons.

La Melde, Melda.

Malbr. l.
1, c. 4.
La Melde, improprement dite Melle, tire ſa ſource, ſelon Malbrancq, d'Ecques & d'Euringhen (*a*), près de St. Omer, paſſe à Cohem, Wittes, & ſe mêle avec la Lis à Thiennes. Cette ancienne Riviere, dit-il, ſe nomme, depuis le ravage des Normans, la Lis qui a pris ſa place (*b*). On aura apparemment joint la premiere à la ſeconde ſous un même nom : on le croiroit volontiers à la route que tient celle-ci

La Meulledicq, Arkarum Fluvius.

C'eſt une petite Riviere qui paſſe à Arques; elle a été ouverte par Odland, IX.ᵉ Abbé de St. Bertin, à la fin du VIII.ᵉ ſiécle.

***

[*a*] On voit, à Bilques, proche d'Euringhen, ſelon la Carte de l'Académie, deux autres ruiſſeaux, l'un partant de Coubronne, & l'autre de Camberni, pour ſe joindre à cette Riviere.

(*b*) Livia veteris fluvii Meldæ locum Subiit : & qui prius dicebatur Legia, poſt Normannos Liſia, Liſa. *Malbr. l. l. c. 4.*

La *Nave*, Nava.

La Nave est un ruisseau redevable de son origine au village de Fontaine-lez-Herman, au bas d'un monticule qui m'a paru situé vers le midi. Elle y serpente sur un lit de cailloux, passe à Nédonchel, Amettes où elle reçoit les eaux d'Aumerval, puis à Ame, Lierre, Lépesse, Ecquedecq, Bourecq. Vers Relingues, elle prend les eaux de Ham & d'Hurionville. Elle continue sa marche par Lillers où elle se grossit des eaux de cette Ville & des environs. Elle va ensuite à Robecq se jeter dans la Cléniance, après avoir encore reçu les eaux d'Allouagnes & de la Vasserie au-dessus de Bunette. Elle sert de décharge aux eaux par le moyen d'un Aqueduc pratiqué sous la Clarence. Quand ces deux ruisseaux se joignent ensemble pendant les débordemens, il en résulte de grands ravages dans les terres qui sont au delà de leur lit, du côté du midi.

Le Neuf-Fossé, Fossa nova, vel Boulana.

Ce Neuf-Fossé est une ligne de défense qui fut creusée en trois jours & autant de nuits, par ordre de Baudouin de Lille, Comte de Flandre, pour séparer cette Province de l'Artois. Il commence sur le territoire de la Paroisse de St. Martin, entre Clairmarais & St. Omer, & passe par Renescure, Arques, Campagne, Werdrecques, Racquinghem, Cohem, Blaringhem, Wittes : ces Villages composent tout le Doyenné d'Arques. Il se rend ensuite à Willebrouck-St. Martin & se réunit à la Lis auprès d'Aire, lorsqu'il a parcouru un espace d'environ trois lieues & demie (*a*). Il est aujourd'hui comblé, excepté les endroits où l'on a fait l'excavation du nouveau Canal de St. Omer à Aire.

La Planquette ou riviere de Cavron, Fluviolus Caprinus, vel Capruinus (*b*).

Cette petite Riviere, dite aussi de Planque, à cause de la naissance qu'elle prend dans ce Village, se montre à Fressin. Après avoir serpenté dans les Vallées de Wambercourt, St. Martin, Cavron & Contes, elle se jete dans la Canche auprès de Ricquebourg.

La Scarpe, Scarpa, vel Scarpus.

Cette Riviere a ses sources, l'une au village de Montenescourt à deux lieues d'Arras; elle passe dans ceux de Gouves, Agnez, Duisans, Pont d'Hugi, au-dessous du camp de César, & delà au-dessous de l'Abbaye d'Estrun. Là vient se joindre une autre source venant du bourg

___

[*a*] Buzelin dit qu'autrefois on a donné à ce fossé neuf lieues d'étendue, en le faisant partir du fort de Rihoult jusqu'à la Badée. *Gallo-Fl. I* 4.

(*b*) Malbr. écrit *Caprinus*, & Legallia Xtiana, *Capruinus*.

INTRODUCTION. 73

d'Aubigni à trois lieues d'Arras ; elle va enfuite à Frévin-Capelle, Acq où arrive un petit ruiffeau, à Ecoivres, Brai, au-deffous de l'Abbaye de Marœul, & au village d'Eftrun ; à ce dernier point de jonction, toutes ces eaux mettent en mouvement des Moulins. Etant ainfi réunies pour former une très-belle Riviere, elles ferpentent aux villages de Louez, de St. Aubin où elles fe groffiffent de celles du Gi, à celui d'Anzain, aux Faubourgs de Ste. Catherine & de St. Nicolas où l'on remarque une grande quantité de fources. Puis elles baignent le pied des glacis d'Arras où la Riviere commence à porter bateaux, & où fe joint le Crinchon. Ce Canal pourfuit fa route par l'Abbaye d'Avefnes, Fampoux, Rœux, Biache, Vitri où il prend le ruiffeau de Sailli, par Corbehem, Courcelettes & Lambres. Ayant, pour ainfi dire, partagé la ville de Douai en deux, la Scarpe fe rend au Pont-à-Rache, à Lallaing, Anchin, Marchiennes, Hamages, Verloin, Hafnon, St. Amand, Château-l'Abbaye, Mortagne où après un cours de dix-fept ou dix-huit lieues, il perd fon nom dans l'Efcaut, appellé le *nourricier des Flamands*, pour les grands avantages qu'ils en retirent. Ce Canal traverfe le Diocefe d'Arras dans prefque toute fa longueur.

Le befoin que l'on fentoit de rendre cette Riviere navigable jufqu'à Douai, détermina le Gouverneur & le Magiftrat d'Arras à préfenter, en 1595, une Requête à Philippe II, Roi d'Efpagne. Sa Majesté avoit consenti à ce projet depuis 20 ans. Le premier Novembre de la même année, on leur permit de commencer ce Canal pour lequel on pratiqua des bassins en différens Villages. Ce Monarque accorda pour cet effet à la ville d'Arras la levée de quatre sous d'Artois sur chaque tonne de Biere, deux sous sur la petite & un liard sur chaque lot de Vin, pendant 20 ans. Ce Magistrat obtint encore en 1611, du Souverain l'Archiduc, la permission d'emprunter soixante mille florins pour perfectionner cette navigation. Elle ne fut achevée que l'an 1613, sous le regne de Philippe III. Comme cette Riviere n'étoit navigable qu'au-dessous de la Ville, & que la communication seroit devenue très-avantageuse à ses Citoyens, par l'épargne des voitures auxquelles les Commerçans étoient assujettis, on projeta cette communication : mais on ne l'exécuta qu'au bout de soixante-treize ans : de sorte que tout cet ouvrage fut perfectionné en 1686. La navigation s'est bien soutenue depuis ce temps-là, sans avoir été interrompue par la disette d'eau.

Le Senset, la Sanse ou Sansée, Sansetum.

Cette Riviere reçoit son origine d'Eaucourt, en Artois ; elle passe par l'Ecluse & prend le Cogeul vers cet endroit, se dirige par l'Abbaye du Verger, Aubanchœuil, Aubigni, Wannes & Wavrechin. Durant sa marche, elle se grossit de plusieurs autres ruisseaux, avant de tomber dans l'Escaut à Bouchain. Quoique assez forte, elle n'a point été rendue navigable. On lui compte environ dix à douze lieues de longueur depuis sa source jusqu'à son confluent.

Le Souchez ou le Carenci.

C'est une petite Riviere qui doit son existence à Carenci, passant à Souchez, Eleux dit Leauette & Lens où elle se jete dans la haute Deule.

La Ternoise ou le Ternois, Thena, Terna, vel Toëna.

On rapporte que la source de cette Riviere provenoit autrefois de Terna, Village à une lieue de St. Pol : on voit qu'aujourd'hui celui d'Ostreville la lui fournit. Elle traverse St. Pol par S. Michel, passe à Vertoin, Hernicourt, Wavran, où elle grossit des eaux de St. Martin. Après avoir encore reçu les ruisseaux d'Herbeval & d'Heuchin vis-à-vis Anvin, elle continue sa marche par Tilli-Capelle, Blangi, Blingel, Rollencourt, Auchi, traverse le Village & le Marais de Grigni, le faubourg d'Hubi St. Leu & se confond dans la Canche auprès d'Hesdin, sous le Moulin d'Aubin.

La Viette, Vietta.

Voyez *Suprà* la Lave.
Il seroit très-difficile de prononcer sur la vé-

ritable origine de nos Rivieres. Les unes tirent la leur de la plus haute antiquité, peut-être du monde primitif, ou bien du Déluge; les autres en font redevables à l'induſtrie de nos ancêtres, ou à des événemens de la Nature, tels que des tremblemens de terre, des excavations pratiquées par de grands torrens, capables de couper une montagne en deux, & de ſe frayer un paſſage dans une longue étendue de terrain.

Des Fontaines.

On voit beaucoup de Fontaines en Artois: les plus remarquables mériteront mes obſervations.

MſſN.° 5. La premiere & la ſeconde ſont celles de Barafle & de St. Bert. Cette derniere arroſe le terroir de Rebreuve; l'eau de la premiere ſe filtre à travers les terres *du champ rouge* que l'on voit audit Village. On lui attribue une qualité tonique & apéritive. Le baſſin de ces deux Fontaines eſt dans les monts de Rebreuve. Lorſque l'eau y eſt trop abondante, il ſe forme une troiſieme Fontaine, appellée *le Molaré*. Elle fournit depuis le mois d'Octobre juſqu'à celui de Mai, coulant dans la cour du Prieuré de ce Village. Ces trois Fontaines ſe précipitent dans la petite Riviere qui prend ſa ſource à Caucourt, (*voyez la Lave*) qui abonde en Truites & en Écreviſſes, & qui met en mouvement quatre Moulins conſidérables.

La troisieme est celle d'Estrun, à deux lieues d'Arras. Sa vertu singuliere est de noircir les dents de ceux qui boivent journellement de son eau, & de ronger les verrues des mains de ceux qui vont s'y laver : ce qui prouve son acide mordant.

Id. Mss.

La quatrieme est celle de Marconne, éloignée de cinq à six cent toises d'Hesdin. Elle donne dans une minute cinq cens quarante-quatre pintes d'eau, mesure de Paris. Cette eau s'élance à plein jet d'un tuyau de fer, adapté dans un récipient dont la direction va du sud au nord. Ce tuyau peut avoir dix pouces de circonférence ; si l'ouverture en étoit proportionnée au volume du réservoir, cette Fontaine fourniroit plus abondamment. Je lui ai reconnu toutes les qualités propres à une excellente eau usuelle (*a*). Les Hesdinois ont souvent désiré d'introduire ce trésor dans leur Ville : le niveau qui a été pris des deux terrains, promettoit d'en faciliter l'exécution, vu la pente considérable qu'il y a depuis son tuyau de décharge jusqu'au Promenoir du Gouvernement, où il étoit question de l'ammener. Mais on sait que les projets les plus avantageux ne correspondent pas toujours heureusement aux desirs des Citoyens.

La cinquieme est celle des Marichons. C'est

Mss. N.º 2.

_____

[*a*] Nous avons d'autres Fontaines qui fournissent une eau excellente, comme celles de Lillers, du marais d'Aire sur le chemin de saint André, &c.

un ruisseau dont la source part de la Paroisse d'Annequin, Doyenné de Béthune; il se rend vers Cambrin qu'il laisse à gauche, passe sous le pont de ce Village dans le marais, construit de pierres en 1732, coule ensuite le long de Corridé, hameau de Quinci; il s'y réunit avec celui qui sort de la Fontaine de Brai. Ils marchent conjointement à Fétubert, vont au Moulin près de Riquebourg, promenent encore quelque temps leurs eaux & se jetent dans la Lis.

La sixieme dite la Fontaine des Moucherons, est située vers le pont de Blangi, auprès d'Arras. Son volume d'eau étoit autrefois si fort qu'il auroit fait tourner un Moulin. Elle n'a été connue que par les divertissemens que l'on y prenoit. C'étoit le rendez-vous des gens débauchés. Gui de Seve, Evêque d'Arras, en a fait mention à l'occasion des réglemens pour les Ecclésiastiques. Elle est présentement renfermée dans la maison de campagne des Religieux de St. Vaast, au bas de leur Prévôté de St. Michel.

Terres ou Isles Flottantes auprès de St. Omer.

Ces Terres mouvantes ou Isles flottantes, entre St. Omer & Clairmarais, sont envisagées comme un jeu bizarre de Nature. Ce sont des tissus de racines d'Herbes, de Roseaux & d'Arbrisseaux, mêlés de terres grasses, détachés les uns des autres, mobiles, errans. Ils ne s'enfoncent jamais, quoique des hommes s'y promenent & que des bestiaux y paissent. On les attire où l'on veut par le moyen d'une corde ou d'un crochet. Ils se maintiennent constamment au-dessus de l'eau, & vont çà & là comme une barque. On peut les comparer aux trains de bois flottans que la Seine voiture à Paris. Dausque augure que ces portions de terre, d'une grandeur remarquable, auront été détachées par l'impétuosité des vents, puis liées par des racines d'herbes & des roseaux. Le temps a détruit la plus grande partie de ces Isles : il s'y est formé, depuis plusieurs années, des attérissemens que l'on a défrichés & qui sont loués jusqu'à cent livres l'arpent. Ces terres mouvantes ne sont point uniques dans la Morinie : il s'en voit d'autres dans des Marais situés entre Guines & Ardres.

Terræ Flut. Aut. Cl. Dausque.

Les Hautponois, jaloux de témoigner publiquement leur joie sur la naissance de Monseigneur le Dauphin en 1782, préparerent sur une Isle flottante, réduite à vingt-quatre pieds de longueur, sur douze de largeur, un feu entouré d'arbres chargés de fruits; on les promenoit sur la Riviere avec des cordes. Ce coup d'œil charmant dura environ trois heures.

Puits.

Le Puits de Boiaval, petit Village caillouteux entre les sources d'Heuchin & d'Herbeval, distant d'environ une lieue de la Ternoise, est digne de remarque. On lui compte cent dix pieds de profondeur. Tantôt, pendant deux ou trois semaines, il reste entierement à sec ; tantôt, mais beaucoup plus rarement, il dégorge avec tant d'abondance qu'il en résulte un ruisseau très-considérable. Les caves des maisons voisines en ont été plusieurs fois inondées. Le gonflement ou l'abaissement de ces eaux dépend de la direction & de la force des vents: celui du nord opere le premier effet, même dans des temps très-secs. A moins que ce vent septentrional ne souffle, les grandes pluies n'occasionnent pas ce débordement. Il ne sera pas difficile aux Physiciens d'en expliquer la cause véritable.

Situation du Port Itius.

Les recherches de la critique ne tombent guere sur le véritable nom de ce Port : Les variantes qui regnent dans les textes Grecs & Latins, lui ont fait donner ceux d'*Iccius*, *Icius* & *Itius* (*a*). P. Emile l'a dérivé du Gérondif *Itando* ou *eundo*. On s'est avisé de l'appeller *Jecius* ou *Port Jécien* ; sous prétexte qu'un Ambassadeur des Gaulois se nommoit ainsi. Nous lisons dans les Commentaires de César, *livre 2.* qu'un certains Iccius, & nullement Jecius, un des premiers de la ville de Rheims, lui avoit été

Comm. de César. Not. de la Gaule. Euch. Belg. l. 4. Berg. l. 3. Annal. de Calais. R. Thoyras, &c.

conjointement

[*a*] *Icius dictus fuit, sive Iccius seu Itius, variant quidem exemplaria Cæsaris juxta & Græcorum auctorum. Cluv. l. 2. c. 27.*

INTRODUCTION.

conjointement avec Antebroge, envoyé en ambassade. Seroit-il croyable que ce Ministre, que le Général des Romains avoit accueilli & souffert commandant d'une ville des Rémois, appelée Bibrax (a), & assiégée par les Belges, eût laissé son nom à ce Port? dans ce cas, celui d'Iccius lui conviendroit.

Mais c'est la situation de ce Port qui a principalement exercé les Géographes & les Historiens, les Anciens & les Modernes, les Nationaux & les Etrangers, sans que l'on soit parvenu à s'accorder. Les uns ont hasardé des conjectures, les autres ont décidé avec partialité. Plusieurs villes Maritimes de Flandre & de Picardie ont en leur faveur revendiqué la gloire de ce Port. Il en est résulté une telle diversité de sentimens, que la question a été moins éclaircie qu'embrouillée. La plupart auroient mieux fait d'en ignorer l'origine que d'en imaginer une très-incertaine, & quelquefois absurde. Après avoir exposé sommairement ce choc de diverses opinions, j'établirai des vraisemblances, en faveur de la mienne. On voit que je n'ai pas la présomption de l'annoncer comme évidente. Peut-on juger des choses inconnues sinon par comparaison avec celles qui sont connues?

César fait mention de trois Ports chez les

---

[a] Bibrax étoit éloigné de huit mille pas du camp de César: l'Abbé le Bœuf a placé ce lieu entre Laon & la riviere d'Aisne.

Tom. I F

Morins : il n'en nomme qu'un seul ; c'est celui d'Itius qu'il avoit choisi pour passer dans la grande Bretagne. Les deux autres sont énoncés par ces termes équivoques, *ulterior Portus*, Port ultérieur, & *pauló infrà*, Port citérieur. Observons qu'avant son arrivée, on ne reconnoit d'autres Ports sur leurs côtes que ceux que la Nature y avoit formés.

Malbrancq soutient que l'embouchure de ce Port étoit au village de Sangate, que le chemin d'Arras, passant par Térouane, y aboutissoit en droite ligne, & que le Golfe étoit prolongé jusqu'à Sithiu, qu'on a prétendu dériver (sans doute par une étymologie forcée) de *Sinus Itius*. M. d'Anville regarde l'opinion de cet Historien comme la plus singuliere. En effet ce sol est trop exhaussé pour être praticable par la Mer. Le Canal qui mene de Calais à St. Omer, outre qu'il étoit trop étroit, n'est point un ouvrage de la Nature ni de l'antiquité. Les défenseurs de ce système & ceux qui prétendent que les eaux de la Mer ont baigné les villages de Wizernes & d'Hellefaut, ou qui en bornent l'écoulement à Waten, exaltent les vestiges que l'Océan dans sa retraite a laissés en ces deux endroits, de même qu'à Clairmarais & Blandecque, tels que des collines sablonneuses, des écailles marines, des ancres & des débris de vaisseaux, que l'on a découverts en fouissant la terre.

Je répons que de semblables vestiges, remarques en plusieurs autres lieux de la terre, doivent s'attribuer à d'anciens lits de rivieres & de canaux, à leurs débordemens extraordinaires, à des tremblemens de terre, même aux eaux du Déluge dont le flux & reflux ont déposé des couches de toutes sortes de matieres dans des lieux bas & élevés. Aussi ces écailles marines ou ces coquillages, semés dans les plaines & les montagnes, ne passeront point pour des vestiges de la Mer aux yeux des Naturalistes modernes : ils pensent que les pierres blanches, dont tout l'Artois n'offre qu'une carriere immense, ne sont que des coquilles calcinées. M. d'Argenville dit, dans sa *Conchyliologie*, que l'on doit être persuadé que les coquilles fossiles, endurcies & pétrifiées par le laps du temps, ont été laissées par le Déluge universel sur toute la terre.

Galet, village aux confins du Diocese d'Amiens, à quatre lieues de Beauvais, est assis sur une très-haute montagne, couverte de sable & de cailloux polis, arrondis ou plats, que l'on nomme Galets. Il est distant de la Mer de dix-huit à vingt lieues. Lorsqu'on est parvenu à ce mont sablonneux, on se croiroit volontiers sur la greve d'une Mer ou d'un grand Fleuve; mais après la réflexion, on sent qu'il ne peut être qu'un effet du Déluge ou du monde primitif.

Des Historiens ont fait venir autrefois la Mer jusqu'aux murailles de Tongres, parceque *Prés. de l'Hist. de C. de Namur.*

l'on y avoit découvert des anneaux de fer, propres à accrocher les vaisseaux, des coquillages pétrifiés & des ancres enfoncées plusieurs pieds en terre. Toute leur prétention est rejetée comme une fable.

Rien de plus aisé à ceux qui estiment certaines singularités naturelles comme des monumens de l'ancienne splendeur de leur patrie, que d'en falsifier l'origine, que de forger des récits fabuleux, que la crédulité de leurs descendans, animés du même esprit, ne manquent pas d'accréditer.

Bécan place le Port Itius à Gand, malgré l'éloignement de cette Ville à Térouane. Alb. Krants le veut à l'Ecluse, en Flandre. R. Gaguin (*a*) s'est déclaré en faveur de Bruges. J. Chifflet incline pour Mardick, en dérivant *Iccius* de l'ancien nom *Mardiccius*, & met le Port citérieur à St. Omer. R. Céneau, Evêque d'Avranches, penche pour Gravelines, qui étoit un village inconnu avant la fin du VII.ᵉ siécle. D'ailleurs la côte y étoit trop plate, & les divers bancs de sable auroient engravé les vaisseaux. Un Ecrivain Allemand a prétendu que ce Port étoit celui de Vic ou Quantavic, au

___

(*a*) Né à Calonne sur la Lis proche de St. Venant. Les uns le font cependant naitre à Colines, Diocese d'Amiens, & les autres, à Douai. Il fut élu Général des Trinitaires en 1473 & mourut le 22 Mai 1501. Il étoit Théologien, Jurisconsulte, Negociateur, Orateur, Poete, Historien & Garde de la Bibliotheque Royale. *Lecr. fopp. diß. hist. & MJJ.*

jourd'hui Etaples. Adr. de Valois a adopté cette opinion dans sa notice des Gaules : mais ce port, quelque fameux qu'il fut sous les Rois de la premiere & seconde race, étoit trop loin de la grande Bretagne, pour que César y abordât en peu d'heures. Enfin d'autres Auteurs l'ont mis à Nieuport, à Diéppe, au Portet, en d'autres endroits que la Mer a jadis côtoyés. Quelques-uns l'ont imaginé à Ambleteuse, chétif village jusqu'au temps de Renaud, Comte de Boulogne : il n'avoit ni apparence de golfe ni de promontoire; aujourd'hui même encore, il n'est presque rien.

Je ne m'arrêterai pas à refuter plus au long des opinions si peu soutenables. Qu'il me suffise de réserver mes observations pour les partisans du Port Itius ou à Boulogne, ou à Witsant, ou à Calais.

Ceux qui accordent les honneurs de ce Port à Boulogne, sont en grand nombre & leurs raisons séduisantes. Nous distinguons parmi eux Cluvier, J. Scaliger & A. le Mire dans leurs notices des Gaules, N. Sanson, d'Abbeville, dans ses remarques sur la Carte des Commentaires de César, G. Somner, Ammien-Marcellin, le Jurisconsulte Bergier, les Peres Pétau, le Quien & Labbe.

Plusieurs n'ont parlé de Boulogne & de son Port que par ce terme *Pagus*, ordinaire des Gaulois; *Pagus gesoriacus*, selon Pline, est la Cité de Boulogne : mais ce nom étoit commun à toute la côte de la Morinie. D'autres, tant anciens que modernes, ont appellé Boulogne *Port Gefforiac*, qu'Hermolaus Barbarus met à Bruges, Hector Boetius à l'Eclufe, Turnebe & Sorita à St. Omer, que Velfer ne diftingue pas du Port Itius, & que prefque tous les anciens Ecrivains affurent avoir exifté chez les Morins. Pomponius Mela, que Pline a confulté & fuivi, dit que rien, fur toutes les côtes de l'Océan, n'eft plus connu que ce *Port Gefforiac*, qui n'a été, comme je l'ai dit, appellé Boulogne que fous Dioclétien. Il étoit, felon la Géographie de Strabon, le plus fréquenté des Anciens qui fe propofoient de paffer dans la grande Bretagne. L'hiftoire nous apprend que plufieurs Empereurs Romains s'y font embarqués. Or tous ces rapports prouvent que cette Ville étoit renommée dans la plus haute antiquité, mais il réfulte de leur diverfité qu'on ne la regardoit pas communément pour le Port Itius. Si elle l'avoit été effectivement, pourquoi ces Empereurs & les Hiftoriens qui en ont fait mention, ne l'ont-ils pas, fi non toujours, du moins quelquefois, citée fous cette dénomination?

J'obferverai que des Ecrivains, dans la recherche de ce Port célebre, fe font appuyés fur la Carte de Peutinger & fur les chemins militaires qui conduifoient à Boulogne : de tels guides peuvent induire en erreur. Il paroit très-certain que s'il fe trouvoit avant Céfar de grands chemins hors de l'Italie, ils étoient bien rares. Ils n'auront été ouverts dans la Belgique qu'après fes premieres conquêtes. De plus, il est vraifemblable que les Romains n'ont, qu'après avoir foumis la grande Bretagne, multiplié ces chemins, en les faifant aboutir aux lieux les plus fréquentés. Mais qui certifiera qu'un de ces premiers chemins ait plutôt conduit à Boulogne qui étoit comme à l'écart, qu'à Calais où l'on trouvoit plus de facilité à voiturer par eau & par terre les chofes néceffaires à un embarquement ?

Quant à la Carte de Peutinger, dite *Provinciale*, *Itinéraire*, *Militaire*, elle femble pécher contre les loix de la Géographie & les regles des Mathématiques. Outre qu'elle eft fautive dans la diftance d'un lieu à un autre, elle en eftropie les noms. On l'envifage comme l'ouvrage d'un Militaire, fabriqué dans le tumulte des armes. Peutinger l'avoit reçue de Conrad Celtes qui l'avoit trouvée dans un Monaftere d'Allemagne. Cluvier l'attribue, ainfi que l'Itinéraire de l'Empereur Antonin, à Ammien-Marcellin. La premiere repréfente les grands chemins par écrit; l'autre les dépeint par écrit & par figures. B. Rhénan ne doute pas que la Carte & l'Itinéraire n'aient été dreffés fous les derniers Empereurs Romains.

Je répondrai à ceux qui fondent leur opinion fur la nature des vents qui accompagnerent Céfar dans fa navigation, que ce Général ne s'eft nullement piqué de rendre un compte exact de tous les vents qu'il a essuyés ; il nomme ceux qui lui furent contraires, soit pour excuser la lenteur de son expédition, soit pour faire valoir les obstacles qu'il avoit eu à surmonter. Qui doute qu'un Conquérant ambitieux aime à exagérer les moindres difficultés ?

Les défenseurs du Port Itius en faveur de Witsant, sont G. Cambden, C. du Cange avec E. Gibson qui l'a suivi, de la Martiniere, & parmi ceux de notre siécle, M. d'Anville, Géographe, & Auteur d'un Mémoire sur ce sujet, lu en 1757 à l'Académie, & M. Lefebvre, Historien de Calais. Les uns se fondent sur les chemins verts qui y aboutissoient, & sur un ancien Camp des Romains, nommé *Castel de César* ou *Mont-Câtel*, situé dans le voisinage de Witsant. L'argument des autres se tire du texte des Commentaires de César qui s'étoit proposé le trajet le plus court, *brevissimus in Britanniam trajectus* (a). Ils soutiennent que Witsant promettoit cet avantage, étant plus proche de la grande Bretagne que Calais, d'une lieue & demie, & que Boulogne, de deux grandes lieues.

On n'a commencé, selon les Historiens, à se servir du Port de Witsant que vers l'an 569, lorsque Saint Vulgan y débarqua avec ses Compagnons pour se rendre à Térouane. L'Annaliste de Calais prétend qu'avant cette époque, il n'a point été question de ce lieu, & qu'il n'a jamais

---

(a) Paul Emile, *fol.* 140, dit : *unde in Angliam commodissimus, brevissimus que trajectus.*

reçu aucune autre dénomination. On n'y a pas remarqué des vestiges de murailles, de portes, de fortifications qui constatent son antiquité. On ne voit pas non plus qu'aucun des Empereurs Romains y ait appareillé. De quel temps datera donc le P. Malbrancq la célébrité de ce lieu & de son Port qu'il fait exister pendant 800 ans ? le P. Wastelain dit que Louis *d'Outre-mer* le répara en 938, & que dès lors il fut fréquenté: mais cette réparation n'est pas une preuve de son existence avant Jesus-Christ. M. Lefebvre avance gratuitement que ce Port n'a bientôt plus servi, après l'an 314, que pour le commerce & le passage de quelques particuliers en Angleterre; il convient ensuite que celui de Calais, que les sables de la Mer avoient épargné, devenoit de plus en plus considérable.

Les chemins verts ne ressembloient point à ceux des Romains, tant pour la solidité de la structure que pour la nature des matériaux : c'est pourquoi on ne les reconnoit pas pour leur ouvrage, comme je l'ai exposé. Aucune des voies Romaines n'alloit directement jusqu'à Witsant. Nous ignorons si la chaussée de Cambrai à Arras & Térouane, & delà à Witsant par Boulogne ou Wast, en faisant le coude, étoit pratiquée avant Brunehaut.

On prétend que César avoit assis son camp dans les environs de Witsant, lors de sa premiere expédition pour l'Angleterre : mais l'on objecte que ce camp auroit été trop resserré, & n'étoit aucunement propre, à cause de son éminence fort escarpée, à contenir assez de troupes, surtout assez de cavalerie, capables d'arrêter les insultes des ennemis, tant du côté de la Terre que de la Mer.

La lieue Romaine, selon laquelle ce Général a dû compter, étoit communément de quatre mille pas; celle des Gaulois ne portoit que quinze cens. M. d'Anville met la distance de Witsant à la côte la plus voisine d'Angleterre, à vingt deux ou vingt quatre mille pas au plus. Il s'en trouve huit ou six mille de moins que César n'a comptés en partant du port Itius. En se servant de la mesure Gauloise, la distance de Witsant à la côte des Bretons deviendroit trop longue.

Mais ce Conquérant, sur le point de s'embarquer, ne se propose pas seulement le trajet le plus court, mais aussi le plus commode; *quo ex portu (itio) commodissimum in Britanniam trajectum esse cognoverat, circiter millium. passuum XXX à continenti*. Quelques mille pas de plus, dans un voyage Maritime où l'on projete une expédition importante, sont d'une foible considération. Il est bien plus intéressant de s'attacher à un Port capable de renfermer dans son enceinte un plus grand nombre de vaisseaux, de les y tenir à l'abri des pernicieux coups de vent & de favoriser leur sortie de la rade. En supposant que celui de Witsant eût réuni quelques avantages, n'étoit il pas possible qu'il s'en présentât un autre plus commode, relativement aux vues & aux circonstances de César ? & en tenant toujours pour Witsant, où assigner le *sinus Itius* pour descendre les vaisseaux que l'on avoit construits dans les terres ?

Les sentimens de ceux qui se déclarent pour Calais (a), sont de grand poids; on compte entre autres Edmonsius, P. Jove, Ab. Ortelius, surnommé le Ptolomée de son temps, F. Ursinus, R. Marlien, P. Emile, B. de Vigenere, J. Lydius, Ad. Juin, P. Bertius, Ad. Sorieck, Belleforest, le Président de Thou, l'Annaliste de Calais, & autres Ecrivains tant étrangers que nationaux. R. Thoyras croit que ce Port étoit à Calais ou à Boulogne. Le P. Wastelain, penchant pour ce dernier lieu, allegue que Calais étoit anciennement inconnu, & qu'il n'a été fréquenté que depuis qu'il a été bâti & fermé de murailles par Philippe de France, Comte de Boulogne; ce qui répondroit à l'an 1216 au plutôt, lors du mariage de ce Prince. Mais Baudouin IV, Comte de Flandre, avoit fait, environ deux cens ans auparavant, nettoyer le Canal de cette Ville & creuser son bassin : ce qui suppose qu'elle avoit dès lors une certaine exiStance.

Je joindrai aux témoignages ci-dessus, ce qui est rapporté à la partie du *Théâtre du monde* ou

---

(a) Calais est désigné sous le nom de *Scala* par les anciens Historiens; son nom actuel étoit inconnu avant le XIIe siécle. Son Faubourg ou la Basse-Ville de Saint-Pierre se nommoit jadis *Puressa*, Pétresse.

nouvel Atlas. » *Itius Portus* eſt un havre qui donne
» de la peine aux Ecrivains : les uns le placent
» à Geſſoriac, & d'autres, à Mardick.... La com-
» mune opinion tient pour Calais ; à quoi ſe rap-
» porte ce que dit Céſar, que delà dans la grande
» Bretagne, il n'y a qu'un bien petit trajet ».

Calais n'étoit, du temps des Romains, qu'un bourg avec maiſons, édifices & clôtures ; mais tout le monde, ſelon Belleforeſt, y admet un Port qui étoit alors habité. Ce que l'on doit remarquer, c'eſt que Céſar ne nous apprend pas que le port Itius ait été ſitué dans une Ville.

La diſtance de Térouane à Calais eſt à peu près égale à celle de Térouane à Boulogne : mais Calais touche au *ſinus Itius* & n'eſt qu'à ſept lieues de Douvres : ce qui fournit vingt-huit mille pas, ſur les trente mille que comptoit le Général Romain, du port Itius aux côtes d'Angleterre. Il n'eſt pas exprimé qu'il ait débarqué préciſement à Douvres : ainſi, pour peu qu'il s'en ſoit éloigné, les trente mille pas ſe trouveront employés. Selon l'hiſtoire, il ſe rendoit au lieu de l'embarquement, de Térouane ou d'ailleurs par le grand chemin qui conduiſoit à Sangate, vers lequel répondoit le Golfe de ſon nom *Itius Cæſaris*. Si l'on rompoit la digue qui retient les eaux, ou ſi l'on renverſoit les écluſes du fort Niaulai, l'ancien golfe reparoîtroit & la Mer ſe prolongeroit au delà de Guines. Le promontoire ou *l'itium promontorium* étoit, ſelon Ptolomée, dans le lieu dit *les noires Mottes* juſqu'

Blanès. Mais accompagnons ce Général dans ses expéditions maritimes d'après son Journal Historique.

Il avoit rangé sous son obéissance la plus forte partie des Morins. Il médite le projet d'étendre ses conquêtes chez les Bretons. C'étoit le premier Romain qui osât une telle entreprise. On eût dit un Briarée jaloux d'embrasser toute la terre avec ses bras. C. Volusenus avoit été chargé de balayer la côte, de reconnoître le pays, de choisir l'endroit qui abrégeroit le passage en Angleterre. L'an de Rome 699, César fait voile un peu avant minuit, *tertiâ ferè vigiliâ* (a), avec deux légions & 80 vaisseaux de charge. Il avoit enjoint à sa cavalerie de le suivre sur dix-huit autres vaisseaux qui étoient arrivés des Ports de France. Ces derniers ayant été accueillis par les vents contraires, ne purent se réunir aux premiers; ils resterent à l'ancre dans un Port au delà, à huit mille pas ou deux lieues : cette distance est celle de Calais à Sangate. Les Questeurs, les Lieutenans Généraux, les autres Officiers étoient montés sur des galeres. Il débarque en Angleterre entre neuf & dix heures du matin. Les troupes Bretonnes qui bordoient la côte, auroient pu à coups de traits s'opposer à sa descente. Il se tient à la rade jusqu'à trois ou quatre

---

[a] Les anciens divisoient la nuit en quatre veilles : les deux premieres parties se comptoient depuis le coucher du soleil jusqu'à minuit ; les deux autres depuis minuit jusqu'au lever du soleil, chacune en division égale.

heures du soir, y attendant le reste de sa flotte. Afin d'éviter les obstacles qu'il avoit apperçus, il leve l'ancre avec vent & marée, & va mouiller à huit mille plus loin sur une plage unie & découverte. Il triomphe de la résistance des Insulaires, reçoit des otages, délivre de prison Comius qui avoit été envoyé vers eux, & leur accorde la paix. Les dix-huit vaisseaux chargés de cavalerie, se montrent à la vue du camp après le quatrieme jour; mais on les voit ensuite dispersés par une violente tempête: les uns sont contraints de regagner la haute mer & de se réfugier dans le havre d'où ils étoient partis; les autres sont jetés vers la partie occidentale de l'Isle. César s'occupe du radoub des siens, endommagés par des coups de vent & le gonflement de la Mer. Cet accident avoit fort alarmé les Romains. Sur ces entrefaites les ennemis excités par les principaux de l'Isle, se révoltent, dans l'idée que le désordre de la flotte & le manquement de vivres leur faciliteroient l'occasion de s'affranchir de la servitude. Ils attaquent César dans son camp; il les repousse vigoureusement & les poursuit à perte d'haleine. Découragés par leur échec, ils lui envoient demander la paix par des Ambassadeurs. Il exige d'eux un plus grand nombre d'otages qu'auparavant. L'équinoxe approchant, la prudence lui conseilla de ne point exposer, pendant l'hiver, ses vaisseaux maltraités aux fureurs de l'Océan. Il retourna donc en Gaule, & remit à l'année suivante une plus importante expédition. Deux de ses vaisseaux montés de trois cens soldats, ne pouvant suivre leur route, se virent obligés de relâcher un peu au-dessous du Port où César avoit pris terre.

Notre incertitude sur le véritable lieu du débarquement de César dans la grande Bretagne, de la plage unie où il mouilla & de l'endroit où les rebelles furent punis, n'indiquent que d'une maniere confuse le point de son départ de nos côtes. On sait seulement que, dans sa navigation, il s'étoit proposé le trajet le plus court & le plus commode. J'ai opiné que Calais avoit droit de se glorifier de cet avantage. D'où j'ai conclu que les dix-huit vaisseaux chargés de cavalerie, ont appareillé à Sangate; j'ajoute que la relâche des deux autres qui s'étoient égarés, a dû s'effectuer à Witsant, situé un peu au-dessous, ou à Ambleteuse qui est un peu plus bas. C'est entre l'un de ces deux Ports & Térouane que les trois cens soldats, qui venoient de quitter la Mer & qui alloient rejoindre l'Armée Romaine, auront été, comme je le dirai bientôt, attaqués par une troupe de Morins révoltés. Le P. Wastelain met le Port ultérieur à Ambleteuse, & l'autre citérieur, à Étaples. Boulogne où il désire le port Itius, tient le milieu de ces deux endroits.

L'année suivante, César qui avoit passé une partie de l'hiver en Italie, minute son second embarquement. On équipe 600 Vaisseaux avec 28 Galeres, & même davantage selon quelques-uns qui font monter sa flotte à plus de 800 Vaissseaux, en y comprenant les Navires marchands. Il retourne avec son armée au Port Itius ; il y joint toute la Cavalerie Gauloise, composée de quatre mille chevaux, & des plus grands Seigneurs de la nation. Quarante vaisseaux avoient été construits chez les Meldes ; mais des coups de mer les avoient forcés de rentrer dans le canton d'où ils étoient sortis. Un vent de nord-ouest, *Corus*, accoutumé à régner sur cette côte, retient ce Général dans le Port 25 jours. Enfin il met à la voile sous les auspices d'un vent de sud-ouest, *leni Africo profectus*, avec toutes les troupes destinées à ce voyage. Il avoit laissé à Labienus trois Légions & 2000 chevaux pour la garde du Port. Tandis qu'il cingle depuis le soleil couchant avec cinq Légions & un pareil nombre de Cavalerie ; le vent change sur le minuit ; un courant l'emporte vers la droite de l'Isle ; il s'égare dans sa course. Au retour du flux & de la marée, il aborde, à force de rames, à la plage qu'il avoit remarquée l'été précédent ; & sur le midi, il prend terre avec sa flotte nombreuse, en laissant l'Angleterre à gauche. Après des manœuvres & des combats de part & d'autre, où il reste tantôt vaincu tantôt vainqueur, Cassivellaune, chef des Bretons, à la vue de son pays saccagé & de la hardiesse incroyable des Romains, se détermine à traiter avec eux par l'entremise de Comius. Une des conditions de ce Traité fut de payer un tribut annuel à leur nouveau maitre. César, désirant hiverner dans la Gaule dans l'appréhension

de

INTRODUCTION.

de quelque révolte subite, le reçut à composition. Il se remit en mer sur les neuf heures du soir, *secundâ initâ Vigiliâ*, avec un plus grand nombre de prisonniers. Le lendemain dès la pointe du jour, le vent le ramena sur notre continent, sans avoir perdu un seul homme dans la traversée.

Il est hors de doute que César s'est rembarqué au Port de l'année précédente : il le fait comprendre par le même nom qu'il lui donne ; mais nous ne sommes pas mieux instruits de sa situation. Cambden, connu dans le XVI.ᵉ siécle par ses profondes recherches, croit que ce second débarment s'est effectué à Déale, à deux lieues de Douvres : ce qui prouve, selon des Auteurs, que s'il étoit parti de Boulogne ou de Witsant avec vent de sud-ouest, il auroit vu toute l'Angleterre autant à droite qu'à gauche.

On reconnoit le Port Itius situé à Calais dans le grand tableau dont la pieuse Mere de Louis XIV a décoré l'Eglise des Peres Capucins de St. Honoré à Paris. Son objet fut d'éterniser la guérison de ce glorieux Monarque, obtenue par l'intercession de la Ste. Vierge : il avoit, en 1658, été attaqué à Calais d'une maladie dont le danger avoit alarmé toute la France. Cette Ville est expressément désignée, dans ce monument public de reconnoissance, par *in Itio Portu*.

On veut que l'on ait ajouté à Itius, le terme anglois *Call*, signifiant action d'appeler, comme si l'on avoit voulu dire, *le port appelé Itius*, & dans un seul mot *Callitius*, ou avec une seule L *Calitius*.

Tom. I. G

On a aussi écrit *Califius*, de même que *Califium*, *Calitium* & *Caletium*, mots latins de Calais. J'ajouterai qu'une Cale est un abri où l'on réfugie les vaisseaux à couvert des vents : peut-être que de là on aura formé *Calitius*, Cale d'Itius.

Le Lecteur se rappelera la maxime suivante, tant par rapport à la question présente qu'aux autres points historiques qu'il est difficile de démontrer clairement : *nulli deputandum est ad culpam, quod invitus ignorat* ; ce que l'on est forcé d'ignorer, ne doit point être compté pour une faute.

Description du Port Itius & de son Golfe, selon le système du Pere Malbrancq.

Malbr. l. 1.

Vers la côte d'Angleterre, s'élevoit un promontoire, c'est-à-dire, un rocher ou une montagne de sable, formant deux cornes, & s'avançant environ une lieue dans la mer : ce qui offroit un port sûr entre Sangate & Witsant (*a*), appelé *Itius* ou *portus Cæsaris*, port de César. On y parvenoit de Sithiu par un Golfe de dix lieues d'étendue, que l'on a nommé *Sinus Itius*. Les flots de la mer côtoyoient le promontoire & se portoient, avec plus ou moins de largeur, jusqu'au delà d'Arques, au pied de la montagne de Blandecque & d'Hellefaut ; les deux Collines entre lesquelles ce Golfe circuloit, servoient de barriere à leur impétuosité ; & il se retrécissoit à Longate vers

___
(*a*) Ces deux endroits sont à huit mille pas l'un de l'autre. Malbr. l. 1.

l'Occident. Aussi a-t-il commencé par là à se remplir de sable & à s'engorger. Il s'élargissoit du côté de Guines jusqu'à l'embouchure de la riviere de Tournehem où sa largeur diminuoit. Il traversoit ce détroit à côté de Ruminghem, Eperlecque, Houlle, Serques, Tilques, Sobruick, Tattinghem Longuenesse, Arques & Blandecque. Vers l'Orient, il s'annonçoit à Calais & se prolongeoit, comme par un Canal, jusqu'à Marck où il acquéroit plus de largeur. Il serpentoit même dans une plaine, entre la riviere de Mardick & la Mer, en décrivant plusieurs isles dans cette contrée du territoire de Bourbourg, jusqu'à Linck. Le principal du Golfe s'écouloit à Holckes, Waten, St. Mommelin, Clairmarais, Ruhout, jusqu'à Arques. Le fond en étoit assez large de Blandecque à Sorieck ou Soyecque, pour servir de port & de place propre à construire & radouber des navires : car César ne manquoit pas de bois dans les forêts de Ruhout & de Niépe (*a*). Aussi ce lieu a été nommé *Gessoriacum navale* pour *Cæsariacum*, l'arsenal ou le chantier de César. L'on prétend que le *C* a été par la suite changé en *G* & prononcé de même.

Ce Golfe, par le cours ordinaire de la Mer,

(*a*) Le Roux donne 4500 arpens à cette Forêt située à une demi-lieue de Saint-Venant ; elle a environ six à sept lieues de circuit. Sa principale longueur va de l'ouest au nord. Elle se joint aux petits bois du Prince, de Marquette & de Thiennes. On l'estimoit, en 1351, valoir annuellement 1650 livres.

fournissoit abondamment de l'eau à toute cette contrée. Pendant les deux fortes marées, toute la campagne en étoit inondée. La violence des flots ayant renversé le promontoire de Sangate, tout passage fut bouché par l'engorgement d'une grande quantité de sable. Les eaux se sont retirées, les campagnes séchées, & sont devenues praticables, à l'exception des plus bas lieux qui restent marécageux, & en partie inondés, comme on le voit entre Nieurlet & Clairmarais.

Quelques-uns n'ont pas de peine à croire que la mer soit venue jusqu'à Waten, que son Golfe ait été fort large entre ce lieu & St. Omer; mais ils ne peuvent comprendre la maniere dont elle a pu pénétrer jusqu'à Wizernes & Hellefaut. On leur répond que son flux a bien de la force, surtout pendant la grande inondation qui survenoit deux fois par an. Il n'est donc pas impossible que les flots roulant avec fureur jusques-là & y rencontrant des bornes, se soient arrêtés, & qu'ils aient fait avec le temps un tel amas d'eau, qu'ils ont creusé un beau port entre les montagnes d'Arques, Blandecque & Hellefaut tirant vers Térouane.

Ce système de Malbrancq est un rêve bien soutenu, que la crédulité du peuple Morin a perpétué. Il n'y manque que le témoignage irréfragable d'un Auteur contemporain, ou une bonne tradition, consignée dans les monumens historiques depuis le temps voisin de l'existence du port Itius jusqu'à nos jours. Tandis que Malbrancq en sera le premier & le seul inventeur, il sera plus permis de le rejeter que de l'admettre.

PREMIER LIVRE.

SOMMAIRE.

I. *Fort*, dit Castellum Morinorum. II. *Conquêtes d'Arioviste dans les Gaules & sa défaite par César.* III. *Invasion des Romains dans le pays des Atrébates & des Morins.* IV. *Réflexions sur les conquêtes de César.* V. *Histoire de Comius.* VI. *Notion sur le gouvernement, les usages, les loix des Atrébates & des Morins.* VII. *Domination des Empereurs Romains chez les anciens Artésiens, sous Auguste, Tibere & Caligula.* VIII. *Sous Claude, Néron, Galba, Othon, Vitellius & Vespasien.* IX. *Sous Tite, Domitien, Nerva, Trajan & Adrien.* X. *Sous Antonin-Pie, Marc-Aurele, Verus, Commode & Sept. Sévere.* XI. *Sous Gete, Caracalla, Macrin Héliogabale, Alex. Sévere, Maximin, Dece, Gallus, Valérien, Gallien, le Tyran posthume & Aurélien.* XII. *Trois époques de la conversion des Atrébates & des Morins ; commencement de la premiere époque depuis le Pontificat de St. Pierre jusqu'à celui de St. Eutichien.* XIII. *Suite des Empereurs : sous Tacite, Florien, Probe, les Tyrans Procule & Bonose, Carus & Carin.* XIV. *Fin de la 1re époque ci-dessus, sous le Pontificat de St. Eutichien.* XV. *Suite des Empereurs : sous Dioclétien, Maximien-Hercule, les Tyrans Carause & Alecte, Constance-Chlore, Galere, Constantin-le-grand, Val. Maximin ou Maximien &*

le Tyran Maxence, XVI. *Ste. Hélene & origine d'Hesdin.* XVII. *Suite des Empereurs: sous Constantin le jeune, ses deux freres Constance & Constant, le Tyran Magnence, Julien, Jovien, Valentinien & Gratien.* XVIII. 2*e époque de la conversion des Atrébates & des Morins, depuis le Pontificat de St. Silvestre jusqu'à celui de St. Léon le Grand.* XIX. *Fin des Empereurs Romains: sous Valens, Gratien, Valentinien II. le Tyran Maxime, Théodose le Grand, les Tyrans Victor & Eugene.* XX. *Partage de l'Empire entre Honorius & Arcade; les Tyrans Stilicon & son fils Eucher; irruptions des Barbares en Artois; autres Tyrans, Constantin & son fils Constant, Jovin & Sébastien son frere, Ataulfe, successeur d'Alaric; établissement de la Monarchie françoise.* XXI. *Camisade d'Aëtius contre Clodion.*

<small>Comm. de Cés. Malbr. t. 1. Sc. Du Plex l. 4. Orosius. l. 6. Mézer. l. 1. Kastel. Illust. de la Gaule Belg.</small>

I. LE port de la Morinie, qui n'étoit point anciennement joint à une Ville, excita la fréquente jalousie de ses voisins. Les Bretons firent diverses tentatives pour l'inquiéter: mais les Cimbres ou Danois septentrionaux, & les Teutons ou Allemands, secondés de la nation belliqueuse des Nerviens, renverserent leurs desseins & les chasserent de leurs usurpations. La forteresse de Cassel (*a*), que les Teutons & les Fla-

---

[*a*] Dit *Castellum Morinorum*: on a écrit *Castellum Menapiorum*, que l'on prend pour une Ville des Ménapiens, soit qu'ils aient bâti ou acheté ce fort: au moyen âge, il se trouvoit dans le centre du pays nommé alors *Pagus mempiscus*. Vre-

mands appelloient *Caſtel*, dominoit & protégeoit la contrée des Morins. C'eſt-là qu'ils ſe retranchoient avec toutes leurs forces, lorſque le ſort des combats leur avoit été contraire. Auſſi les Romains jugerent que cette Place, quoique moins conſidérable que Térouane par ſon étendue & le nombre des habitans, méritoit la préférence dans leurs expéditions militaires.

II. Arioviſte, Roi des Suéves ou Germains (*a*), enflé du projet de s'emparer de toutes les Gaules, conduiſit ſon armée puiſſante dans la Belgique. Il pénétra par l'Eſcaut juſqu'à Cambrai, déſola le Pays des Atrébates, entra dans celui des Morins ; Galba, leur Chef, ſurpris de cette invaſion inattendue, ſe trouva dans l'impoſſibilité de lutter contre des forces ſupérieures ; il chercha ſon ſalut dans la fuite. Un ſage conquérant auroit mis des bornes à ſes Conquêtes : Arioviſte, tout énorgueilli des ſiennes, n'eut garde de les fixer à la Morinie, qu'il a tenue ſous ſa puiſſance durant pluſieurs années. Après s'être étudié à s'étendre dans les Gaules, à s'affermir dans ſa nouvelle domination, il porta ſes vues ambitieuſes au delà des monts. Les Helvétiens, aujourd'hui les Suiſſes, ſe montrerent diſpoſés à le ſoutenir contre les Romains. Jules-Céſar (*b*), informé de cette al-

Vers l'an de Rome 682.

---

dius, *T. 1.* a prétendu que ce *Caſtellum* étoit la ville d'Aire ; mais la raiſon qu'il en donne, n'eſt pas concluante.

[*a*] L'Auteur des *Illuſtrations de la Gaule Belg.* le fait Roi des Saxons, ſans doute parce qu'il en aura été vainqueur.

[*b*] Caius Jules-Céſar, né à Rome d'une famille très-

liance, en prit ombrage. Il envisagea cette armée comme un torrent qui pourroit fondre sur l'Italie. Il passa promptement les Alpes avec un corps de troupe nombreux, fit diligence vers Geneve, en rompit le pont, destiné au passage des Helvétiens, qui méditoient une invasion dans la Province Romaine, les attaqua, les défit par tout, sans avoir égard ni à leurs promesses ni à leurs offres.

Le succès des armes avoit rendu Arioviste insolent jusqu'à la cruauté. Il traitoit en servitude les Éduens (*a*), à qui les Romains avoient donné les doux titres de freres & d'alliés. Les Gaulois se plaignirent à César de ce procédé; ils réclamerent sa Puissance contre les entreprises de ce Tyran. Ce Romain saisit avec ardeur l'occasion d'étendre ses conquêtes. Arioviste sachant que l'on s'avançoit contre lui, fit proposer une entrevue par ses Légats, & manda à César d'être seulement accompagné de dix Chevaliers. Celui-ci s'étant rendu pour conférer sur une petite montagne qui séparoit les deux armées, reprocha à l'autre son ingratitude envers les Sénateurs

---

illustre l'an 656, de la fondation de cette Ville. L'Asie fut le premier Théatre de sa valeur. Il a joué un grand rôle dans les Gaules. Il n'envoyoit jamais ses soldats au combat sans les exhorter à bien combattre. *J. Godvinus in Comm. Cæs.*

(1) César avoit été Consul cette année-là : le Texte va montrer qu'il ne l'étoit plus.

(*a*) Ou Peuples d'Autun, dont le territoire comprenoit le Diocèse de ce nom, ceux de Châlons, Macon & Nevers, qui en font autant de démembremens. *M. d'Anville.*

Romains qui l'avoient confidéré comme leur ami fous fon Confulat; il lui propofa de remettre les otages que l'on retenoit, de renoncer à vexer les Celtes ou Bourguignons, d'empêcher fes gens de fe répandre dorénavant par deça le Rhin. Ariovifte colora fes procédés de la réquifition faite par les Francs de les défendre contre les Belges. Il ajouta que le tribut qu'il recevoit, étoit le fruit glorieux de fes armes, qu'il étoit content d'accorder fon amitié aux Romains, s'ils la défiroient, qu'il les avoit précédés dans le Pays qu'il occupoit paifiblement, qu'il ne cherchoit ni à le trahir ni à le tuer, quoique plufieurs l'euffent averti que l'amitié des Romains entraîneroit fa perte, comme devant leur être avantageufe. Pendant cet entretien, des meffagers vinrent apprendre à Céfar que les Cavaliers d'Ariovifte avoient attaqué les Romains. Ce Général fe hâta de rejoindre fon armée & lui enjoignit de ne combattre qu'après fes ordres. Deux jours après, Ariovifte vouloit renouer la Conférence, mais il fut refufé. Céfar fentant bientôt l'injuftice de fon refus, lui envoya deux Ambaffadeurs chargés de traiter convenablement de tout ce qui concernoit le bien général : il n'ignoroit pas que vingt quatre mille Germains ou Allemands avoient paffé le Rhin, & que le nombre qui en augmentoit chaque jour, décourageoit fes foldats. Le fier Ariovifte répondit que s'il vouloit parler à Céfar, il iroit le trouver, & qu'il convenoit que Céfar vînt le prévenir, puis qu'il avoit à lui

L'an de
Rome 695.

parler. On exigea qu'il ne fît plus passer d'Allemands dans les Gaules, & que les Eduens retenus pour otages fussent renvoyés. Cette proposition fut rejetée avec hauteur. César s'avança vers le Rhin & se mit en devoir de combattre sans délai. Il rassura l'esprit de ses Soldats effrayés de la taille & du courage des Germains. L'armée ennemie, rangée en bataille à deux mille pas de lui, se tint prête au combat pendant cinq jours. Quand Ariovifte s'apperçut que César cherchoit à poster la sienne sur une montagne à 500 pas de lui, il tâcha de s'y opposer ; ce fut alors que l'action s'engagea (a) & se réitéra avec la défaite de tous les Germains ; les débris de leurs troupes traverserent le Rhin à la nage. Ariovifte trouva son salut dans une nacelle pour repasser ce fleuve. De ses deux filles, l'une fut prise, & l'autre tuée. Il perdit aussi ses deux femmes. Il retourna dans ses Etats où il ne survécut pas long-temps à sa défaite : il étoit mort l'an 700 au plus tard, soit de chagrin soit par l'artifice de ses ennemis.

César étonné de ce que ce Roi avoit évité le premier choc, en avoit demandé la raison : il apprit des prisonniers que leur coutume étoit de ne combattre qu'après avoir consulté les Sorcieres, & qu'elles avoient prédit qu'ils seroient vaincus, si la bataille se livroit avant la nouvelle lune. Cette superstition provenoit des erreurs du Pa-

---

(a) César, selon Mézerai, a combattu non loin de Montbelliard.

ganifme, ou des tromperies de l'aftrologie judiciaire.

III. La fortune avoit été trop favorable au vainqueur d'Arioviste pour qu'il négligeât d'étendre la domination Romaine. Sa paffion pour le métier des armes & pour la célébrité de fon nom étoit le germe de fon héroïfme; il s'eft développé par fes talens militaires, & par le bonheur qui a couronné fa bravoure. Son arrivée formidable répandit la terreur chez les Rémois. Ils lui protefterent qu'ils n'avoient pris aucun intérêt à la ligue des autres Belges; cet aveu leur mérita fa protection, moyennant des otages. Ils lui apprirent que les Atrébates fourniffoient 15 mille hommes (a), les Amiénois (b) 10 mille, les Morins 25 mille, les Ménapiens 9 mille, les Nerviens 50 mille (c); les autres conféderés contribuoient auffi pour leur contingent. Le total de cette Armée montoit à 286 mille combattans bien équipés; on en avoit confié le Généralat à Galba (d), roi de Soiffons. Ces peuples s'étoient

L'An de Rome 696. Comm. de Cif. l. 2. Hift. des Gaul. t. 1.

―――――

(a) Ce fecours des Atrébates & celui des Morins, encore plus fort, dénotent que ces deux peuples avoient dès-lors une certaine puiffance.

[b] Ce que nous appellons aujourd'hui l'Amiénois, ne fait qu'une partie de l'ancien territoire des peuples dits *Ambiani*. M. d'Anville.

[c] Le nombre des troupes à fournir par chaque Province, differe dans P. Orofe, qui évalue la totalité à 272 mille combattans. L. 6.

(d) Ou Aira, felon Dion Caffius, L 39. Galba femble

L'An de Rome 696.

mutuellement donné des otages, afin de confolider leur alliance. Les Atrébates & leurs voifins avoient été follicités par les Nerviens d'y accéder, fous prétexte que les Romains vifoient à la Monarchie univerfelle. Malgré ce nombre prodigieux de troupes, ils ont fuccombé à la fanglante bataille de la Sambre, qui s'eft, dit-on, livrée aux environs de Thuin; mais avec plus de vraifemblance entre Landrecie & Maubeuge. La prudence avoit confeillé à Céfar d'empêcher la réunion des Belges. Etant fortis d'un bois où ils fe tenoient cachés, ils chargerent brufquement la Cavalerie Romaine, à la vue de plufieurs chariots de bagage qu'elle efcortoit; ils la pousserent au de là du fleuve qu'ils traverferent en diligence. On fut étonné de les voir en un inftant infulter le camp Ennemi & y jeter l'alarme. Le défordre y étoit extrême : tous les Centurions (a) de la quatrieme cohorte, même le Porte-Enfeigne, étoient couchés fur le carreau. On avoit tué ou bleffé la plupart des Officiers des autres cohortes. Céfar touchoit à fa perte. Il eut befoin de toute fon habileté pour arrêter les fuyards,

____

être un nom Romain, felon Godvinus, *l.* 2: on dit qu'en effet il appartenoit à une famille diftinguée dans Rome. S'étant trouvé à Soiffons, à la mort de Divitiac, les Sueffons ou Soiffonnois, freres & alliés des Rémois, le choifirent pour leur chef. Nous citerons plus tard un Empereur de ce nom.

[a] Un Centurion étoit un Officier qui commandoit une Compagnie de cent hommes.

rallier ses soldats, les disposer à combattre, ranimer par ses exhortations leur valeur consternée. Il arrache le bouclier d'un de ses gens, parce qu'il n'en avoit point apporté; se place au premier rang & montre l'exemple. Chacun donne où il se trouve sans avoir le temps de se ranger sous son Drapeau, ni de mettre le casque en tête. Il avoit eu la précaution d'élargir les rangs, afin que l'on eût plus d'aisance à se servir de l'épée. Les Atrébates criblés de coups & hors d'haleine, sont d'abord repoussés jusqu'à la Riviere par la 9.e & 10.e Légions. C'est inutilement qu'ils résistent encore: leur intrépidité est forcée de succomber sous le nombre des traits qui les accablent. Cependant la victoire demeure incertaine: T. Labienus vole au secours des Romains avec l'élite des troupes sous ses ordres; ce renfort qui redouble leur acharnement, la fixe en leur faveur, mais après des efforts inouis pour la disputer de part & d'autre. L'attaque fut si furieuse que d'un corps de 60 mille combattans, il en échappa à peine cinq cens en état de porter les armes. Les cadavres, au récit de Plutarque, servoient de ponts aux Romains pour traverser les Rivieres. La race des habitans du Hainaut & du Cambresis fut presque éteinte. Cette victoire coûta aussi beaucoup de sang au vainqueur. Nous lisons que les soldats, mortellement blessés & terrassés, combattoient encore appuyés sur leurs boucliers, que les valets même, quoique sans armes, s'élançoient sur des hommes armés,

L'an de Rome 696.

que les Ennemis se succédoient les uns aux autres dans les endroits les plus périlleux, combattant sur les corps morts comme du haut d'un rempart, & renvoyant les javelots qu'on leur avoit tirés. César, juste dans son triomphe, récompensa la bravoure des vaincus par l'exemption des tributs, par la conservation de leurs Loix & de leurs privileges. Il leur permit d'habiter leur pays, défendit aux peuples limitrophes de les troubler & de les tourmenter. Les vieillards, les femmes, les enfans, qui s'étoient retranchés dans des marais inaccessibles, implorérent sa clémence; ils en furent humainement traités.

L'An de Rome 696.

L'An de Rome 697.
[a].
Comm. de Céf. l. 3.
Hist. de Cal. l. 1.
Hist. Rom. de L. Echard. t. 2.
Hist. de Tournai, par J. Coufsa. l. 1.

Les Venetes ou habitans de Vannes, fort habiles marins, avoient soumis toutes les côtes de l'Océan par le nombre & la bonté de leurs flottes. Ils appréhenderent que l'invasion de César ne préjudiciât à leur commerce & n'occasionnât leur ruine totale. Le refus qu'il avoit fait de rendre leurs otages, les détermina à constituer prisonniers, les Chevaliers Romains qui s'étoient répandus dans leur pays maritime. Cette insulte fut regardée comme le signal de la guerre. S'étant confédérés avec les Morins, ils ordonnerent conjointement avec tous leurs Alliés, des préparatifs proportionnés à la grandeur de l'entreprise. César, sentant la difficulté de les réduire sur terre, se disposa à les attaquer par mer. Ils lui

(a) La troisieme année de la guerre des Gaules. *Comm. de Céf.*

opposerent une flotte d'environ 220 voiles. Leurs vaisseaux, larges & plats du fond, pouvoient aisément soutenir le reflux de la Mer & être mis à sec sans danger. Ils avoient pour voiles des peaux déliées. La Proue & la Poupe en étoient fort élevées, afin de mieux résister à la fureur des flots & des tempêtes. On les construisoit d'une espece de Chêne, nommé Rouvre. Des poutres d'un pied d'épaisseur fournissoient les bancs des Rameurs, attachés avec des chevilles de fer, de la grosseur d'un pouce. Les ancres étoient amarrées avec des chaines de fer. Ces Marins comptoient repousser leurs ennemis qui avoient pour Amiral, le jeune D. Brutus; mais le succès répondit fort mal à leur attente. Le combat dura depuis le matin jusqu'au coucher du Soleil. Leur Armée navale fut défaite & dispersée. Très-peu de leurs Vaisseaux eurent la liberté de gagner terre à la faveur de la nuit. Leur échec ouvrit au vainqueur l'entrée de leurs Ports & l'en rendit maitre absolu.

L'an de Rome 697.

César avoit conquis toutes les Gaules, à l'exception des Ménapiens & des Morins. Ces deux peuples n'habitoient point de Villes, mais des Cabanes, faites de terre ou de branchages & couvertes de chaume. Ils cachoient, dans les montagnes & d'épaisses forêts, leurs effets les plus précieux. Quoique la saison fût avancée, on entreprit de les ranger également sous la domination Romaine avant la fin de l'année; les Morins, malgré leur affoiblissement, n'avoient point perdu l'espérance de s'y souftraire : au contraire ils en étoient devenus plus fiers & plus jaloux de leur liberté (*a*). Leurs demeures (*b*) étoient foiblement fortifiées & nullement murées. Quand ils se croyoient incapables de se défendre dans leurs foyers, leur fuite prévenoit l'arrivée de l'ennemi. Sur le bruit de l'approche des Romains, ils se retirerent dans le fort de leurs bois & de leurs marais. Leurs retranchemens entourés de remparts & de fossés, se pratiquoient avec de jeunes arbres pliés & entrelacés les uns dans les autres; des ronces & des épines en remplissoient le vide. Cette haie venant à croitre & s'épaissir, formoit une clôture impénétrable, au milieu de laquelle étoient leurs champêtres habitations. Les Romains disposerent leur camp contre ces fuyards. Voyant qu'aucun d'eux ne paroissoit, ils se dispersèrent trop hardiment en divers cantons. Les Morins profitant de ce débandement, sortirent tout à coup de leur enceinte. Les Romains assaillis

---

(*a*) Les Gaulois, dit C. Tacite, combattoient pour la liberté, les Germains pour le butin, les Bataves pour la gloire & l'honneur.

(*b*) Les Belges appelloient *oppidum*, cet asile où ils transportoient leurs effets. *Comm. de Céf. l. V*, *oppidum ab opibus conferendis*, dit Festus. *Vicus*, étoit leur Hameau ou Village, dont les maisons étoient détachées les unes des autres. Les Germains laissoient également un espace vide autour de chaque habitation, soit pour se garantir du feu, soit par ignorance de l'architecture. *Cluver. l. 1.* Il seroit à souhaiter que tous nos Villages, dévorés par de fréquens incendies, fussent bâtis sur ce plan.

faillis se mirent promptement sous les armes & s'en vengerent avec quelque effusion de sang; mais non sans perdre plusieurs de leurs gens, parce que dans la poursuite ils s'étoient embarrassés dans des lieux difficiles. César qui passe légérement sur les circonstances de ce choc, donne à présumer qu'il lui a été plus contraire qu'il ne le raconte. Dans la vue de se garantir d'une nouvelle attaque, il ordonna de couper des bois, d'en former une espece de rempart, de bloquer ces ennemis dans leurs retraites. Il survint des pluies abondantes qui rendirent les chemins impraticables, & les tentes des Soldats inhabitables, quoique couvertes de peaux. Il ne voulut pas les exposer plus long-temps aux intempéries de l'air, & risquer le fruit de ses victoires, en luttant avec trop d'entêtement contre une poignée d'hommes mal disciplinés & trop avantageusement retranchés. Il s'en alla prendre ses quartiers d'hiver dans les pays d'Evreux & de Lisieux, moins sujets aux inondations. Il n'abandonna cependant point la Morinie, sans y laisser des traces cruelles du ressentiment qu'il conservoit de n'avoir pu la soumettre: il y dévasta les campagnes, & livra au feu les édifices. C'étoit le moyen d'aigrir davantage les Morins contre les ravisseurs de leur liberté. Ils ne s'étoient pas rendus criminels en défendant ce droit naturel. La politique de César auroit dû leur insinuer qu'il cherchoit, non à les opprimer, mais à les réunir sous un doux empire, à les protéger contre les incursions de leurs voisins, à les traiter bien plutôt en pere qu'en maître impérieux. Ils auroient pu alors accepter d'honnêtes propositions & subir le joug sans murmurer.

Ce Général, sensible à leur résistance opiniâtre, projeta, après l'hiver, de les asservir malgré eux. Ayant feint un voyage en Allemagne, il retrograda & conduisit son Armée dans leur canton. L'échec qu'ils avoient souffert dans la confédération des Belges, avoit énervé leurs forces. Il s'empara sans aucune opposition des côtes de l'Océan. Il s'appliqua à former son Armée navale, destinée à subjuguer la Grande Bretagne. C. Volusenus avoit reçu l'ordre de reconnoître les côtes & les rades, de fixer les endroits les plus favorables à une descente. Cet Officier, revenu au bout de cinq jours, rendit un compte exact de ses découvertes. Tous les petits Vaisseaux qui avoient servi contre les Venetes, furent rassemblés. Cette expédition avoit pour prétexte les secours que l'Angleterre étoit à portée de fournir à ses voisins révoltés. La maniere ambitieuse d'Alexandre étoit plutôt le guide de César: tous deux brûloient d'envahir le monde entier, parce qu'ils se croyoient trop serrés dans les grandes Provinces qu'ils avoient envahies.

Tandis que l'on se pourvoyoit de tout ce qui convient à un armement maritime, les Morins, vraisemblablement bloqués dans leurs retraites & réduits à l'extrémité, offrirent leurs hommages par des Députés; on les avoit chargés de faire des excufes fur le paffé & des promeffes de fidélité pour l'avenir. Cette foumiffion fut d'autant plus agréable à Céfar, qu'elle favorifoit fon deffein d'aborder plus tranquillement dans la Grande Bretagne : il n'auroit pas fans inquiétude laiffé derriere lui des ennemis fi redoutables. D'ailleurs fes forces maritimes en auroient été affoiblies. Ils lui accorderent les otages qu'il exigea. Il les queftionna adroitement fur fes nouveaux projets de conquête. Les autres Morins, non compris dans ce traité, étoient voifins des Ménapiens : il ordonna à fes Lieutenans Q. Titurius, Sabinus & L. Aurunculeius Cotta, de leur faire fubir la Loi.

L'An de Rome 698.

Des Marchands avoient porté chez les Bretons la nouvelle de fon prochain embarquement. Il étoit venu des Députés de leur Iſle, pour l'affurer de leur obéiffance & lui promettre des otages. Satisfait de leur difpofition, il les avoit exhortés à y refter fermes. En même-temps il avoit enjoint à Comius de les reconduire chez eux, de vifiter leurs Cités, de leur annoncer fon arrivée, de les difpofer à la fidélité envers le peuple Romain. Ce Chef des Atrébates fut mal récompenſé de fon zele : à peine a-t-il expofé aux Infulaires le fujet de fa miffion qu'on le met aux fers dans un cachot, foit qu'ils aient été révoltés de fes airs de hauteur, foit qu'ils aient prétendu en impofer à fon maitre par cet acte de violence. On verra bientôt que fa détention n'a point été longue.

Le violement des promeffes auroit été un motif de preffer le départ de Céfar, s'il avoit dû

H ij

L'An de Rome 698.

tarder encore. Il se mit en mer sans délai. La Garde du port où il leva l'ancre, étoit sous une Garnison suffisante ; le commandement en fut confié à son Lieutenant Sulpitius Rufus. Les Morins à qui César avoit accordé la paix, oublierent, durant son expédition maritime, la fidélité qu'ils lui avoient jurée. L'espoir du butin leur avoit fasciné les yeux : ils attaquerent une troupe de trois cens Soldats. Elle revenoit d'Angleterre sur deux Vaisseaux qui avoient tenu une route particuliere, & s'en alloit rejoindre le gros de l'armée Romaine. Ils lui proposerent de mettre bas les armes, si elle n'aimoit mieux périr. Elle se forma en un peloton rond (*a*), afin d'en imposer par une meilleure contenance, de soutenir vaillamment ce choc inopiné qui dura quatre heures. Il lui étoit tombé sur les bras environ six mille hommes. La cavalerie Romaine n'étoit pas heureusement loin ; elle vint fondre sur les mutins : effrayés de ce renfort, ils jeterent les armes & précipiterent leur fuite, mais non sans laisser un bon nombre de leurs gens sur le carreau. Labienus reçut ordre le lendemain de se venger de leur révolte, avec les Légions qu'il avoit ramenées de la Grande Bretagne. Les marais où ils s'étoient cantonnés l'année précédente, se trouvoient desséchés : ils perdirent l'espé-

[*a*] Ou en boule, *globus*. Le *cuneus* étoit un triangle, le *forceps*, une ténaille, le *turris* une tour, le *serra*, une scie : l'armée Romaine prenoit l'une de ces formes pour combattre.

rance d'échapper à ſes pourſuites ; il ne leur reſta que le triſte parti de ſe rendre, preſque tous, priſonniers.

L'An de Rome 698.

Sabinus & Cotta avoient exécuté la commiſſion de leur Chef, en marchant contre les Ménapiens & leurs voiſins. Ces peuples, à la vue de leurs blés coupés, de leurs campagnes ravagées, de leurs maiſons incendiées, avoient imploré la clémence du Vainqueur. Céſar fit enſuite hiverner toutes ſes Légions dans la Belgique.

Aprés ſa ſeconde expédition maritime, rapportée, ainſi que la premiere, à l'article du port Itius, il retira ſes Vaiſſeaux & partit pour Amiens. Les longues ſéchereſſes avoient fait manquer le blé dans la Gaule. Il fut contraint d'aſſigner, comme dans les années précédentes, des quartiers d'hiver à ſon armée. Ses Légions furent réparties dans pluſieurs Cités. Il en plaça une, entre autres, chez les Morins aux ordres de C. Fabius, une ſeconde chez les Nerviens, ſous le commandement de Q. Cicéron, une 4.ᵉ & une 5.ᵉ ailleurs, & trois autres dans le *Belgium*. Celles de Fabius & des cantons voiſins, ne ſe repoſerent pas long-temps : elles marcherent, conjointement avec de la Cavalerie, contre Ambiorix & Cativulce. Ces deux Belges, excités à la défection, étoient venus tout à coup fondre à grandes forces ſur le camp ; on en étoit venu aux mains. Ils avoient enſuite attiré Sabinus & Cotta dans une embuſcade : le premier avoit péri d'une maniere perfide. L'extrême déſordre qui s'en étoit enſuivi, avoit

L'An de Rome 699. Comm. de Céſ. l. v.

L'An de Rome 700.

occasionné un combat où le second avoit été tué avec la plus grande partie de ses soldats. En un mot les Romains avoient été fort maltraités dans cette conjoncture. Le secours que l'on s'empressa de leur envoyer, les dégagea du mauvais pas où ils se trouvoient. Ambiorix fut poursuivi chez les Éburons, habitans du pays de Liége, attaqué & vaincu.

IV. Les Commentaires de César ne déclarent pas l'époque de la formation du camp d'Estrun, mentionné dans l'introduction, ni celle du siége d'Arras : on présume que l'un & l'autre ont eu lieu dans le même temps, après le combat de la Sambre. Afin de faciliter la réussite de ce siége, on lui prête le stratagême d'avoir retenu les eaux de la Scarpe par le moyen de certaines digues; leur impétuosité, après avoir été lâchées tout à coup, alla frapper les murailles de la Cité & en renverser une grande partie.

César, maitre des Atrébates & des Morins, estima cette derniere nation pour la plus forte & la plus belliqueuse des Gaules : on prétend qu'elle causa au peuple Romain plus de dommage qu'elle n'en reçut. Son Vainqueur est soupçonné d'avoir exagéré la puissance & la bravoure de ses ennemis, ainsi que les difficultés qu'il avoit eu à surmonter afin de tirer plus de gloire de ses triomphes. » Si les Romains, observe Sc. » Dupleix, ont réussi à subjuguer la Gaule, ils » en sont redevables à leurs ruses de guerre, à » la bonté de leurs armes, à la désunion des habi-

» tans de cette Province, à leurs alliances, enfin
» au courage & au bonheur de César ». Toutes ces
Provinces Belgiques ont été gouvernées par Préfets & par Lieutenans. Il regardoit l'état de nature
comme un état de guerre. Dominé par une violente passion de régner, il disoit souvent qu'il
étoit permis d'être injuste pour y parvenir, mais
que dans les autres choses il falloit garder la justice. Les Romains, jaloux de leur liberté, ne purent jamais lui pardonner d'avoir voulu les asservir
pour usurper le titre de Roi. Ses conquêtes dans
les Gaules, l'Allemagne, l'Angleterre & l'Espagne
ont coûté des millions d'hommes; il s'est vanté,
selon Pline, d'en avoir égorgé & massacré, dans
le premier & le quatrieme de ces Royaumes, onze
cens quatre-vingt-douze mille. Est-il glorieux
d'être conquérant à un si haut prix? En ne consultant que les sentimens d'humanité, Alexandre
& César sont deux modeles à fuir. La guerre que
ce dernier a transportée chez les Bretons, n'a point
eu, selon le rapport de Plutarque, le succès qu'il
s'en étoit promis; le mal qu'il leur a fait, à surpassé le bien qu'il en a retiré. Le véritable héroïsme fait mieux calculer.

L'An de Rome 700.

Euther l. 1.

V. La conduite de Comius (*a*) dans la guerre
Belgique, exige un article particulier qui en terminera les événemens. Ce Seigneur Atrébate étoit
recommandable par sa naissance & ses talens militaires. César l'avoit honoré de sa confiance & de

Comm. de Cés. l. 4 & 5.

(*a*) Comius, en langue Tudesque, signifie Royal.

ses faveurs. Sa bravoure, l'utile effet de ses avis, la fidélité qu'il lui comptoit, le crédit dont il jouissoit dans sa patrie, tout avoit concouru à l'élever au plus haut rang parmi ses Concitoyens. Non seulement il régnoit sur les Atrébates depuis leur soumission, il étoit encore entré chez les Morins en qualité de leur Chef. Son zele & son attachement avoient plusieurs fois correspondu aux témoignages précieux d'estime que lui avoient donnés son bienfaiteur, en contenant dans le devoir les Ménapiens & autres Peuples, en procurant des secours puissans de la part des Gaules, en secondant de tous ses efforts l'expédition contre la Grande Bretagne, en s'acquittant heureusement de diverses négociations, entre autres chez les Bretons qu'il avoit incités à l'alliance des Romains. Si ceux-là l'avoient retenu prisonnier, il avoit été relâché peu de temps après. Lorsque les Deputés vinrent demander la paix, il les avoit accompagnés, afin de rendre leur députation plus favorable auprès de César.

L'An de Rome 700.

Comius, abusant des bienfaits de son Maître, se livra à son penchant à la révolte; il naissoit de sa haine secrete contre lui & de son ambition de régner, indépendant des Romains, dans les Etats dont on l'avoit gratifié. Il fut déclaré un des quatre Généraux de la grande Confédération des Gaules. Elle avoit pour Conseil Militaire l'élite des Citoyens des Villes associées. Son Armée, forte de 248 mille hommes parmi lesquels huit mille chevaux, se présenta avec autant de confiance que d'ardeur,

L'An de Rome 701. Comm. de Cés. L. 7.

au secours d'Alise ou d'Alésie, en Auxois (*a*). Les Morins avoient fourni cinq mille hommes pour leur contingent, & les Atrébates, quatre mille. Cette fourmiliere de combattans s'étoient figurés jeter l'épouvante par le seul aspect de leur multitude; ils éprouverent que la fortune étoit constante pour César qui tenoit cette Ville assiégée. Comius fut poursuivi; il seroit tombé avec Vergasillaune, Auvergnat, entre les mains des vainqueurs, s'il n'en eût imposé par un habile stratagême, au moment qu'il se disposoit à passer chez les Bretons. Il fit déployer les voiles des vaisseaux que la Mer avoit mis à sec; les Romains, les ayant apperçues dans un certain éloignement, s'imaginerent qu'il cingloit en haute Mer & désespérerent de l'atteindre.

L'An de Rome 701.

Ce fugitif, échappé au danger, se retira chez les Bellovaques, considérés comme des plus belliqueux parmi les Gaulois & les Belges. Les Rémois informerent César, par différentes députations, que l'Armée de cette Nation ne s'assembloit pas sous les enseignes de Corrée, (*b*) son Général, & celles de Comius, sans occasionner de l'inquiétude. Fabius fut envoyé avec ses deux Légions sur les frontieres du Soissonnois; Labienus en commanda une autre. Le camp fut assis dans le voisi-

Comm. de Cés. L. 8.

L'An de Rome 702.

[*a*] On croit que cette ville a été depuis nommée Flavigni ou Ste. Renne. *Circa Alesiam*, dit Vell. Paterculus, l. 2. *Tanta res gesta, quanta audere, vis hominis, pene nullius nisi Dei fuerit.*

(*b*) Nommé Corbée par des Écrivains.

nage des Bellovaques. On mit partout de la Cavalerie à la découverte. L'on eut avis que tous les Peuples de Beauvais, en état de porter les armes, s'étoient réunis avec un corps d'Atrébates & de quatre autres Nations, qu'ils étoient campés dans un terrain élevé & ceint de marais, qu'ils avoient transporté leurs bagages dans des forêts qui étoient derriere eux. Quelque temps auparavant, Comius étoit allé réclamer le secours des Germains : ils n'en refusoient à personne, dès qu'il étoit question de l'employer contre Rome. Il en revint avec 500 chevaux & vraisemblablement quelque infanterie. César, déjà rendu à l'Armée ennemie, disposoit le plan de son attaque & de ses retranchemens dont le détail n'appartient pas à cette Histoire. Je dirai que l'on ne pouvoit la forcer sans beaucoup de risque ni la bloquer sans un plus grand nombre de Troupes. Cependant on appela du renfort. On se dressoit à l'envi des embuches; on escarmouchoit de part & d'autre; chaque parti étoit tantôt vainqueur, tantôt vaincu. A la fin on se résout à lui présenter le combat, malgré les avantages de sa position. Un prisonnier avoit rapporté que Corrée avoit mis en embuscade une élite de 6 mille hommes d'infanterie & mille chevaux, afin de surprendre les Romains dans un fourrage. Cette Troupe est surprise elle-même, attaquée, taillée en pièces. L'action s'échauffe de tous côtés. L'effroi s'empare des rebelles. Ils cherchent à fuir où ils peuvent. Corrée résiste seul opiniâtrément; il n'espere de salut que de sa propre valeur. On lui offre la grâce:

LIVRE PREMIER. 123

il aime mieux périr les armes à la main; le champ de bataille devient son tombeau. Les rebelles décident d'implorer la clémence de César par des Députés & des Otages, d'attribuer à Corrée la faute & les malheurs de cette guerre. Comius, à la vue de cette résolution, redoute toute communication avec les Romains. Ne voulant se fier à personne, encore moins au vainqueur, il s'enfuit chez les Germains. Car l'année précédente Labienus, sachant que cet Atrébate sollicitoit les Gaules à la défection, avoit engagé Volusenus à feindre la nécessité d'une entrevue avec lui & à profiter de cette occasion pour le poignarder. Il ne voyoit aucun mal à se venger ainsi de sa perfidie. Ce noir dessein auroit eu son effet, si les compagnons de Comius, que l'on crut blessé mortellement, n'avoient détourné le coup fatal dont il étoit menacé. Cet événement lui avoit enseigné que la méfiance est la mere de sureté. Il s'étoit bien promis d'éviter dorénavant la présence de tout Romain. Il conserva toute sa vie le plus vif ressentiment de cette trahison.

L'An de Rome 702.

César, après quelque séjour dans la Province Narbonnoise, revint dans le *Belgium*. Quatre des Légions, conduites par ses Lieutenans en quartier d'hiver, y avoient été cantonnées. Il passa cette rigoureuse saison à Arras. C'est-là qu'il fut instruit de l'action qu'il y avoit eu entre Comius & la Cavalerie Romaine. M. Antoine ayant pris ses quartiers d'hiver, avoit trouvé cette Cité fidele à son alliance; mais le perfide Atrébate, indigne

L'An de Rome 703.

de ſes échecs & toujours enclin à la révolte, interceptoit ſans ceſſe les convois que l'on voituroit aux Légions, & les diſtribuoit à ſes Troupes qui infeſtoient les chemins de leurs brigandages. On ignore quel fut le ſuccès de ces rencontres. On ſait qu'il offroit partout ſes ſervices contre les Romains & qu'il ne ſe laſſoit pas de les harceler dans toutes les occaſions qu'il jugeoit favorables. Antoine mit Volnſenus à ſa pourſuite. Ce Général de Cavalerie fut charmé de pouvoir ſignaler la haine qu'il lui portoit. Il lui dreſſa diverſes embuſcades avec quelque avantage. Mais un jour qu'il le ſerroit vivement avec trop peu de monde, Comius s'arrête tout à coup, exhorte ſes gens à le ſeconder, retourne avec ſon cheval ſur ſon ennemi, lui perce la cuiſſe d'outre en outre d'un coup de javelot. Les Romains, voyant leur Général dangereuſement bleſſé, redoublent d'ardeur: ils chargent les ennemis, en bleſſent un grand nombre; les autres ſont ou écraſés dans la fuite ou faits priſonniers. Leur Chef, hors d'état de ſoutenir le choc, s'échappe par la viteſſe de ſon courſier, tandis que l'on tranſporte Voluſenus dans le camp.

Comius, ſoit qu'il eût été ou ſatisfait de s'être vengé de ſon ennemi ou trop affoibli par la perte de ſes troupes, fit propoſer la paix à Antoine; il promettoit de ſe ſoumettre à tout ce qui lui ſeroit preſcrit. Il fut écouté à condition de livrer des otages & d'éviter, comme il l'avoit demandé, la préſence des Romains. C'eſt à cette époque que ſe terminent tous les démêlés qu'il leur a ſuſcités

[L'An de Rome 703.]

Ce Capitaine auroit joué un rôle honorable, s'il eût épousé sincérement leur parti. Rien ne sauroit justifier ses procédés. Tout ce qu'il étoit, il le tenoit de César. En acceptant la Royauté chez les Atrébates, il s'étoit imposé la loi de les contenir dans une fidélité iuviolable. Sa perte est la suite d'une ambition colorée du spécieux prétexte d'amour pour la patrie. Lorsqu'une puissance supérieure nous a assujettis par des loix qui ne blessent ni la justice ni la raison, & que nous avons d'ailleurs acceptées, est-il pardonnable de se révolter contre elle ? Les capitulations, les conventions, les traités les plus sacrés ne seroient donc que jeu, qu'illusion.

L'an de Rome 703.

On croit que cet Atrébate cessa de reparoître dans la Belgique, soit par la honte d'y avoir essuyé des revers, soit par l'appréhension d'être puni comme infracteur. On présume qu'il erra de contrée en contrée, tel qu'un malheureux fugitif, abandonné de ses gens, en quelque façon proscrit de son prince, odieux à sa patrie dont il avoit prodigué le sang. Son esprit remuant avoit replongé les Atrébates dans une sujétion plus étroite; ils sont restés, avec les Morins, sous la Domination Romaine depuis la défaite totale de ce Seigneur jusqu'au regne de Clodion. Il faut en excepter des intervalles de troubles qui les ont portés à secouer le joug, vers la fin du second siécle, dans le troisieme & au commencement du cinquieme.

VI. Le but de César, en hivernant dans le

Comm. de Cs. l. 3.

Belgium, étoit de se concilier l'affection des Cités, d'en éloigner tout sujet de discorde & de guerre. Il les visita, les traita honorablement, en combla les chefs de ses bienfaits, & n'y imposa aucun nouvel impôt. Ces moyens sont les meilleurs pour s'attacher un peuple nouvellement conquis. Il eut la consolation, avant de retourner en Italie, d'affermir la paix dans une grande province que de longues guerres avoient fatiguée. Les traits de sa bienfaisance lui firent oublier le joug qu'elle avoit subi. Mais quelle forme de Gouvernement y a-t-il introduit ? à quelles loix l'a-t-il soumise ? Essayons de le chercher dans les ténebres de l'antiquité.

L'histoire garde le silence sur les noms des chefs Gaulois ou Germains qui ont, avant César, régné sur les Atrébates & les Morins. Je n'ai fait mention que de Galba, successeur de Divitiac. Mais comment & à quelle époque ces peuples commencerent-ils à devenir Germains ou Belges? nous n'en sommes pas mieux instruits. Nous savons que les Rois ou chefs des Gaulois, chargés de la conduite de l'armée, s'élisoient pour un an, que leur gouvernement se changea en Aristocratie sous les Druides, que le consentement de l'assemblée générale de la nation, composée des plus notables seigneurs, donnoit la sanction aux loix. Cette forme a duré jusqu'à César. *Parmi certains Gaulois*, dit Duplex, *la démocratie ou le gouvernement populaire étoit en usage; chez d'autres régnoit l'Aristocratie*. Le Gouverne-

L'An de Rome 703.

L'An de Rome 704. Comm. de Cés. l. 6.

Hist. de Bourg. par D. Plancher, t. 1.

ment des Germains étoit tout à la fois Monarchique, Aristocratique & Démocratique. Leurs Rois, tirés des plus Nobles familles, n'avoient pas un pouvoir absolu; l'autorité des Princes choisis pour Capitaines, étoit très-bornée; le peuple avoit aussi la sienne.

L'an de Rome 704.

Les Historiens nous laissent ignorer l'esprit du Gouvernement des Atrébates & des Morins, & celui de leurs Loix usitées avant l'invasion de César. On croit que leur Pays, formant de petites Républiques, a joui, comme celui d'Angleterre, d'un Gouvernement mixte. Leurs Rois auroient alors partagé le pouvoir législatif avec les représentans de la Nation, c'est-à-dire, des Ministres & des Grands, solennellement élus par la classe des Nobles & des principaux du district. Ils auront veillé à l'observation des Loix relatives à la Guerre, la Police & la Religion. Les anciennes coutumes & la lumiere du bon sens ont dû dicter leurs jugemens. Leurs assemblées auront été civiles & militaires; le peuple devoit en être exclu. Leurs Ordonnances, surtout celles qui émanoient du Tribunal Militaire, passoient pour très-rigoureuses : nous sommes peu éclaircis sur celles qui ont été rendues, parceque, dans ces siécles de barbarie & d'ignorance, la mémoire étoit le seul Code des devoirs prescrits à chaque Etat. Voici plusieurs Loix pratiquées soit chez les Gaulois soit chez les Germains, & rapportées dans les Commentaires de César.

Tout Citoyen étoit tenu à faire part au Magiſtrat de ce qu'il avoit appris des Provinces limitrophes touchant la République, de peur que des gens ſimples & mal-aviſés, effrayés par de faux bruits, n'euſſent été pouſſés à quelque mauvaiſe entrepriſe. Il étoit ordonné aux Officiers du Magiſtrat de garder ſecrétement ce qu'ils auroient vu, & de n'informer le peuple que des choſes qui lui ſeroient avantageuſes. Il n'étoit permis de s'entretenir de la République que dans les aſſemblées. En temps de paix, la Magiſtrature n'étoit compoſée que des Chefs des Pays & des Cantons, chargés de plaider & de terminer les différents; deux perſonnes de la même parenté ou famille ne pouvoient y entrer ni ſuccéder l'une à l'autre dans les charges publiques, non pas même être enſemble du Corps du Sénat. Le brigandage n'étoit point une infamie : on le permettoit pourvu qu'il ſe commit hors des frontieres de chaque canton, ſous prétexte d'exercer la jeuneſſe & de la dégoûter de l'oiſiveté. Le peuple, afin de ſe garantir des oppreſſions (*a*), ſe mettoit ſous la protection de quelque Seigneur; ce Patron s'obligeoit à le défendre : voilà l'origine des Avoués dont nous parlerons. Les Gaulois paroiſſoient armées dans leurs Conſeils de Guerre ; le dernier arrivé y étoit maltraité. Leurs enfans ne ſe montroient en public, devant leurs parens, qu'étant en état de porter les armes, c'eſt-à-dire, vers la 14.

L'An de Rome 704.

Hiſt. de Hain. par Vinchant, l. 1.

(*a*) Ces oppreſſions ont engendré de grandes factions qui ont facilité les conquêtes de Céſar.

LIVRE PREMIER.

14.ᵉ année de leur âge. Cette contrainte avoit pour but d'éloigner les careſſes trop flatteuſes de leur famille & de leur inſpirer du goût pour la profeſſion militaire : auſſi la préféroient-ils, ſelon Belleforeſt, à la culture des champs. Mais choſe incroyable ! ils enviſageoient comme un déshonneur, même un crime puniſſable, une groſſe corpulence; quand l'embonpoint excédoit une certaine meſure, on étoit condamné à une amende pécuniaire. En amaigriſſant à force d'exercices, on ſe rendoit plus agile au métier de la guerre.

L'An de Rome 704.

Strabo. l. 4, in Celtica.

Il n'eſt pas douteux que les Romains n'aient donné à la Gaule Belgique leurs loix & leurs uſages, vraiſemblablement avec des modifications. J'en expoſerai, dans un autre Livre, pluſieurs qui ſe ſont perpétués juſqu'à nos jours. Ces Loix étoient encore en vigueur avant l'arrivée des Francs & furent obſervées juſqu'à la 3.ᵉ race de nos Rois, mais non ſans un mélange de Loix barbares. Quand les Gaulois & les Germains vinrent par le Rhin ſubjuguer cette nation romaniſée, ils s'apperçurent du prix qu'elle mettoit à ſa liberté; ils lui en accorderent l'ombre par une police, & une loi oppoſée à celle des Romains. Les Rois Clovis, Childebert & Clotaire eurent l'attention d'éclaircir & de purifier cette loi, c'eſt-à-dire, qu'ils tâcherent, en ſages politiques, de l'accommoder au génie de cette nation, ſans bleſſer néanmoins les droits de la ſouveraineté.

Inſt. au Dr. ſ. par Argou.

Les déſordres du Xᶜ. Siécle confondirent encore toutes ces Loix. Les premiers Comtes de

Tome. I.   I

Flandre, nommément Baudouin *le Chauve*, confirmerent la plupart des nôtres qui font anciennes. Ce n'eſt qu'après les temps d'ignorance que l'on a réuſſi à les épurer, à en fixer l'eſprit par l'étude des Savans & les Ordonnances des Rois. Je montrerai, à l'article des *Communes*, que l'on eſt redevable au XIII.e Siécle, des lumieres que nous avons acquiſes ſur ces objets.

VII. La mort de Céſar, poignardé en plein Sénat la 4.e année de ſa dictature, couvrit de deuil l'Empire Romain. Une ligue de trois Citoyens donna naiſſance à un ſecond Triumvirat qui déchira le ſein de l'Italie, qui abolit l'eſprit républicain & qui porta le dernier coup à la liberté. Les Atrébates & les Morins, les Francs & les Peuples Occidentaux paſſerent ſous la puiſſance d'Antoine. Ce Conſul, maitre ou Colonel général de la Cavalerie, chaſſa des Gaules D. Brutus & C. M. Plancus qui les gouvernoient. Octave refuſa de partager le Gouvernement avec lui & ſon Collegue Æ. Lepidus; il les défit tous deux. Cette victoire le rendit maitre de l'Empire du Monde. Il reçut le titre d'Auguſte avec celui d'Empereur (*a*) à perpétuité. Le retour de la paix, déſirée depuis plus de deux Siécles,

***

[*a*] *Auguſte* & *Empereur* étoient alors ſynonimes & ſignifioient quelque choſe de ſacré & de divin, qui élevoit au-deſſus du reſte des hommes. L'héritier préſomptif de l'Empire étoit créé Céſar; les douze premiers Empereurs de Rome ſont communément appelés ainſi. Le titre d'Auguſte déſignoit l'autorité ſuprême & abſolue.

LIVRE PREMIER. 131

vint réjouir la terre. V. Agrippa, qui fut deux fois son Collegue dans le Consulat, fut créé Gouverneur de la Belgique. La sagesse présida à son administration ; il en résulta des avantages pour le commerce & l'agriculture de cette Province. Une sédition s'étoit élevée dans la Morinie : mais Carin l'avoit fait rentrer dans le devoir avec des troupes de l'Empire. *L'An de Rome 723. L'An de Rome 724.*

Auguste réprima l'irruption des Germains. Les anciens Artésiens, devenus riches & puissans, considérerent l'indépendance comme préférable à tout autre bien ; ils firent de nouveaux mouvemens pour secouer le joug. On en rapporte la cause aux crians abus qu'Enceladus, ou autrement Licinius, faisoit de son autorité. Ce Receveur des impôts fouloit les Peuples avec la subtilité la plus inouïe. Des douze mois dont l'année est composée, il en avoit imaginé quatorze, afin de grossir la perception des tributs. l'Empereur mit fin à ces odieuses concussions. Son Lieutenant Cl. Drusus rappela ces mutins à l'obéissance. Tibere & ce Drusus gouvernerent successivement la Gaule. Ce dernier y remplit son administration avec autant de bravoure que de douceur. *L'An de Rome 727. L'An de Rome 734. L'An de Rome 734. L'An de Rome 738.*

Après la victoire signalée d'Auguste dans la Germanie, 40 mille prisonniers furent transplantés chez les Bataves & les anciens Peuples d'Artois. La paix qui régna les années suivantes, fut le pronostic de l'heureux événement qui reconcilia la terre avec le ciel, je veux dire, de la naissance *L'An de Rome 745.*

I ij

de Jesus-Christ. Quelques années après, l'imposition d'un pour cent fut établie par Auguste. L'année précédente, une peste qui avoit changé Rome en solitude, avoit pénétré jusques dans la Morinie.

L'An de Rome 759, ou l'An 6 de J. Chr. Annal-C. Tacit. l. 1. 2 & 3. MJ. N.° 7. t. 1.

Auguste, peu de temps avant sa mort, fit publier dans Arras une Ordonnance qui défendoit de ne proposer au Peuple, selon l'ancien usage, rien de ce qui se passeroit dans les Provinces. On y exigeoit que l'on s'adressât directement à lui pour tout ce qui les concerneroit, afin que toutes les affaires fussent conduites au gré de sa volonté. Une autre Ordonnance défendit, sous de grosses peines, de l'appeller Seigneur. Pendant que Germanicus, fils de Drusus & vainqueur des Germains recueilloit le tribut de la Gaule, on lui apporta la nouvelle de la mort de cet Empereur. La mémoire de cet ancien Consul Drusus restoit en grande vénération chez les Romains : ils avoient compté recouvrer la liberté, s'il avoit eu en main l'autorité Souveraine. On concevoit les mêmes espérances de son pere. Ce jeune Prince fort civil obligea les Séquanois (*a*) & les villes de Flandre à prêter le serment de fidélité à Tibere.

L'An 14.

L'An 21.

Quelques années après, les Belges & les Gaulois se souleverent, ceux-ci excités par Jules Sacrovir, ceux-là par Julius Florus : ce dernier se tua lui-même, désespéré de ne pouvoir se sauver ; l'autre,

---

(*a*) De *Sequana* riviere de Seine ; peuples de la Gaule entre Autun, Langres & les Suisses.

après la défaite de ses gens, périt également de sa propre main. Le Suicide ou l'échafaud est la punition ordinaire des traîtres.

L'An 24.

VIII. Aucun orage ne s'étoit élevé dans l'ancien Artois jusqu'au regne de Caligula, neveu de Tibere, son prédécesseur. Les Germains se révolterent de nouveau sous ce Prince, d'abord humain & ennemi des impôts, mais ensuite cruel & féroce. Les Artésiens, en qualité de voisins, épouserent leur parti. On présume que la Belgique devint le théâtre de la guerre & que ces derniers en souffrirent. Cet Empereur, vain jusqu'à la démence, projeta d'inquiéter les Bretons. Il se rendit dans les Gaules, y rassembla une armée de 250 mille combattans. L'Océan retentissoit du bruit de ses forces. On lira, dans mon *Recueil d'Anecdotes*, que tant d'appareil s'est borné à contenter les égaremens de son imagination & à ruiner ses sujets. Une fausse tradition lui attribue, comme un monument de sa victoire, la tour *d'Ordre*, construite à Boulogne sur la Falaise qui commande au port de la ville; des Écrivains la lui disputent en faveur de J. César, comme en ayant ordonné la premiere construction. Elle fut bâtie, selon l'Historien de Calais, au commencement du XV.e siécle, par Thomas de Lancastre, frere du Roi d'Angleterre. Cette tour, de figure octogone & terminée en pyramide, est destinée à servir de phare aux vaisseaux, afin de les garantir des écueils.

L'An 40.

Hist. de Cal. t. 2, l. 12.

VIII. Le stupide Claude, oncle du précédent, assassiné comme l'exécration du genre humain,

P. Orosius.

succéda à l'Empire. Il partit de Rome pour soumettre les Bretons qui avoient refusé de payer le tribut annuel, contracté du temps de César. débarqué à Marseille, il continua sa route par terre, entra dans la Morinie où des vaisseaux l'attendoient, s'embarqua au port Gessoriac & revint après avoir réduit les Insulaires. Il fut empoisonné par son ambitieuse femme Aprippine. Il avoit, par un Edit, défendu aux Druides d'immoler des victimes humaines. On lui est redevable du chemin de Marseille à Boulogne. Aulus Plautius avoit été créé Gouverneur de la Belgique; Domitius Corbulon l'avoit remplacé vers l'an 44. Les Anciens Artésiens jouirent, sous le Gouvernement de ce dernier, d'un sort tranquille & heureux. Les Gaulois devenus moins remuans, avoient obtenu le droit de Bourgeoisie.

La Belgique, sous le regne de Néron, adopté par Claude depuis quatre ans, eut Ælius Gracilis ou Gracchus pour lieutenant général. Cet Empereur fut réduit à s'égorger lui-même, comme s'il eût voulu venger la terre de toutes les horreurs dont il l'avoit affligée. Il avoit eu dessein, dans les premieres années de son regne, d'abolir tous les impôts: le Sénat avoit envisagé cet acte de générosité comme une boutade d'esprit. Le vieillard Galba, ainsi nommé à cause de son extrême embonpoint, parvint à l'Empire. La rivalité de Vitellius occasionna la défection des Artésiens: Annolin, partisan de Galba, les avoit surchargés d'impôts. Il transporta dans leur pays les horreurs de la guerre & ruina, avec douze Légions, Tournai, Arras & Térouane. Les Vermandois & les Médiomatrices ou peuples de Metz & de Verdun furent pareillement vexés par les ordres extravagans de l'Empereur. Othon, ayant fait poignarder ce dernier, devint son propre bourreau après trois mois de regne. Tant de vexations, de meurtres & d'horreurs annonçoient la future décadence de l'Empire.

L'An 69.

Claudius Civilis, chef des Bataves & autres peuples mécontens, souleva adroitement, sous Vitellius, les Morins, les Ménapiens & les extrémités des Gaules. Il pilla & brûla ces premiers, afin de couper toute ressource à ses ennemis. L'avantage qu'il remporta sur les bords du Rhin, devint funeste à leur flotte, au point qu'ils eurent peine à en réfugier les débris dans les ports de l'Océan. Il enleva des magasins considérables de blés & de munitions, que les Romains avoient formés dans l'ancien Artois. Dans la crainte de ne pouvoir maintenir le succès de ses armes à cause des murmures de ses Alliés, il colora sa rebellion, se soumit lui & les siens, à la proclamation de Vespasien (*a*). Tacite gouverna la Belgique sous le regne de ce dernier. La perte de ses fragmens historiques nous prive de beaucoup de connoissances relatives à cette Province.

L'An 70.

Histor. C. Taciti, l. 4.

IX. Domitien, frere & successeur de Tite,

L'An 81.

―――――――――――

[*a*] Vespasien a mis un impôt sur les urines que l'on vendoit aux Teinturiers en écarlate. *Bergier, l. 1.*

dont la briéveté du regne fut digne de regrets, suivit, étant égaré par une fausse politique, les traces de Néron. Les anciens peuples d'Artois, après avoir souffert la guerre, la peste & la famine, furent encore persécutés par le glaive de l'impiété : les Sicambres, transplantés de la Germanie dans la Gaule, firent des incursions dans leur pays & celui des Ménapiens ; ceux-ci tâcherent de s'y opposer ; mais ils furent battus & poursuivis : desorte que les habitans de la campagne, chassés de leurs foyers, furent obligés de fuir par delà la Somme. Les Bourgs & les Villages resterent pillés & dévastés. Le brigandage n'épargna que les Cités fortes & quelques Châteaux. Ce désastre dura plus d'un an.

Trajan continua plus politiquement que Domitien, la sanglante tragédie contre le Christianisme. Il remit dans la Belgique le calme que des Officiers Romains y avoient troublé à force d'exactions. On est fâché que ce Prince qui avoit annoncé de rares qualités d'esprit & des vertus morales, en ait terni l'éclat par sa haine contre la Religion, que Nerva, son prédécesseur, avoit tolérée. Il ôta les impôts pour trois ans, fit réparer les Villes & labourer les terres, établit à Rome des bibliotheques publiques.

Adrien, Empereur éclairé, passa par la Morinie pour aller en Angleterre, afin d'y éteindre une sédition près d'éclater. Il pratiqua dans cette Isle un mur de 80 mille pas, destiné à séparer les Romains des Barbares. Revenu chez les Morins, il choisit Boulogne pour sa demeure. Il construisit plusieurs forteresses dans leur Pays & les combla de ses libéralités. Sa vie fut un mélange de bien & de mal. On lui reproche d'avoir moins favorisé les progrès du Christianisme que ceux de l'Idolâtrie. Les forces Romaines montoient sous ce Prince à deux cens mille fantassins, 40 mille chevaux, trois cens éléphans, deux mille chariots de bataille, deux mille vaisseaux ronds & 15 cens galeres. Il entreprenoit souvent de longs voyages à pied & nue tête, malgré le mauvais temps.

X. L'Histoire rapporte que l'Empereur Antonin, surnommé *le Pieux*, voyagea chez les Atrébates ou les Morins; l'on assure qu'il a fait quelque séjour à Amiens, qu'il a pris plaisir à l'embellir, & qu'on lui doit le Château qui est aujourd'hui la Citadelle. Il diminua les impôts, pratiqua beaucoup d'actes charitables envers les pauvres & les malheureux. On connoit cette Lettre dans laquelle il enjoignit non seulement d'absoudre les Chrétiens, mais aussi de punir leurs accusateurs. Plusieurs croyent qu'il ordonna la réparation & la description des grands chemins dans l'Empire, que nous nommons *Itinéraire d'Antonin*: on y parle du Port Gessoriac, ainsi que des Provinces & Villes voisines. Sa vie fut un modele pour les Rois, & sa mort, un deuil pour le genre humain.

Marc-Aurele, surnommé *le Philosophe*, continua de diminuer les impôts de son Empire auquel

138 HISTOIRE GÉNÉRALE D'ARTOIS.

L'An 161. Lucius Verus fut associé. Commode, son fils, esclave de ses folles passions, voulut les rétablir d'une maniere fort dure. Il ordonna que dans le
L'An 180. terme de six mois, il lui fût payé d'avance le produit de deux années. Cette demande exorbitante révolta la Belgique. Les peuples envoyerent des Députés à Rome pour obtenir quelque délai, avec des otages pour cautionner les sommes exigées. Ces Citoyens devinrent les victimes de l'inhumanité de l'Empereur. Il chargea en même temps ses Receveurs de soumettre aux exécutions militaires les Provinces qui différeroient de satisfaire. Le désespoir arma les peuples contre cette férocité. La révolution devint générale & s'étendit jusqu'en Allemagne. Les Tréviriens en donnerent le premier signal & se joignirent aux Belges. Le
Mss. in-Fol. N.º 6. Capitaine Verricus, quoique Romain d'extrac-
Malbr. 1. tion, étoit grand ennemi de Commode, le meur-
Belg. t. 2. trier de son fils. Accompagné de Sorricus, Prince
H. s. de Allemand, il profita de la dissention qui régnoit
Cal. l. 4.
Mezer. l. entre les Romains & les anciens Artésiens. Mais
2. le Préteur Warneton, Romain par son pere &
L'An 184. Ménapien par sa mere, contint ces derniers dans le devoir par la crainte qu'il sut leur inspirer; il les rangea sous ses drapeaux contre les deux Chefs qui menaçoient Tournai & le Pays des Nerviens. Ces rebelles furent avertis par leurs espions que ce Gouverneur de Térouane se mettoit en devoir de secourir les assiégés; l'occasion d'attaquer leur parut inévitable. Il y eut un choc qui auroit été fort sanglant, si la nuit n'étoit pas sur-

venue. Mais tandis qu'il rallioit ses Troupes & se retiroit vers l'Escaut pour les refaire, il fut attiré dans une embuscade, chargé si vivement dans une plaine (a) auprès de ce fleuve, qu'il y demeura, avec son camp livré au pillage. Les Romains furent tués ou noyés. Les Germains affoiblis, mais enhardis par leurs succès, pousserent leurs conquêtes aussi loin qu'il étoit possible. Le reste des Troupes Romaines fut expulsé de la Morinie. Térouane se rendit sans beaucoup de résistance. Ils en resterent les maîtres & les protecteurs jusqu'en l'année 196. Selon un manuscrit, Verricus s'étoit emparé d'Arras qu'il garda quelques années. Le sanguinaire Commode avoit été empoisonné & étranglé quatre ans avant cet événement. Ce monstre avoit la folie de se parer des attributs d'Hercule & de vouloir être adoré sous ce nom.

L'an 184.

Cl. Albin, Général Romain, que Commode avoit établi Commandant chez les Bretons, n'étoit pas satisfait du titre de César que Septime Sévere lui avoit politiquement conféré : cet ambitieux usurpa celui d'Auguste après la mort du premier. Ayant passé dans les Gaules, il obtint beaucoup de partisans dans le corps de la Noblesse. Boucher pretend qu'il ne s'arrêta point dans la Morinie. Il paroit vraisemblable que son camp fut à Aubigni ; on croit même que ce Bourg d'Artois porte son nom. On y voit encore, dit

L'An 193.

[a] Le champ de Bataille se nomme *Warnetus Campus*. Hist. de Tournai, c. 19.

Mézerai, deux Tombeaux d'ouvrage Romain, élevés le long de la grande voie militaire, qui de ce lieu tire vers la Mer. Sévere, l'ayant déclaré ennemi de l'Empire, se mit à la tête de ses Troupes, & s'en alla le joindre près de Lyon. Les deux Armées montoient à 150 mille hommes.

L'an 197. Albin fut défait dans un combat très-meurtrier. Etant poursuivi, il voulut se percer de son épée, pour ne pas tomber entre les mains de son vainqueur irrité : sa main tremblante manqua son coup. Il fut pris, décapité, écartelé. Sévere fit fouler son cadavre par les pieds de son cheval & l'abandonna aux chiens. Peu après, il assouvit sa vengeance sur sa femme & ses enfans qui furent précipités dans le Tibre. On somma les anciens Artésiens qui, depuis leur révolte, avoient cessé d'être tributaires de l'Empire, de rentrer dans l'obéissance. Les menaces que l'on y joignit, les rendirent dociles. L'Empereur, autant pour se les attacher étroitement que par égard pour leurs malheurs, n'exigea que la moitié des taxes ordinaires. Cette remise leur inspira plus d'amour pour leur Patrie & plus de respect pour leur Souverain.

L'an 208. Sept. Sévere résolut de passer dans la grande Bretagne, dans la vue de contenir les Méates & les Calédoniens (a) qui ravageoient les terres de l'Em-

---

(a) Les premiers de ces deux Peuples, aujourd'hui Anglois, habitoient la partie de l'isle qui, de la riviere Tweede à l'océan, s'étend vers l'orient & le midi, & les seconds les terres septentrionales situées après cette riviere. *Malk. l. 2.*

LIVRE PREMIER. 141

pire. Son séjour dans la Morinie eut pour but de renforcer son armée & d'attendre le moment favorable de s'embarquer. Il y répara ce que les Germains y avoient détruit, & rétablit ce qu'ils avoient changé. Son camp fut posé à Térouane, Tournehem & dans le Boulonois. On avoit posté des Généraux dans tout l'Artois, avec ordre de fermer aux vaincus le passage de la Mer. Après trois ans de demeure en Angleterre, où son expédition avoit été glorieuse, il mourut à Yorck tourmenté de goutte & accablé de chagrins. Son corps fut brûlé en cérémonie au milieu de son armée, & l'on transporta ses cendres à Rome dans une urne d'or.

L'An 208.

L'An 211.

XI. Rien d'intéressant par rapport à nous, ne s'est passé sous quelques Empereurs qui avoient devancé Alexandre Sévere. Ce Prince, qui s'étoit proposé la félicité de ses peuples, délivra ceux d'Artois de l'oppression dans laquelle les avoient fait gémir ses Prédécesseurs, l'avare Antonin Caracalla & le jeune extravagant Héliogabale. Le premier avoit été égorgé l'an 217, cinq ans après son frere Gete, son collegue; le second, qui avoit défait Macrin, son concurrent, fut pareillement massacré. Après son avénement au Trône, le commerce, auparavant gêné par la perception exorbitante des impôts & la criminelle administration des Officiers, reprit sa liberté & sa vigueur ordinaire. On vit la population renaître dans les Bourgades & les Villes d'Artois. Les campagnes retrouverent leur fertilité & leur parure. Il honora

L'An 222.

L'An 221. ceux qui cultivoient les Sciences & les beaux Arts d'une protection distinguée.

L'An 235. Les anciens Artésiens subirent la domination de différens Maitres après Alexandre, injustement mis à mort à l'âge de 26 ans. Il méritoit une bien plus longue vie pour le bonheur du genre humain. La paix cependant n'en fut pas troublée. Ces peuples resterent tranquillement sous leurs Loix & dans la dépendance des Romains. L'orage que

L'An 237. le féroce Maximin, meurtrier du précédent, avoit excité contre le nom Chrétien, n'avoit point passé jusqu'à eux; mais ils furent enveloppés dans la sanglante proscription, lancée par le cruel

L'An 250. Dece & renouvellée par son Successeur le traître Gallus. La Gaule fut de rechef en proie à l'avarice des Gouverneurs & autres Officiers Romains, dont la plupart étoient alors des gens de la lie du peuple; pour comble d'infortune, la peste, la famine, l'irruption des Francs en ravagerent les Provinces. Posthume, Gouverneur & Général de cavalerie en deçà & au delà du Rhin, tourna les armes contre le voluptueux Gallien, associé au Trône par son Pere Valérien. Premiere époque du bas Empire. Après avoir mis à mort L. Salonin, son fils, il usurpa dans la Gaule la pourpre im-

L'An 261. périale (a). L'Angleterre & l'Artois se rangerent

(a) Les promotions & destitutions d'Empereurs étoient fréquentes. L'Empire que l'on donnoit au plus audacieux ou au plus offrant, étoit exposé à des crises violentes. La plupart de ces Empereurs n'avoit ni naissance ni vertu. *Mézerai*, l. 2.

LIVRE PREMIER.

sous son obéissance. La douceur & la sagesse de sa conduite lui ont mérité le titre de restaurateur de cette derniere Province. Elle le considéroit comme un Grand-homme de guerre & d'État. Il fut tué, sous les murs de Maïence par ses soldats qui s'étoient mutinés pour leur avoir refusé le pillage de cette Ville. Les Artésiens continuerent de s'affranchir du joug Romain jusqu'à la victoire d'Aurélien sur les Gaulois. Leur Pays, alors rempli de Chrétiens, étoit effrayé du barbare Édit que cet Empereur avoit minuté contre eux, lorsqu'on apprit avec joie qu'une troupe de conjurés avoit purgé la terre de ce tigre sanguinaire.

L'An 261.
L'An 267.
L'An 273.

XII. Les Atrébates & les Morins étoient originairement grossiers, indisciplinés, errans dans les bois & les marais pour y trouver de quoi se sustenter & se vêtir, exerçant la piraterie avec des barques légeres & peu solides. En un mot on nous les dépeint comme des sauvages, ne respirant que l'indépendance, livrés à leurs penchans criminels & ne professant d'autre Religion que l'Idolâtrie. Tout le Pays qui les entouroit, étoit une terre déserte, sablonneuse, aride, hérissée de forêts & de montagnes, tellement aquatique qu'elle étoit inhabitable.

L'An 275.

Tel étoit l'état déplorable de ces peuples, lorsque Dieu suscita des hommes selon son cœur pour les éclairer & les conduire dans les voies du Salut. Il convient de leur rendre cette justice: s'ils ont, des premiers de la Gaule & de la Germanie, reçu la lumiere Évangélique, ils jouissent de la réputation de l'avoir conservée avec plus de soin que d'autres nations. L'hérésie n'a pu chez eux trouver aucun asile : Leur fermeté en a prévenu les pernicieux effets. Nous en citerons plus tard des preuves. Sans doute que le grand nombre de retraites religieuses & d'Eglises qu'on leur a construites, aura beaucoup contribué à la conservation du dépôt de leur foi.

Les Morins cependant, au rapport de Malbrancq, sont retombés trois fois dans l'idolâtrie: la premiere, vers l'an 302, après le martyre de leurs premiers Apôtres dans l'Amiénois; la seconde, vers l'an 407, après l'apostolat de St. Victrice; la troisieme, vers l'an 552, depuis la mort d'Athalbert jusqu'à St. Omer, son successeur. Attribuons ces rechutes aux diverses persécutions ordonnées par les Empereurs, à la disette des ouvriers évangéliques, aux étranges révolutions qui troublerent la paix des nations, au caractere féroce des habitans, & peut-être à leur inclination opiniâtre pour le mal.

Je distinguerai donc trois époques dans la conversion des anciens Artésiens : la premiere embrassera les trois premiers siécles de l'Eglise ; la seconde finira au commencement du regne de Clovis ; la troisieme ira depuis ce Roi jusqu'à l'Episcopat de St. Vaast & de St. Omer.

L'Abbé Velly dit que le Christianisme étoit, long-temps avant le Grand Constantin, la Religion dominante des Gaules, que l'Evangile y
avoit

LIVRE PREMIER.

avoit été, selon quelques-uns, annoncé par St. Luc, St. Philippe & St. Paul, &, selon d'autres, par Crescent, Disciple de ce Docteur des nations. Belleforest s'explique plus clairement : « les » Moriniens, dit-il, qui sont les Térouanois, » furent, bien peu de temps après les Apôtres, » convertis à N. S. Jesus-Christ, & derechef ils » retournerent à leur Religion païenne; puis après » St. Omer les gagna à J. Christ. «

St. Pierre avoit dispersé dans les pays lointains des Ministres de la parole de Dieu. A la vue des conquêtes de l'Empire Romain dans la Grande Bretagne, il ne négligea point d'en répandre également dans cette Isle. Car la voix des premiers Disciples du Sauveur, dit l'Ecriture, a retenti par toute la terre. Pourquoi les Bretons subjugués n'auroient-ils point participé à cette insigne faveur ? aussi l'on prétend que Simon *le Cananéen* ou *le zélé*, a été leur Apôtre & qu'il s'est embarqué chez les Morins. Si ce fait étoit bien constaté (a), il y auroit le premier arboré l'étendard de la Foi.

Un fait regardé pendant quelque temps comme incontestable, est la mission de Joseph d'Arimathie dans la Grande Bretagne. Il aborda dit-on, au Port Itius avec ses compagnons vers l'an 62 ou 63. On convient au moins qu'à cette époque il en faisoit la route. Si le témoignage de Guil-

L'An 275.

Cosmogr. l. 2.

Histoire d'Angleter. par R. Thoyras. Hist. des P. Gaspar Mérc en. l. 13. Malbr. L. 2. Actes de Rymer. t. 5. Annal. de Calais.

---

[a] Il n'est pas certain que Simon ait évangélisé l'Afrique & la Bretagne. Sac. 1.° Histor. Eccles. P. N. Alexandri, T. 2, c. 8.

laume Good étoit digne de croyance, il ne s'éleveroit aucun doute sur la vérité de cette mission, attestée d'ailleurs par plusieurs Historiens, mais contestée par Adr. Baillet. Ce Good rapporte avoir vu à Glastown ou Glaston, en Ecosse, une lame de cuivre, attachée sur une Croix de Pierre, détruite sous la Reine Elisabeth; son inscription portoit que Joseph d'Arimathie, 30 ans après la mort du Sauveur, étoit venu dans la Grande Bretagne avec onze de ses Disciples, & que le Roi Arvigare ou Arviragus leur avoit donné douze hydes (a) de terre pour leur subsistance. Il y a remarqué plusieurs monumens de la Religion que l'on y avoit prêchée. L'an 1344, on permit à Jean Blome de fouiller dans l'enceinte du Monastere de Glaston pour découvrir les corps inhumés, sur une révélation qu'il disoit avoir eue sur ce sujet. Il seroit difficile & ennuyeux de réfuter ces témoignages & autres que l'on y joint.

L'on rapporte encore que St. Pierre, persécuté des Romains, se réfugia en Angleterre, & l'on présume qu'il s'embarqua au Port Itius. Dorothée, Prêtre d'Antioche, dit avoir passé dans cette Isle vers l'an 66, & y avoir laissé Aristobule pour continuer ce qu'il avoit commencé. Siméon Métaphraste, & après lui Baronius, sont du même sentiment : mais ce témoignage n'est pas trop recevable ; il est certain que les con-

_____

(a) Une Hyde est un mot Saxon, signifiant la quantité de terre qu'une charrue peut labourer par an.

trées orientales furent le théâtre de l'apostolat de St. Pierre. Enfin des Ecrivains modernes se font imaginés que ce Port avoit eu le bonheur de posséder St. Paul, lorsque délivré de ses liens, il se vit miraculeusement transporté en Espagne, en France & en Angleterre.

L'An 275

Tous ces faits sont étayés sur des conjectures, & des rapports qui pechent par le manque de certitude. En les supposant susceptibles de quelque réalité, il s'en ensuivroit qu'une partie de l'ancien Artois auroit de bonne heure reçu quelques rayons de la Foi, mais trop foibles pour n'avoir pas été bientôt éclipsés. Si toute cette Province étoit restée idolâtre, pourquoi des Empereurs l'auroient-ils comprise dans leurs Edits de proscription? Les fruits qu'elle a recueillis de la mission de St. Martial & de St. Sixte, ont plus de vraisemblance : l'un, premier Evêque de Limoges (a), exerça son apostolat dans l'Aquitaine qui lui avoit été assignée ; mais son zele ne s'y resserra point : il entreprit la Côte Maritime vers le nord, avec l'ancien Artois où il séjourna quelque temps. L'autre, Disciple de St. Pierre, est le premier Archevêque de Rheims. Pendant les dix années qu'il en occupa le Siége, il répandit fort au loin la semence de l'Evangile.

Si nous joignons à ces hommes divins les trois premiers Evêques de Treves, qui instruisirent une

---

[a] Mort sous le regne de Vespasien, vers l'an 72. *P. de Cluni.*

partie des Gaules, on ne doutera plus de la conversion des Atrébates & des Morins. Le premier est St. Eucaire ou Euchaire, nommé à l'Episcopat l'an 88; le second est St Valere, envoyé vers les Tréviriens, n'étant encore que Diacre; le troisieme est St. Materne (a), seulement Sousdiacre dans le même temps. Celui-ci, dont l'Apostolat est incontestable, passa du Siége de Treves à ceux de Cologne & de Tongres, & les remplit tous deux jusqu'à sa mort l'an 128 ou 130. Sur quarante ans qu'il régna, il en passa au moins 34 à évangéliser la Belgique.

Les Missionnaires dont le zele servit encore utilement l'ancien Artois, furent les associés aux travaux de St. Marcel, Evêque de Tongres, à la fin du second siécle. Ils passerent dans la Grande Bretagne sous Eleuthere, Pape depuis l'an 171 jusqu'en 185. Luce (b) étoit un des Rois de cette Isle; sa conversion est de l'an 179, avec une

Chron. des Saints.

[a] Il est prouvé, dit Boucher, l. 5, que ces trois Saints furent envoyés par St. Pierre dans la Belgique, pour y annoncer l'Evangile. L'opinion de l'Hagiographe Bolland & d'autres graves Ecrivains, est que les Sts. Materne & Valere ont tenu leur mission du Prince des Apôtres: mais elle est fortement combattue par d'autres Auteurs qui fixent l'Apostolat du premier au commencement du IVe siécle. Il n'est pas de mon sujet d'entrer dans cette longue discussion. On peut consulter la Dissertation de P. de Marne dans *son Histoire de Namur*.

(b) St. Luce, selon Baillet, est mort vers le commencement du III.^esiécle dans un lieu de l'Angleterre, où l'on a bâti la ville de Gloucester.

LIVRE PREMIER. 149

grande partie de ses sujets. Il s'empressa d'aller visiter les Morins; la bonne odeur de ses vertus & la force de ses exhortations y fit le soutien & la consolation des nouveaux Chrétiens. Aussi les Bretons ont soigneusement conservé le dépôt de la Foi jusqu'au regne de Dioclétien.

L'An 275.

Les progrès de la Religion, quoique toute divine par son origine & sa morale, furent, il est vrai, fort lents, bornés & de peu de durée: elle avoit à lutter contre la rage implacable des Empereurs anti-Chrétiens. Ce que la vertu de la Croix édifioit, la cruauté de leurs Edits le détruisoit. Leurs Officiers étoient chargés dans chaque Province de l'exécution de leurs ordres sanguinaires: ce qui, après le martyre de St. Amanie en 89, a privé de Chef, pendant 200 ans, l'Eglise de Rheims dont il étoit Archevêque.

Cette Religion, fort tolérée sous Antonin, assez libre sous Commode & Pertinax, fut proscrite sous Sept. Sévere pour la 6.ᵉ fois, l'an 197; il lui devint aussi contraire qu'il lui avoit paru favorable, les quatre premieres années de son Empire. Elle respira sous plusieurs de ses successeurs, nommément sous Alexandre. Les qualités excellentes de ce Prince, jointes à la protection singuliere qu'il lui accorda, font regretter qu'il ne l'ait point embrassée lui-même. Les années de tranquillité, dont elle jouit avant & après le regne de Maximin, son 7.ᵉ persécuteur, jusqu'à celui de Dece qui reprit les persécutions, furent employées à renverser les Idoles & à bâtir des

Malbr. l. 2 & 3.
S. Belgii. Chron.
Hist. Eccl. de Gazet.
Chr. des SS.
Hist. Eccl. in-12. ecc. A.
Fleuri t. 1.
Hist. de Cal. l. 4.
Baillet. t. 1.
Bucher. l. 5.

K iij

Eglises en différentes Provinces. Ce dernier, victorieux & successeur de Philippe, déclara aux Chrétiens une des plus sanglantes guerres. La Nature frémit d'horreur au récit des supplices ordonnés dans l'Edit qu'on lui attribue contre eux. Gallus, son successeur, n'en modéra pas la violence : un nombre immense de fideles en furent les glorieuses victimes pendant les 18 mois de son regne. Seroit-il donc étonnant d'avoir vu le Christianisme, assailli par tant de tempêtes, s'affoiblir chez les Atrébates & les Morins, & le culte des Idoles reprendre l'ascendant?

Dieu avoit permis ces persécutions à dessein de cimenter les fondemens de son Eglise du sang des Martyrs. Ceux de ses enfans qui en furent cruellement affligés, en reçurent la récompense au centuple: les autres eurent de temps en temps des consolateurs. Nous touchons maintenant aux siécles où les progrès de l'Evangile nous feront admirer la main toute puissante qui les a dirigés : il en devoit être ainsi, à cause du plus grand acharnement de ses ennemis à les arrêter. L'impiété sauroit-elle jamais prévaloir sur l'empire de Jésus-Christ au point de l'anéantir?

Locrius. St. Denis, assis sur la Chaire de St. Pierre depuis l'an 259, avoit cru qu'il étoit temps de diviser en Paroisses ou Dioceses les Provinces Chrétiennes. Les peuples d'Arras & de Cambrai furent compris dans cette distribution faite en 270. On autorisa des Ouvriers Evangéliques à travailler à la destruction du Paganisme & à ré veiller la Foi endormie des fideles. On les avoit adreſſés à l'Evêque de Paris, pour leur preſcrire le théâtre de leurs travaux. St. Fuſcien fut deſtiné pour les Térouanois; St. Victoric (a) pour les Oromanſaques; St. Lucien pour les Bellovaques; St. Crépin & ſon frere St. Crépinien pour les Sueſſons; St. Piat, St. Chryſeuil ou Chryſole & St. Eugene ou Eubert pour les Nerviens & leurs voiſins; St. Quentin pour les Amiénois; nous joindrons à ce dernier St. Firmin.

La ville de Térouane s'étoit agrandie, peuplée, enrichie, & ſervoit de boulevard à tout le Pays, à l'arrivée de St. Fuſcien & de St. Victoric. Ces deux Romains étoient diſtingués par la nobleſſe de leur extraction; mais ils avoient foulé aux pieds tous les avantages capables de les attacher au monde. Ils s'étoient aguerris dans la ſcience & les vertus de leur vocation, dans un Séminaire de Rome où le St. Pape Sixte II, prédéceſſeur de St. Denis, préparoit un certain nombre de Miſſionnaires. Ils arrivent à leur deſtination. La ſainteté de leurs mœurs & les mortifications de leur vie ſervent de preuves aux vérités qu'ils annoncent ſur les quatre fins dernieres: pluſieurs en ſont pénétrés & ſoupirent après le Baptême. Sur toutes ces entrefaites la ſanté eſt rendu aux malades, l'ouïe aux ſourds, la vue aux aveugles. L'éclat de ces miracles acheve d'amollir les cœurs endurcis. Les Romains, les Indigènes, tous les Prêtres des Ido-

_____
(a) *Victoricus*, Victoric, & non *Victrice*, comme pluſieurs l'ont écrit. Il ſera parlé de ce dernier au IV.e ſiècle.

les élevent leurs murmures contre ces merveilles; mais c'est inutilement : les Ministres sacrés ne cessent ni de parler avec onction ni d'agir efficacement. Ils auroient néanmoins couru les risques d'être maltraités, s'ils n'avoient eu le pouvoir de captiver la bienveillance de la multitude. Enfin les nouveaux convertis projetent de bâtir un Temple au vrai Dieu. On rencontre de l'obstacle dans la grande puissance des Romains qui protégeoient ouvertement le culte de Mars. Fuscien choisit un asile plus sûr au Christianisme & plus propre à la célébration des Mysteres. Un Village, nommé Hellefaut, proche de St. Omer, étoit d'autant plus fréquenté par les voitures qu'il raccourcissoit leur route. On y construisit, l'an 275, sous l'invocation de la Ste. Vierge, dans la même place où se voit aujourd'hui la Paroisse, une Eglise qui passe pour la premiere érigée dans cette partie de la Gaule Belgique. On croit que les deux Apôtres ont établi leur domicile dans une maison avoisinant le cimetiere, maintenant convertie en une Ferme. L'ancien cimetiere étoit à l'autre côté du chemin vis-à-vis l'Eglise : car en y fouillant en 1632, on a découvert un cercueil de plomb; des os réduits en poussiere en ont prouvé l'antiquité.

Bientôt le vaisseau de ce Temple se trouva trop petit pour le nombre des Prosélytes tant de Térouane que des cantons voisins. L'on assure même que les Ménapiens participerent aux salutaires effets de cette mission. Ces Peuples étoient si

LIVRE PREMIER. 153

aveuglés par l'idolâtrie, qu'ils proftituoient leurs hommages jufqu'aux Mûriers. Fufcien, défirant fe prêter à la piété de tout le monde, rompit le pain de la parole dans un champ, qu'on a long-temps nommé *le Champ faint*, & vulgairement *hetlich-velt-oft-lant*.

L'an 275.

Victoric effuyoit à Boulogne les mêmes contradictions pour l'édification d'un Temple. Cette Cité, enorgueillie du féjour des Empereurs, fe révoltoit contre des étrangers qui exaltoient un Dieu qu'elle refufoit de connoître. Cette Eglife fut pourtant érigée hors des fortifications, dans un coin qui fait face à la Ville du côté de la Mer. On y remarque actuellement un petit oratoire fur le chemin de Montreuil, tirant fur la droite; c'eft, dit-on, le monument de la petite Chapelle de St. Victoric, dédiée à la Ste. Vierge. On rapporte que St. Birin (a), premier Evêque de Dorcefter ou Dorfet, y a dit la Meffe vers l'an 635, & que Godefroy de Bouillon, Roi de Jérufalem, l'a enrichie de dons pieux vers l'an 1099. Les Chanoines de Boulogne la vifitent proceffionnellement chaque année.

XIII. Je retourne aux Empereurs. Probe qui avoit été Gouverneur de Térouane, fuccéda aux regnes très-courts de Tacite & de fon frere Florien. Il marcha vers le Rhin, défit les Francs en plufieurs batailles, leur tua plus de 400 mille hom-

L'An 276.
Chron. N.
Carpzei.
Locr.
Malbr. l. 2.
P. Orof. l. 7. &c.

---

[a] Sacré Evêque Régionnaire fous le Pontificat d'Honorius I & mort vers l'an 650.

L'An 276. mes, recouvra 70 grandes Villes (*a*), délivra le Gaulois du brigandage de ces barbares. Bonose son Lieutenant & Gouverneur de la Belgique osa débaucher des Légions & s'y faire proclamer César. Procule usurpoit la même dignité en Germanie. L'Empereur, arrêtant à propos les suites de cette ambition audacieuse, fit pendre ces deux tyrans (*b*) & pacifia ces Provinces. Probe est, dit-on, le premier qui ait permis aux Gaulois de planter des Vignes (*c*). Il ordonna de réparer les chemins, de creuser des canaux, de défricher des bois & des marais. Il fut massacré par ses soldats,
L'An 282. revoltés de ce qu'il les surchargeoit de travail. Sous son regne, les guerres des Allemands, la famine, la peste, les tremblemens de Terre furent les fléaux des Gaules.

[*a*] L'Auteur de l'*Anal. Chr. de l'Hist. Universelle*, compte environ 700 mille hommes qu'il a fait mourir, & près de 600 Villes dont il s'est emparé. Vopiscus, qui a écrit son Histoire, borne ses exploits à 400 mille tués & 600 Villes prises.

[*b*] Les Tyrans étoient ceux que le Sénat Romain n'avoit point reconnus pour Empereurs. Bonose aimoit fort le vin. Probe, voyant son cadavre au gibet, dit: *ce n'est point un homme pendu, c'est une bouteille*. On disoit de ce Bréton d'origine, qu'il *n'étoit pas né pour vivre, mais pour boire* Bel. Rom. Bucherii.

[*c*] Il ne seroit donc pas vrai que Domitien, eût, selon Mézerai, fait arracher les vignes dans les Gaules, mais bien en d'autres Provinces : ce qui avoit occasionné au Philosophe Apollonius de dire, qu'*il avoit châtré la terre*.

Carin, premier fils de l'Empereur A. Carus, ne réprima l'irruption des Francs dans la Belgique qu'il avoit eue en partage, que pour donner à cette Province les regrets de n'avoir pas plié sous la puissance de ces Barbares du nord Cet homme Tyrannique & dissolu périt dans une bataille par la main d'un Tribun dont il avoit séduit la femme.

L'an 282.

L'An 285.

XIV. La Religion Chrétienne avoit joui de plusieurs années de liberté sous l'Empire de Gallien & de Claude II; mais Aurélien, son IX.e persécuteur, l'avoit livrée à toute sa fureur barbare, avant même d'être revêtu de la Pourpre. Sa fin malheureuse en avoit interrompu les suites, l'an 275. Les Gouverneurs & autres officiers Romains continuerent, sous plusieurs Empereurs suivans, de protéger le culte des fausses Divinités; mais la politique leur conseilla la tolérance du Christianisme, à cause de l'irruption dont ils étoient menacés de la part des Francs. En irritant les Chrétiens dont le nombre égaloit déjà celui des Païens, on auroit craint de favoriser le projets des Barbares & d'être trahi de toutes parts. L'indifférence de Carause (*a*) sur les affaires de la Religion fournissoit un autre motif de laisser les Missionnaires tranquilles. Leurs travaux prospérerent encore mieux par la sage conduite de Constance-Chlore, que l'on présume avoir secrétement embrassé le Christianisme. Il employa du moins à son service ceux qui le professoient. Si

Mêmes Aut. qu'en l'An 275. N.º 12.

―――――――――

[*a*] J'en parlerai au N.º suivant.

la guerre n'avoit troublé & devasté la contrée de l'ancien Artois, les fruits de la Mission auroient été beaucoup plus abondans. Cette Religion paroissoit donc s'accréditer, même renaître du sang des Martyrs, lorsque Maximien-Hercules, associé à l'Empire par Dioclétien, se déchaîna contre elle (*a*). Fuscien & ses compagnons avoient évité plusieurs poursuites, soit en remplissant leur ministere en cachette, soit en se conciliant la bienveillance des officiers Romains. Leur réputation étant parvenue aux oreilles de Maximien, il s'en crut aussi accablé que de la plus triste nouvelle. Il menaça les Chrétiens des derniers supplices. Rictiovare, Gouverneur de la Belgique, & son Préfet, fut choisi pour le ministre de ses cruautés.

Cependant Fuscien & Victoric, contristés de la haine affichée contre le Christianisme, prirent la résolution d'aller consulter St. Quentin. Ce fils de Zénon, Sénateur Romain, les avoit précédés dans les Dioceses de Térouane, en y travaillant à la propagation de la Foi : ils le croyoient encore dans celui d'Amiens, dont il étoit véritablement l'Apôtre. Arrivés au Château de cette Ville, ils apprirent que leur Coopérateur en étoit sorti depuis plusieurs jours. S'imaginant qu'il s'occupoit à l'instruction des gens de la campagne, ils enfilerent le chemin du petit village de Sama, appellé aujourd'hui *St. Fuscien-aux-Bois*. Ils firent

_____
(*a*) Deux ans avant cette association, commence l'Ere de Dioclétien ou des Martyrs.

rencontre de Gentien. Ce veillard, encore plus vénérable par sa conversion que par ses années, leur dit que St. Quentin avoit récemment, dans la ville d'Auguste, capitale du Vermandois, cueilli la palme du Martyre, après les supplices les plus inouïs, & que son corps avoit été jeté dans la Somme (a) par ordre de Rictiovare.

L'An 286.

L'An 287.

Ce Tyran, après avoir assouvi sa rage chez les Vermandois, se transporta chez les Amiénois: le bruit s'étoit répandu que les deux Apôtres s'y tenoient cachés & que Gentien leur accordoit l'hospitalité. Ils furent découverts & garrotés. L'indignation du vieillard s'arma contre ce barbare procédé. Quoique affaissé sous le poids des années, il lui restoit assez de force pour tenter de les délivrer, même au péril de sa vie. Son épée auroit percé le meurtrier de tant d'innocens, si des officiers Romains n'en eussent suspendu le coup. *Gentien*, s'écria Rictiovare, *quelle fureur t'agite? elle ne sied guere à ton âge décrépit.* Mon état, répondit ce vieillard, *est préférable à ce naturel féroce qui te porte à te baigner dans le sang des Chrétiens. Ces membres sont animés de la vertu de Jesus-Christ: plein de son amour, je méprise tes menaces & ta cruauté.* Le sanguinaire Inquisiteur eut honte de se voir insulté par la fermeté de Gentien; autant pour l'en punir que pour inti-

---

[a] Son corps fut retiré de cette Riviere au bout de 55 ans, & enterré par Ste. Eusebie sur une Montagne qui, avec le faubourg & l'Eglise, est enfermée dans l'enceinte de la ville, nommée St. Quentin depuis cet événement.

L'An 287.

mider les défenseurs du nom Chrétien, il ordonna de lui trancher la tête. Le front serein, avec lequel il présenta son cou, s'est conservé après la mort, comme l'image d'une ame joyeuse d'avoir répandu son sang pour l'héritage de son Divin Maître. Son corps repose à l'Abbaye de Corbie, depuis la fin du IX.e siécle.

Rictiovare essaya ensuite d'ébranler le courage de Fuscien & de Victoric par la présence d'une machine, nommée Belier à cause de ses pointes en forme de cornes. Inébranlables dans la Foi, ils furent livrés à tout ce que l'inhumanité peut inventer de plus affreux. N'en étant pas assez satisfait, il leur décocha lui-même une fleche dont le coup ne fut pas mortel (a). Enfin on les décapita, pour la consommation de leur martyre, 42 jours après St. Quentin (b). On raconte que ces glorieux athletes ont, avec leur tête entre les mains, marché vers le logis de Gentien, en présence de toute l'assemblée étonnée d'une si rare merveille.

(a) Ce qui a occasionné ce Dystique dans une Hymne que l'on avoit coutume de chanter à Térouane.

Corripiens tunc tela manu Mavortia Præses,
Transfodit Sanctos, nec tamen inde necat.

(b) Les Historiens ne sont pas d'accord sur l'année de leur martyre : les uns la placent entre 296 & 305 ; d'autres parmi lesquels le Nain de Tillemont, entre 282 & 286 ; Malbrancq la fixe à 302, & Locre à 303. Nous avons adopté le sentiment de ceux qui sont pour l'an 287. Les corps de ces trois Saints que l'on avoit cachés, furent trouvés dans l'Amiénois, l'an 555.

LIVRE PREMIER.

St. Piat, né en Italie, au territoire de Benevent, est regardé pour le premier Catéchiste & Évêque de Tournai. Il convertit chez les Nerviens 30 mille hommes, outre les femmes & les enfans. Il fut cruellement martyrisé durant la Xe. persécution, & enterré à Seclin, à deux lieues de Lille. Son corps y fut trouvé par St. Éloi; on l'a transféré à Chartres lors de la persécution des Normans, mais une partie en a été reportée à Seclin (*a*).

L'An 287.
F. Vinchant.
J. Cousin.
l. 1.
Gall. Xtiana. t. 3.

Quelque temps après, Chryseuil ou Chrysole, que l'on fait descendre des Rois d'Arménie, obtint aussi la Courone du Martyre à Verlinghem, proche d'Armentiere. (*b*). Des Triumvirs, revêtus à Tournai de l'autorité de Préfet du Prétoire, présiderent à ces deux dernieres tragédies. Le Corps de ce Saint, que l'on fait Archevêque des Arméniens, repose dans l'Église de St. Donatien à Bruges; on le voyoit autrefois à Comines(*c*).

─────────────────

[*a*] Où St. Eloi à fondé pour 20 Chanoines une Collégiale, dotée par le Roi Dagobert.

(*b*) Buzelin, *l. 1.* & d'autres fixent sa mort à l'an 303; il dit qu'on voyoit, dans l'ancien Lectionnaire du Chapitre de Lens, qu'une belle fontaine sortit du sein de la terre, après qu'il eut la tête tranchée; on y a recours pour se guérir de la fiévre.

(*c*) Ce Village de Flandre a été rendu célébre par Philippe de Comines, qui en étoit Seigneur. Jean Despautere, savant Grammairien, natif de Ninove, dans la Flandre Autrichienne, y est mort en 1520. Adrien Hecquet, Carme d'Arras, a mis ce distique sur sa tombe:

Hic jacet unoculus, visu præstantior Argo,

Le Diocèse de Beauvais fut le théâtre des missions de St. Lucien; mais il ne put suffire à son zele. Cet ardent Missionnaire, dit Corrozet, poussa ses Conquêtes dans la Normandie & convertit la ville de Baïeux. Après avoir été battu à coups de verges, on lui coupa la tête (*a*), à une petite lieue de Beauvais, dans un endroit vulgairement appelé *Momille*; c'est maintenant un Village. Son martyre fut précédé de celui des Sts. Maxien & Julien, ses compagnons. La translation de leurs corps se fit à Bauvais le 1 Mai 1261, en présence du Roi St. Louis, du Roi de Navarre & autres Princes.

L'an 287.

L'an 288.

Breviar. Bellov.

St. Eugene ou Eubert, Evêque, étoit un des compagnons de St. Piat. Ce noble Romain avoit été, comme lui, envoyé aux Tournaisiens; mais il n'obtint pas les honneurs du Martyre: il décéda à Seclin, l'année qui suivit la mort de St. Piat. Son corps est à la Collégiale de Lille depuis les guerres des Normans.

Je n'omettrai pas ce qui concerne St. Firmin premier Évêque d'Amiens, parce que l'on croit que

―――――

Flandrica quem Ninive protulit, at Caruit.
Ou bien, *Nomen Joannes cui Ninivita fuit.*
Locr. & Bibl. Belgica.

La Collégiale de St. Pierre de Comines reconnoît pour Fondateur, depuis l'an 1146, Baudouin, Seigneur de ce lieu, qui passe aujourd'hui pour Ville.

(*a*) L'an 288, selon quelques Ecrivains; deux ans plus tard selon d'autres.

que les habitans de Boulogne, Montreuil & Térouane ont participé aux fruits de son Apostolat. D'ailleurs la Morinie n'auroit-elle pas droit de réclamer ce Saint & les autres ci-dessus, à l'exception de St. Lucien ? c'est donc un motif de les faire connoitre. Firmin devoit le jour à Firme, Sénateur de Pampelune, Capitale du Royaume de Navarre. L'Évêque de Toulouse, l'ayant élevé à l'Épiscopat, l'envoya exercer dans les Provinces le zele qui le devoroit. En passant par Angers, il enleva au paganisme plusieurs de ses disciples. Arrivé à Beauvais, il y fut très-maltraité & long-temps emprisonné. Amiens s'applaudit ensuite de le posséder. Il y gagna, en peu de jours, trois mille ames à Jesus-Christ. Mais bientôt Rictiovare le fit, la nuit, décapiter en prison (a), afin de prévenir une émeute populaire. Le Sénateur Faustinien, son bienfaicteur & son associé aux travaux évangéliques, acheta son corps des soldats & prit le soin de l'inhumer dans un cimetiere où il resta jusqu'à sa translation.

L'impunité ne favorisa point la rage industrieuse de Rictiovare : il fut attaqué d'une douleur d'entrailles si aiguë, que l'on jugea par ses cris combien ses souffrances étoient insupportables. Etant devenu le Ministre d'une autre sanglante boucherie, on le vit réduit à accélérer lui-même le

_____
(a) Des Historiens placent son martyre quelques années après 287 ; d'autres, à l'an 303. La Châsse qui renferme son corps, est de l'an 1229.

Tom. I   L

châtiment de la Justice Divine. Deux nobles freres, venus de Rome, nommés Crépin & Crépinien, avoient prêché à Soissons les vérités évangéliques ; tandis qu'ils les y scelloient de leur sang (a), une goutte de plomb lui rejaillit dans les yeux & les brûla. La douleur qu'il en ressentit, le mit dans une telle colere, qu'il se précipita dans le feu.

XV. Dioclétien (b), accablé du fardeau de l'Empire qui menaçoit ruine de tous côtés, l'avoit partagé l'an 286, avec son ami Maximien-Hercule. C'est le premier qui ait imaginé cette association qui prouve l'affoiblissement de son Gouvernement dans la Morinie : car les Gaules étoient comprises dans les Provinces que Maximien avoit reçues en partage. Tout y étoit en combustion. Une troupe de paysans & de voleurs, sous le nom de *Bagaudes*, mettoit à feu & à sang tout ce qui se rencontroit sur leur passage. Outre cela les ports de l'Océan, infestés de Pirates, subissoient les loix injustes du plus fort. Maximien s'étoit chargé de réprimer ces brigands, ainsi que

―――――――――――――――――

(a) St. Eloi fit retirer leurs corps de la Grotte, lieu de leur sépulture, peu de temps avant leur translation, à laquelle présidoit Anseri, Evêque de Soissons, l'an 648.

[b] Dioclétien, selon Eutrope, est le premier Empereur qui ait affecté le faste de la Royauté. Il a prétendu être adoré, & il est mort de rage & de misere, l'an 313. Le scélerat Maximien avoit été réduit, trois ans auparavant, à s'étrangler. Ce fut lui qui massacra, l'an 286, toute une légion Chrétienne, commandée par St. Maurice. *N. Camuzat*.

les peuples de Germanie, qui affamoient la Belgique & les contrées voisines. On avoit fait injonction à Carause, résident à Boulogne, d'attaquer les Francs qui, conjointement avec les Saxons, désoloient les côtes maritimes. Ce Ménapien d'origine, avoit été dans sa jeunesse Pilote chez les Bataves où il avoit exercé avantageusement ses dispositions industrieuses. La supériorité de son génie & son habileté à manier les esprits, effaçoient l'obscurité de sa naissance. Il équippe une flotte à Boulogne, va se poster entre cette Ville & la Grande Bretagne, afin de nétoyer la mer & les côtes ; il attaque les vaisseaux ennemis, les défait avec tant de succès, qu'on lui attribue la gloire d'avoir anéanti l'engeance des Corsaires.

Carause étoit trop jaloux de ses propres intérêts pour s'occuper uniquement de ceux du Prince & de la Patrie. Il s'étoit rendu odieux par des menées sourdes & des concussions criantes. On l'accusa de péculat. Maximien, qui tenoit sa Cour à Treves, ordonne secrétement d'assassiner ce perfide. Celui-ci, voyant sa perte jurée, corrompt par ses largesses ceux qui avoient servi sous lui, se déclare Chef des rebelles, fait voile pour l'Angleterre avec la flotte qu'on lui avoit confiée pour la défense des Gaules. Cette Isle dépendoit encore des Romains : après avoir débauché les troupes qui étoient à leur solde, il la soumit à sa Puissance. Il s'y fit reconnoître Empereur l'an 287 & s'y retrancha. On le vit ensuite piller &

dévaster les côtes de la Morinie, enlever Boulogne, Térouane, Arras & autres Places; il fortifia le port de la premiere de ces Villes. Il lui étoit conséquemment libre d'y aborder & de s'y assurer une retraite. L'Empereur étoit étonné des forces & des progrès de cet ennemi. Il estima avec raison qu'il étoit de la prudence de lui offrir un traité d'accommodement. Carause y consentit, trop charmé de l'autorité de porter légitimement le Sceptre dans les Pays qu'il avoit usurpés. Il mit Boulogne sur un pied plus respectable qu'on ne l'avoit vu jusqu'alors. Ayant choisi sa résidence en Angleterre, il y jouit de la Puissance royale jusqu'à sa mort. Alecte, Commandant général de ses troupes, l'assassina au bout d'un regne de quelques années, prit le titre d'Auguste & se déclara l'ennemi des Romains. On remarquera ici combien les forces de l'Empire s'énervoient, puisqu'il étoit incapable de dompter des sujets révoltés. Sa prochaine décadence se manifestoit depuis l'an 292, par la division qui s'en étoit faite pour la premiere fois entre deux Augustes, Dioclétien & Maximien-Hercule, & entre deux Césars, Constance-Chlore & Galere.

Les Gaules, l'Espagne & l'Angleterre composoient le lot de Constance. Ce fut vers le même temps que Dioclétien l'obligea de répudier Ste. Hélene, sa femme légitime, pour épouser Théodore, belle-fille de ce Maximien. Cette lâche condescendance paroit inalliable avec l'éloge que l'on fait de son courage & de ses vertus. Sa clémence avoit éclaté pendant l'usurpation de Carause : il cherchoit à expulser ce tyran de la Morinie, avec une armée nombreuse & une flotte considérable. On avoit inopinément assiégé Boulogne & bouché son Port par une digue faite d'arbres, de rochers & de fascines. Bloqués sans ressource, les Rebelles s'étoient rendus à composition ; il leur avoit pardonné. Ce n'est qu'après la défaite & la mort d'Alecte que Constance a reconquis la Grande Bretagne, selon le vœu de ses habitans. Accompagnés de leurs femmes & de leurs enfans, ils s'empresserent à lui en témoigner leur joie. Son regne fut doux & favorable au Christianisme. Comme il tenoit ordinairement sa Cour à Boulogne, dont il augmenta la splendeur, il garantit des fureurs de Dioclétien, les prosélytes du Christianisme, répandus dans toute cette Contrée. Une mort précipitée l'enleva à Yorck, après n'avoir pas régné 15 mois, en qualité d'Auguste ; elle fut précédée de la nomination de son fils aîné Constantin pour lui succéder.

L'An 294.

L'An 300.

L'An 300.

Ce Prince, surnommé Constantin *Le Grand* ; est reconnu pour le premier Empereur Chrétien (*a*). Son regne commença sous les auspices les plus favorables. Toutes les Gaules s'applaudissoient

[*a*] Baronius & Crombach, pensent qu'Alexandre Sévere s'est rendu Chrétien, après la conversion de sa mere Julie : mais il a mêlé le culte de Jesus-Christ avec celui des faux Dieux.

L'An 313. de l'avoir pour maître. Les Francs ayant tenté d'y rentrer, il s'achemina vers le Rhin. Ils furent étonnés de sa préfence. Il feignit de se retirer, les attira avec leur butin dans une embufcade, les enveloppa de toutes parts & leur tua beaucoup de monde. Deux de leurs petits Rois, nommés Afcaric & Ragaife, furent pris, traînés ignominieufement de Ville en Ville & condamnés aux bêtes féroces. Cette cruauté & d'autres horreurs impardonnables indignerent les Peuples de Germanie contre ce vainqueur. Leur armée renforcée reparut fur les bords du Rhin. Cette guerre, qui dura plufieurs années, ne fe termina que par leur impuiffance de continuer leurs brigandages, tant leurs pertes avoient été multipliées. L'Artois, habité en partie par les Francs & autres nations, fut protégé fous cet Empereur. Parmi les Villes de la Belgique que l'on avoit foumifes, celle de Térouane s'étoit rendue fans fe défendre. Elle cédoit la fupériorité à celle de Boulogne, à caufe du féjour que plufieurs Empereurs, notamment Conftantin, avoient fait dans cette derniere. Ce Prince mourut âgé de 63

L'An 337. ans, après un regne le plus long depuis Augufte. Il domina feul après la mort du perfécuteur Maximien ou Maximin & du tyran Maxence (*a*). Il avoit, avant de mourir, reçu le Baptême avec de grands fentimens de foi & de confiance. Les Grecs & les Mofcovites l'honorent comme faint

---

(*a*) Noyé dans le Tibre en 312. Val. Maximien mourut peu de temps après.

Sa loi pour sanctifier le Dimanche, est du 6 Mars 321.

XVI. On sait quelle humiliation S.te Hélene avoit injustement essuyée de son lâche mari Constance-Chlore. Sa disgrace donne matiere à une question impossible à résoudre jusqu'à la démonstration, savoir quel fut le lieu de sa retraite.

Cette mere du Grand Constantin étoit née, selon Nicéphore & les Grecs, à Drépane, bourg de Bithinie, environ l'an 247 (*a*). Selon les uns, elle descendoit de Coël, Rois des Anglois; selon d'autres plus croyables, sa naissance est fort obscure: mais elle en avoit été amplement dédommagée par les charmes de sa figure & de son esprit, par sa piété & son zele pour les choses Saintes. Aussi fit-elle bâtir beaucoup d'Eglises dans les Gaules. L'Histoire nous cache quel fut son sort; du moins elle en parle énigmatiquement, depuis sa répudiation jusqu'au temps où son fils a joui seul de tout l'Empire: car alors il la rappella à sa Cour & lui rendit les honneurs qu'elle méritoit. Ce ne peut donc être que dans l'intervalle écoulé entre les années 292 & 313 environ, qu'elle seroit venue se fixer dans un lieu baigné par la Canche, avec l'espérance d'y passer des jours tranquilles. Malbrancq (*b*) croit qu'elle construisit, sur les bords de cette

___

[*a*] Elle est morte âgée de 80 ans dans les bras de son fils, & selon Théophanes, l'an 326.

[*b*] Ad Quantiam Morinorum tranquilliùs dabatur perfu-

riviere, un magnifique Château qui d'abord porta son nom, ainsi que le Village, & que ce nom se changea par la suite en celui d'Hesdin. L'origine de cette Ville, reconnue telle, sans soupçon de partialité, par cet Historien, par Fauchet, Savaron, le pere Sirmon, l'Abbé Dubos & plusieurs autres, réclame notre opinion & l'entraîne d'autant plus aisément, que les raisons du contraire n'ont pas autant de vraisemblance.

Nous ignorons, il est vrai, la place où ce château fut bâti, & si ses ruines servirent, dans le XI.e siécle, à asseoir celui de Baudouin *de Mons*, Comte de Flandre : mais nous savons que le Grand Constantin étoit à Boulogne en 292, qu'il y séjourna volontiers un certain temps, en différens voyages (*a*); ce que nous envisageons comme un attrait pour sa mere d'avoir choisi sa retraite dans une campagne peu éloignée de cette Ville.

Thévet veut que cette Ville ait été fondée par Caribert ou Chérébert, Roi de Paris en 561; mais il n'ajoute rien de plus convaincant. Ce Prince, dont le regne ne dura qu'environ six ans, ne paroit avoir eu ni le temps ni l'occasion de s'occuper de la construction d'Hesdin. D'ailleurs son domaine ne s'étendoit pas sur cette contrée.

L'An 337.

Cosmogr. l. 12.

―――――

gium. Illic Castellum egregium ediflose in ripa condidit Helena, accedente ad marginem utrumque vico, quæ ejus nomen Helenum induere, postmodum in Hedenum & Hesdinum tempora commutarunt. *De Morinis l. 2. c. 15.*

(*b*) Ce Prince vint encore à Boulogne l'an 306, trouver Constance Chlore son pere. *Art de vérifier les dates.*

XVII. Conſtantin *le jeune*, fils ainé du célebre Empereur de ce nom, avoit été apanagé de la Principanté des Gaules, de l'Angleterre & de l'Eſpagne. Il ſignala les prémices de ſon regne par ſon amour pour la Religion. La guerre qu'il eut avec ſes deux freres Conſtance & Conſtant, fut d'autant plus malheureuſe qu'elle lui coûta la vie près d'Aquilée, n'ayant gouverné que trois ans. Son frere Jules-Conſtant lui ſuccéda dans ſes trois Etats. Les Francs, vaincus par cet Empereur, demanderent la paix, & ſe retirerent dans la Belgique qui reprit ſa tranquillité. *L'An 337. L'An 340. L'An 341.*

La confiance aveugle qu'il avoit donnée au Comte Magnence, Germain d'origine, expoſa l'ancien Artois à de nouvelles déprédations, à des cruautés inouies. Ce perfide, après s'être fait à Autun reconnoitre Empereur par ſa faction, conſpira contre les jours de ſon Souverain, alors âgé de 30 ans, le fit pourſuivre & maſſacrer à l'extrémité des Gaules; puis il uſurpa le titre d'Auguſte. Le ſpectacle agréable que ce traitre ſe faiſoit des malheurs des Citoyens, l'avoit rendu des plus odieux. St. Ambroiſe lui a donné les épithetes les plus flétriſſantes. *L'An 350.*

Conſtance tourna ſes armes contre le meurtrier de ſon frere & le défit dans les Gaules. Le tyran vaincu, dans la crainte d'être pris, ſe paſſa à Lyon l'épée au travers du corps (*a*). Par cet événement, l'Empire Romain, qui avoit été partagé en-

[*a*] Son frere Décentius, Céſar, à qui il avoit donné les Gaules à gouverner, ſe pendit de déſeſpoir l'an 372.

tre les trois héritiers de Constantin, fut derechef réuni sous l'autorité d'un seul.

L'An 353.

Constance, débarrassé de son rival, auroit dû vivre tranquille & heureux; mais la prospérité le rendit inique & sanguinaire. Egaré par la rage de son ressentiment, il ordonna les plus exactes perquisitions pour découvrir les complices de Magnence. Le seul soupçon de l'avoir été, coûtoit la vie & la privation des biens. La Belgique se revit donc malheureuse sous ce Prince. A la vue de ses Etats menacés d'invasion, il créa Julien, César & Gouverneur des Gaules. Ce fils de Jules-Constance, frere du Grand Constantin, est fameux dans l'histoire par son apostasie, par le mélange singulier de ses bonnes & mauvaises qualités. Il joignoit à de rares talens militaires un grand fonds de politique & de dissimulation. Toute sa conduite prouve qu'il n'avoit que des vertus d'emprunt, & que le mal lui paroissoit un bien, dès qu'il servoit à ses projets d'ambition. Les Gaules, dont on lui avoit confié l'administration, l'estimerent à son arrivée comme leur Ange tutélaire. Il les délivra en effet des incursions des Barbares. Ce qui mit le sceau à son habileté dans les armes, fut cette journée du bas Rhin où le Roi Chnodomaire ou Chonodemar succomba prisonnier. Le fruit de ses victoires influa sur l'Artois qui devint l'ornement des Gaules par la fertilité de ses campagnes & la richesse de son commerce. L'attention de Julien se porta à la diminution des tailles (a) & autres contributions.

L'An 355.

L'An 357.

_____
(a) Il y avoit une taxe reelle sur les terres, nommée

La défense signifiée aux Receveurs des deniers Royaux, de procéder avec trop de sévérité, acheva de lui concilier l'estime & l'amour des Gaulois.

L'An 357.

La conduite de son beau-frere Constance lui causoit de l'ombrage. Etant à Lutece, aujourd'hui Paris, il s'appropria adroitement la dignité d'Auguste. On l'éleva sur un pavois, & faute de diademe, on lui orna la tête d'un collier d'or. Maître absolu des Gaules par sa révolte, il prit le ton d'un Souverain : Constance se disposoit à l'humilier, lorsqu'une fiévre chaude l'enleva, étant infecté de l'Arianisme. Julien passa aussitôt en Orient où il fut proclamé Empereur, comme il l'étoit dans l'Occident. Il joua le Philosophe & affecta de rendre les prémices de son regne, agréables au peuple, en lui remettant la cinquieme partie des impôts, en colorant toutes ses actions d'une apparence excellente. Mais bientôt se manifesta son naturel perverti par des Philosophes anti-Chrétiens. Son déchainement contre la Religion n'a fini qu'avec sa vie. Les sciences dont il s'étoit d'abord déclaré le protecteur, furent proscrites sur la fin de son Empire. Il avoit interdit, sous des prétextes frivoles, l'enseignement de la Grammaire, de la Philosophie & de la Médecine (a).

L'An 359. Fauch. i. 2.

L'An 361.

L'An 363.

Jugeratio, & une taxe personnelle sur chaque chef de famille, nommé *Capitatio*.

[a] On pouvoit dire alors avec Grégoire de Tours, *prif. ve diebus nostris, quia periit studium litterarum à nobis.*

L'An 364. Le regne de Valentinien I, successeur de Jovien, offre quelques événemens particuliers à l'Artois. L'Histoire dit qu'il créa des défenseurs du peuple, élus dans chaque Ville par leurs concitoyens. Elle ajoute qu'Amiens passoit alors pour une des Villes les plus considérables de la Morinie, que ce Prince y étant tombé dangereusement malade, déclara Auguste, son fils Gratien,

L'An 366.

L'An 367. âgé d'environ huit ans, puis Gouverneur des Gaules, qu'il s'embarqua à Boulogne pour l'Angleterre, dans la vue d'y réprimer les incursions des Pictes & des Ecossois. En passant chez les Atrébates & les Nerviens, il releva leurs cœurs abatus, rétablit plusieurs de leurs Villes & de leurs Forts, ruinés depuis peu, remit des ponts sur leurs Rivieres, y renversa les Idoles du Paganisme & accorda toute liberté à la propagation de la foi Catholique.

L'An 373. Il s'est passé dans la Morinie un événement qui a taché le beau regne de cet Empereur. Les Saxons inquiétoient la côte de ce Pays. Un jour que chargés de butin, ils retournoient à leurs vaisseaux, des garnisons Romaines les enferment entre la Mer & Térouane ; ils capitulent & obtiennent la paix, à des conditions très-favorables au vainqueur. Tandis qu'on les conduit hors du canton, Sévere, Commandant en chef des Romains, les fait, malgré la foi du traité, massacrer dans une embuscade. Cette perfidie barbare resta impunie.

A. Mar. Bellic. XVIII. Plusieurs Empereurs, aveuglés par leur affection pour les Idoles ou égarés par des maximes politiques, avoient cru nécessaire, l'intolérance du Christianisme. Les dommages que lui avoient causés neuf persécutions, étoient innombrables; Dioclétien séduit par les conseils artificieux de Valere-Maximien, y mit le comble. C'est heureusement le dernier persécuteur. On vit sous son empire les Eglises démolies, les Livres saints brûlés, les Chrétiens poursuivis par toute la terre, les moindres d'entre eux, vendus comme esclaves, & les plus distingués, exposés à des infamies publiques. Dans un seul mois, on en compta au moins dix-sept mille martyrisés. On rapporte que les eaux de la Moselle furent teintes de leur sang & que cette Riviere leur servit de sépulture. Cette violente fureur dépeupla le monde de héros évangéliques & replongea la seconde Belgique dans l'idolàtrie (a). Ses habitans étoient entraînés dans ce malheur par la crainte de perdre la vie, leurs biens, leurs emplois, leurs privileges, par la grossiereté de leurs inclinations, par toutes les foiblesses humaines, & surtout par la privation des moyens capables de les soutenir dans la Foi. D'ailleurs ils avoient à combattre contre l'incursion des barbares & la corruption de leurs mœurs. Ils trouverent la fin de ces souffrances dans l'indifférence de Cons-

L'An 373.
Buch. L.
11.
Molan.
Maltr. I.
2.
Buzel. t. 2.
A. de Raisse. Belg. Christ.
M. l'Hermite.
Meyer.
Gazet.
Ann. &
Hist. de Cal.
Hist. Ecclés. &c.

―――――――――――

(a) La plupart des peuples de Boulogne & de Térouane, étoient retombés dans l'idolàtrie, après les prédications de St. Firmin, St. Victoric & St. Quentin. *D. Calmet,* t. 6, *de l'Histoire Universelle.*

tance-Chlore à l'égard de notre Religion. Loin de nuire à ceux qui la professoient, cet Empereur les préféroit pour être les gardiens de sa personne, les confidens de ses secrets & les objets de ses faveurs.

Ce ne fut qu'à l'avènement de Constantin à l'Empire, l'an 306, que les progrès du Christianisme accrurent dans les Gaules, malgré les obstacles qui restoient à surmonter: car Licinius & Val. Maximien étoient ses ennemis redoutables. Le premier usage que ce grand Empereur fit, selon Lactance, de son autorité, fut le rétablissement de la Religion. Ses divers Edits en permirent l'exercice public, rappelerent les Chrétiens condamnés aux mines & ordonnerent la restitution de leurs biens confisqués, avec ceux des Eglises. Un zele si éclatant ne resta point sans récompense: ce Prince eut le bonheur de s'instruire & d'être compris au nombre des enfans de Jesus-Christ. Après la mort de Licinius en 324, il s'appliqua plus singulierement à combattre l'idolâtrie; les Temples en furent fermés ou cédés aux Catholiques. De nouveaux Apôtres prêcherent la Croix & la planterent dans les cœurs humbles & dociles. Sous le gouvernement des trois fils de Constantin, la Religion se ressentit des nouveaux troubles qui affligeoient l'Empire. Le sophiste Julien ne feignit de la protéger que pour parvenir à la détruire avec plus d'artifice (a).

(a) Christianam Religionem arte potius quàm potestate infestatus, ut negaretur fides Christi, & Idolorum cultus susciperetur, honoribus magis provocare, quàm tormentis cogere studuit. *P. Oros. L. 7. c. 30.*

Ammien nous apprend qu'il adoroit secrétement les Dieux, & que la nuit il rendoit des hommages à Mercure. S'il a réellement cru en Jesus-Christ, il l'aura donc renié pour la Pourpre Impériale : car à peine en fut-il revêtu, qu'il développa toute la malice de son esprit & de son cœur. Dans la nouvelle guerre suscitée aux Chrétiens, ils les dépouilla de leurs pensions. Il chassa de son Palais ceux qu'il n'avoit pu séduire par des insinuations, par des caresses, par des honneurs dont il combloit les Apostats. Il ordonna la réparation des Temples idolâtres & la pratique impure de leur culte. On rapporte à ces malheureuses circonstances la restitution faite au paganisme d'un de ces Temples à Térouane & d'un autre à Boulogne. Il vouloit que les Chrétiens fussent par la suite appelés *Gauléens*. Il s'étoit disposé à lancer un Edit accablant contre eux, lorsque la terre fut délivrée de ce monstre l'an 363, elle trouva son salut, selon la remarque de St. Grégoire de Nazianze, son condisciple, dans le coup de fleche mortel qu'il reçut, à l'âge de 31 ans, dans un combat contre les Perses. Le rappel des Evêques anti-Ariens, exilés par Constance, est moins un trait de son amour pour la vérité Catholique, qu'un trait de sa perfide politique ou de sa haine pour cet Empereur.

Jovien, dont le regne ne dura point huit mois, rendit la paix à la Religion. Il avoit eu la vertu de refuser l'Empire pour ne pas commander à des soldats idolâtres ; il ne l'accepta que sur leur protestation qu'ils étoient Chrétiens. On ne tarda plus à revoir les Temples des Idoles fermés, leurs sacrifices interdits & les Prélats rappelés de leur exil. Valentinien I avoit été trop occupé du succès de ses armes, pour s'intéresser à une Religion que la mort prématurée de Jovien avoit plongée dans le deuil. L'Arianisme corrompit le cœur du superstitieux Valens, & le rendit cruel jusqu'à sa fin malheureuse. Le zélé Gratien avoit foudroyé les faux Dieux. Ce Prince accompli eut le malheur, à l'âge de 24 ans, de succomber sous les armes du tyran Maxime. St. Ambroise regarde cette mort, occasionnée par la trahison des soldats, comme celle d'un Martyr. Son frere Valentinien II, prit de bonne heure des impressions salutaires, dont sa mort funeste & arrivée trop tôt empêcha les effets. Théodose *Le Grand* avoit, après son Baptême, déclaré la guerre à l'Hérésie. Le Christianisme continua de prospérer après sa mort & celle de ses successeurs; les loix portées en sa faveur, furent confirmées; on en ajouta même de nouvelles.

Telles furent les variations que le Christianisme subit dans le IVe. Siécle. Il s'est néanmoins conservé au milieu des violentes tempêtes dont il étoit battu. Si les flots des persécutions ont menacé de le submerger, Dieu l'avoit ainsi permis, soit pour manifester plus visiblement les triomphes de sa Toute-Puissance; soit pour éprouver la foi courageuse de ses enfans & la récompenser. Durant les crises les plus effrayantes, sa charité,

rité, toujours compatissante à nos afflictions, leur procura des consolateurs ; nous en comptons plusieurs, envoyés particulierement au secours des Atrébates & des Morins, savoir St. Martin, St. Victrice, St. Diogene, St. Patrice & St. Maxime : ce qui forme la seconde époque de la conversion de ces peuples.

L'An 373.

St. Martin, fils d'un Capitaine de Cavalerie, se vit forcé à prendre le parti des armes. Après son Baptême reçu l'an 334 à Arras ou à Térouane, il quitta le service des Césars pour celui de Jesus-Christ. Il parcourut les Gaules, les instruisit, les édifia par ses exemples, les étonna par ses miracles. Etant devenu exorciste de l'Église de Poitier, il fut publiquement maltraité & chassé par les Ariens, d'abord de la Pannonie, sa Patrie, puis de la ville de Milan. Élevé malgré lui sur le Siége Épiscopal de Tours, il le gouverna 29 ans, c'est-à-dire, jusqu'à sa mort l'an 400. Ce Fondateur de l'Abbaye de Marmoutier est considéré comme un des Apôtres de l'Artois, parce que cette Province fut le théâtre de ses premiers travaux.

La Morinie donna, vers l'an 330, le jour à St. Victrice. Après une partie de sa jeunesse, passée dans les Armées Impériales, il se rangea sous les Drapeaux de Jesus-Christ. Ses prédications suivirent de près ce changement d'état. Il s'acquit la plus grande vénération chez les Artésiens & les Nerviens, en ranimant les étincelles presque éteintes de leur Foi. Il avoit été envoyé par St.

Vivant, Archévêque de Rheims, chez ces peuples qui le posséderent quelques années. Il leur érigea plusieurs Temples, même dans des lieux inhabités qui servoient de repaire aux voleurs. On rapporte qu'il vécut en solitaire au village de Wizernes, proche de St. Omer, & qu'il y bâtit le Monastere d'Ulter (*a*). L'Église de Rouen, dont il occupa le Siége Épiscopal durant 23 ans, lui est redevable de l'état florissant qui la distinguoit parmi les Gaules. Il fut martyrisé sous Julien. Il ne surmonta les tourmens de ses bourreaux que par une faveur spéciale du Ciel qui l'avoit conservé pour le Salut des ames. St. Paulin l'appelle un *Martyr vivant*. Sa vie fut prolongée jusqu'en l'année 408, après avoir travaillé à la conversion de la Belgique jusqu'à l'arrivée des Vandales.

St. Victrice avoit eu St. Diogene pour contemporain. Ce Grec de nation avoit porté les armes sous Julien. Après y avoir renoncé pour se dévouer au Service de Dieu, il reçut du Pape St. Sirice sa mission pour les Gaules. Sacré, selon plusieurs opinions, Évêque des Atrébates (*b*), il s'étudia courageusement à convertir ces peuples & ceux de Cambrai. Entre les Eglises construites par ses soins, on en reconnoit une dans la Cité d'Arras, en l'honneur de la Ste. Vierge, & une autre à Cambrai de l'an 399. Les Vanda-

---

(*a*) *Ulter* est pris ici pour marquer sa situation au delà de l'Aa qui passe à Wisernes.

(*b*) Voyez l'art. qui précédera le 1.er Evêque d'Arras.

les, fauteurs outrés de l'Arianifme, en ruinerent la premiere avant l'arrivée de St. Vaaft. Ce fut dans ce même Temple que ces barbares couperent la tête à St. Diogene l'an 407. Les maux qu'ils ont caufés au Chriftianifme, n'ont duré guere moins de cent ans.

L'An 375.

St. Patrice fignala, vers le même temps, fon amour pour la Religion. Cet Écoffois étoit originaire d'une ville nommée aujourd'hui Dunbritton. Après fa captivité en Irlande, il paffa dans le Pays Armorique l'an 398, avec fon pere & fa mere qu'il eut le malheur de perdre dans ce voyage. Ayant été ordonné Prêtre douze ans après, il retourna en Irlande, fe rendit en Provence où il s'enferma pendant neuf ans dans le Monaftere de Lérins (*a*), fous la difcipline de St. Honorat, fon Fondateur. Il partit enfuite pour Rome, repaffa en Irlande pour y remplir fa miffion autorifée par les Papes Céleftin I & Sixte III. Cette Ifle idolâtre en retira de fi grands fruits qu'on l'a nommée *l'Ifle des Saints*. Caffé de vielleffe, de fatigues, de mortifications, il décéda en 460. Son corps enterré à Downe, dans la Province d'Ulfter, fut retrouvé l'an 1185. Quoique l'Irlande l'ait adopté pour fon Apôtre & fon Primat, il n'a pas moins réveillé la Foi des Artéfiens (*b*). Il les a encore préfervés des erreurs

---

[*a*] Ce Monaftere, fondé l'an 409, étoit le Séminaire des Evêques de plufieurs Provinces de France & d'Italie.

(*b*) Il a, felon l'Hiftorien de Calais, féjourné près de trois ans dans la Morinie.

M ij

du Pélagianisme, qui s'étoient glissées de la Grande de Bretagne jusques dans leur Pays. En un mot s'il ne fut point leur Évêque, il en exerça utilement les fonctions chez eux.

Un Village proche de Riez, dans la Gaule Cisalpine, fut le berceau de St. Maxime. La force de son esprit répondoit à celle de son corps. Ses conversations, ses lectures, toutes ses pensées avoient Dieu pour objet. Il embrassa la vie solitaire dans le Monastere de Lérins; ses hautes vertus l'en firent choisir le second Abbé. Peu de temps après, ou l'an 433, il fut, malgré son humilité, promu à l'Épiscopat. Il y avoit près de 27 ans qu'il sanctifioit ses Diocésains de Riez, lors qu'accompagné du Diacre Valere & du Sousdiacre Rustique, il traversa une grande partie de la France, s'arrêtant à Treves, Rheims & Arras. Parvenu à Térouane, une inspiration divine lui conseilla d'y borner ses courses Apostoliques. Il y érigea, en l'honneur de la Ste. Vierge & de l'Apôtre St. André, un Oratoire, au village de Vimes, à trois lieues de cette Ville. Il y décéda en 460, après avoir évangélisé les Morins pendant huit ans & trois mois. Il fut, selon ses desirs, inhumé par le Clergé de Térouane. De grands miracles l'ont illustré avant & après sa mort. Son corps porté à Boulogne, y resta jusqu'en 954; ayant été transféré à Térouane par l'Evêque Vicfrede, on l'y conserva jusqu'à la démolition de cette Ville. Ce fut à cette époque que l'on envoya sa Châsse à Ipres. Son Chef que les Boulonois avoient autrefois séparé frauduleusement du tronc, en fut retiré pour repofer à St. Omer; ils ont gardé un de fes bras.

Malbrancq dit que ce Saint quitta furtivement les Morins, comme fi la confcience lui avoit reproché d'abandonner fon troupeau, qu'il leur laiffa Ruftique alors Archidiacre, qu'il retourna à Riez où fa préfence excita la piété d'un grand nombre de perfonnes, qu'il y termina fa carriere le 5 des Calendes de Décembre 480, que fon corps fut tranfporté dans la Morinie pour être recélé à Vimes dans le fein de la terre, parce que Riez étoit en proie à la fureur des Normans, qu'il y fut découvert par une faveur divine, & que fa Châffe, avant que l'on en fit l'oftenfion en 1164, étoit cachée à Montreuil depuis quelque temps. Meyer ajoute qu'en 1083, les habitans de Térouane, alarmés des injuftices de Robert I, Comte de Flandre, fauverent fon corps à Boulogne & que les Boulonois profiterent de cette circonftance pour en retenir le Chef, qu'ils reftituerent 50 ans après, c'eft-à-dire, l'an 1134.

Tous ces rapports, fi l'on en excepte l'enlevement & la reftitution du Chef, ne font point conformes aux miens, tirés du Lectionnaire du Diocefe de St. Omer.

XIX. Tandis que l'Evangile éclairoit de nouveau les Artéfiens, l'ambition aveugloit de plus en plus leurs Souverains. Ceux-là s'occupoient des moyens du Salut; ceux-ci tendoient à leur perte, en continuant de fe frayer un chemin à l'Empire ou de s'en assurer la possession par les voies les plus injustes. Ce mélange d'Empereurs, tant légitimes qu'usurpateurs, plus souvent mauvais que bons, formoit une foible chaine dont les anneaux se détachoient insensiblement ; ceux qui s'en séparoient, figuroient autant de Provinces qu'on leur enlevoit, & disposoient la chaine forte & plus durable de l'Empire François.

Après la mort subite de Valentinien I, son jeune fils Gratien hérita l'Empire d'occident. Valens, frere du premier, régnoit dans l'orient. Ce dernier ayant péri dans une bataille contre les Gots, l'autre occupa les deux Empires. Il éleva aux premieres charges le Poëte Ausone qu'il avoit eu pour précepteur. La profession des gens de Lettres étoit dans ce temps-là singulierement considérée. Ce que Julien avoit détruit par rapport aux instructions de la jeunesse, fut rétabli par Gratien ; il assigna aux Maitres des appointemens sur son épargne. Il méritoit le sort le plus heureux : les intrigues ambitieuses de Maxime causerent son malheur. Ce Général de l'armée Romaine, qui se disoit parent de S.te Hélene, vantoit les services essentiels qu'il avoit rendus à l'Etat. Il ne vit qu'avec indignation la préférence que Théodose *le Grand* avoit remportée sur lui dans l'association à l'Empire. Ayant été pré-

L'An 373.

L'An 375. [a].

L'An 378. Puch. l. 11 & 12. Méz. l. 3. Oros. Hist. Ecclés. Hist. de Tournai, de Cal. &c.

L'An 379.

___

[a] La difficulté de lier sans confusion la Chronologie de la conversion des Artésiens avec celle des faits politiques, l'a fait suspendre à la marge, j'en reprens ici le fil.

posé au Gouvernement des ports de la Morinie, *L'An 379.*
il passa en Angleterre avec dessein de l'eriger en
Royaume. Il eut l'adresse d'y débaucher les soldats & de s'emparer de la Couronne Impériale.
Il rentra en Artois, prit les villes de Térouane, *L'An 383.*
d'Arras, de Valenciennes & de Tournai. Les Légions mécontentes de leur Empereur légitime,
le reconnurent en sa place. Cet usurpateur fut
attaqué. Le jeune Gratien eut deux fois la douleur de voir la défection de ses troupes. Il prit
la fuite, fut arrêté à Lyon & indignement massacré par les ordres de ce tyran. Ce Prince réunissoit les titres de Philosophe, de Législateur,
de grand Capitaine, de sage Empereur, de bienfaicteur des Gaules & de zélé protecteur du Christianisme. Il avoit remis à ses sujets le restant des
anciens impôts.

Théodose auroit sur le champ vengé le meurtre d'un Prince à qui il devoit son élévation,
s'il n'eût consulté que son ressentiment : il aima
mieux temporiser. Maxime, souverain des Gaules,
de l'Espagne & de l'Angleterre, tenoit sa Cour à
Treves. Il étoit né trop remuant pour se borner
à la conservation de ses Etats envahis. Avide
d'arracher l'Empire d'Occident à Valentinien II,
frere de Gratien, il imagina des prétextes de lui
déclarer la guerre. Théodose profita de cette favorable occasion de punir le tyran. Il réunit tou- *L'An 387.*
tes ses forces, le trompa par une feinte, le défit
complétement, le poursuivit, le fit prisonnier
dans Aquilée. Amené pieds nus & mains liées,

L'An 387. il fut dégradé de sa Dignité. Il alloit lui accorder la vie, lorsque des Soldats lui couperent la tête. Son fils Victor, qui avoit été créé César, *L'An 388.* fut condamné à périr aussi. Sur ces entrefaites la paix revint en Artois ; mais la durée en fut courte. Les Francs (*a*) tenterent de pousser leurs conquêtes dans la Belgique. Nanienus & Quintinus Gouverneurs pour les Romains, s'étant alliés avec les Nerviens & les Artésiens, chasserent ces Barbares jusqu'au delà du Rhin.

L'An 392. La rebellion se réveilla d'un autre côté. Quatre ans après le rétablissement de Valentinien II dans ses Etats, le Comte Arbogaste qui avoit surpris sa confiance, se révolta & le fit étrangler ; il osa le remplacer par son ami Eugene, barbare de la lie du peuple, mais joignant beaucoup de *L'An 394.* savoir à beaucoup de hardiesse. Théodose remporta une victoire signalée sur ces deux traitres. Eugene fut exécuté par les soldats. Arbogaste s'étoit sauvé dans les montagnes ; honteux de sa défaite & craignant d'être pris, il se perça les *L'An 395.* flancs de deux coups de poignard. L'année sui-

(*a*) Les Francs, selon Cluvier, originaires de Germanie, sont ainsi appellés, parce qu'ils se sont affranchis du joug Romain. Des Historiens trouvent leur dénomination dans leur férocité, *Franci à ferocitate*. Leurs épaules étoient couvertes d'un manteau de cuir, étroit & court, & dessous, étoit une chemise d'étamine ou de haire. Ils portoient des culottes & des bas de toile, une épée à leur baudrier, un bouclier pendant au côté, & une hache à deux tranchans dans la main. *Voyez la figure d'un Franc, à* de l'*Hist. de Tournai*.

vante, la mort termina les jours glorieux de Théodofe, protecteur des Savans. Jamais le peuple n'avoit été moins chargé d'impôts que fous fon regne.

L'An 395.

XX. Nous touchons à l'époque de la divifion de l'Empire Romain en orient & en occident; la ruine en avoit été préparée par les révoltes fréquentes des tyrans, par les trahifons & les meurtres que l'on commettoit pour s'arracher la Pourpre, & par le débordement des Barbares. Théodofe, le dernier qui ait poffédé cet Empire en entier, avoit laiffé deux fils; Honorius qui hérita l'occident, & Arcade qui régna dans l'orient. Celui-ci, qui étoit l'ainé, eut, pour precepteur, Arfene, Diacre de l'Eglife Romaine. Stilicon fut inftitué tuteur de l'autre, dont il eut l'art de captiver l'efprit. Ce Comte devoit le jour à la nation perfide des Vandales. Comme fils d'un Capitaine de Cavalerie, il portoit les armes depuis fa tendre jeuneffe. Une ambition démefurée, jointe à de rares talens, l'avoit élevé au grade de Général & de Miniftre favori. Sa femme Sérene étoit niéce de Théodofe. Il fut envoyé dans les Gaules, ravagées par les Francs. Son habileté à pourvoir à la défenfe des Provinces, contraignit les ennemis à fe retirer & à demander la paix. Enflé de fes victoires, il conçut le deffein de détrôner Honorius, fon gendre, & de fubftituer Eucher à fa place. C'étoit fon fils & il l'avoit nourri dans l'idolâtrie, afin de lui concilier l'affection des Païens. Il follicita,

Paul Émile. Buch. l. B. Malb. l. 2. Fauchet. Dutoj. Hift. Eccléf. de Fro de Tourn. de Cal. &c. Waftel.

L'An 406.

à force d'argent & de promesses, les Vandales (*a*), les Suéves (*b*), les Alains (*c*) & autres nations à se jeter sur les Gaules dont il conservoit le Gouvernement général. Les richesses & les ressources des Romains servirent à armer contre eux leurs propres ennemis. Cette troupe de Brigands passe le Rhin vers Maïence malgré l'opposition courageuse des Francs, pénetre par divisions dans les Gaules, entre triomphante dans Treves, descend en Artois, saccage cette Province (*d*) & s'en empare. St. Jérôme dit que Rheims, Amiens, Arras, Térouane & autres Villes de la seconde Belgique furent ruinées & transportées des Romains aux Germains. Tous les Officiers & leurs soldats que Rome soudoyoit, furent enlevés ou massacrés. Le sanctuaire même fut souillé de la brutalité de ces Peuples idolâtres

L'An 406.

Ep. ad Agr.

[*a*] Les Vandales sortoient de la mer Baltique & couroient d'un pays à l'autre. Le principal mérite des Barbares consistoit à se bien battre à l'épée.

(*b*) Les Suéves étoient originaires de la Souabe, en Germanie. Voyez les figures de ces peuples dans *l'Hist. de Tournai*. l. 1. c. 35.

[*c*] Les Alains, nés dans les déserts de la Scythie, avoient pour toute habitation des chariots. Ils regardoient comme heureux, celui qui avoit été tué à la guerre. Leur épée nue, fichée dans la terre, étoit respectée comme le Dieu Mars. *Itinér. de Rutil. & Ammien.*

(*d*) Fr. Baudouin, dans sa *Chronique d'Artois*, a fixé à l'an 411, l'irruption des Vandales dans les Pays-Bas, & leur séjour au Pont-à-Vendin, qu'il croit avoir été nommé ainsi de leur nom : cette date me semble un prochronisme.

ou Ariens. Ceux que le fer & le feu avoient *L'an 406.*
épargnés, devinrent la proie de la famine, de la
peste & des bêtes féroces. On n'imagine guere
comment cette fourmiliere de Barbares, si différens par l'Esprit, les mœurs, les inclinations
& la Religion, ait pu se concerter avec tant d'intelligence & réussir dans leur projet. Mais le terme
fatal étoit arrivé, où les Romains devoient être
punis d'avoir arrosé leur sceptre du sang des nations étrangeres. On va voir que l'Italie elle-
même a subi le même sort. *Rome*, dit Rutilius,
étoit captive avant d'être prise.

Les Barbares avoient exercé les mêmes fureurs
dans l'Afrique & l'Espagne: nous n'apprenons pas
que la Grande Bretagne ait eu à s'en plaindre;
mais elle fut exposée à une autre révolution. Plusieurs tyrans s'en étant disputé les Provinces, le
Gouverneur pour les Romains en fut chassé ou
tué. Constantin, qui avoit été simple soldat, y *L'An 407.*
fut salué Empereur, après le regne court & malheureux de deux autres usurpateurs. On avoit regardé son nom comme un augure favorable pour
son élection. Ce nouveau Souverain passa de ses
Etats dans les Gaules, s'y fit reconnoître, augmenta ses forces, pénétra dans la Morinie, reprit Boulogne sur les Barbares, fortifia cette
Ville, y établit son séjour, se concilia la bienveillance des armées Romaines & des Peuples,
se maintint dans ses conquêtes malgré les efforts
d'Honorius, y inquiéta les Barbares, les força à
desirer la paix ou à évacuer le Pays.

L'An 408.

Honorius avoit, quoi qu'un peu tard, ouvert les yeux sur les menées secretes de Stilicon. Indigné de ses trahisons, il avoit juré sa perte & celle de ses adhérens. Il périt en effet par l'échafaud (*a*). Il répudia ensuite sa fille Thermancie, sa seconde femme. Telle fut la fin de ce factieux qui, dans la vue de décorer un enfant de la Pourpre, avoit prodigué le sang humain. Eucher qui

L'An 410.

s'étoit enfui à Rome, fut mis à mort, ainsi que sa mere, lors de la prise de cette Ville (*b*); Alaric à qui l'Empereur avoit refusé le commandement de ses armées, y porta le carnage & la ruine. Mais ce Roi des Gots (*c*), engraissé des dépouilles des nations vaincues, fut frappé de mort subite, la même année.

La prudence conseilla à Constantin d'envoyer des Ambassadeurs à Honorius. Ils prétexterent que les soldats avoient obligé leur maitre de prendre la Pourpre d'occident, qu'il avoit malgré lui

---

(*a*) La même année que mourut Arcade, Prince indolent & voluptueux; il fut remplacé par son fils Théodose II, Auteur du *Code Théodosien*, en 438.

(*b*) Ce fut pendant ce sac que la maison de l'Historien Saluste fut brûlée. *Buch. l. 13. c. 8.*

(*c*) Leur ancienne origine étoit la Scandinavie, aujourd'hui la Suéde & la Norvege. Ces Gots, traitres & cruels, étoient armés de héaumes ou morions, de boucliers longs & larges, de javelots & d'une pique garnie de crochets. *Voyez la figure d'un Got dans l'Hist. de Tournai, l. 1.* Les Visigots étoient les Gots occidentaux, & les Ostrogots, les Gots orientaux. *Ost*, en langue Tudesque, signifie Orient. *Procop. & Chron. Belgicum.*

cédé à leurs inſtances & qu'il ſollicitoit l'alliance de l'Empire : cette démarche lui valut l'honneur d'être adopté pour Collegue. On lui déféra encore le Conſulat des Gaules. Honorius néanmoins ne put, malgré la foi du traité, étouffer ſon reſſentiment, juſqu'à pardonner à un tyran qui avoit fait périr des perſonnes de ſa famille. Conſtant, ſon fils ainé, que l'on avoit, depuis deux ans, retiré d'un Monaſtere pour le créer Auguſte, fut enveloppé dans cet eſprit de vengeance.

L'An 410.

L'An 411.

Les Gaulois, mécontens d'Honorius, avoient mis Jovin en ſa place. C'étoit un noble & grand Capitaine de leur nation. Il avoit été proclamé Empereur à Maïence par les intrigues de Goar, Roi des Alains, & de Gondicaire, chef & premier Roi des Bourguignons, dans le temps que Conſtantin étoit aſſiégé à Arles. Ce dernier ſe depouilla des ornemens Impériaux & ſe fit ordonner Prêtre; Honorius le fit égorger malgré ſa promeſſe de lui accorder la vie. Jovin aſſocia à l'Empire ſon frere Sébaſtien; mais ils ne jouirent pas long-temps de cette dignité. Le premier ſe mit à la tête d'une armée compoſée de Francs, de Bourguignons, d'Allemands (*a*) & d'Alains. Après s'être emparé des Provinces Germaniques, il fut fait priſonnier par Ataulfe, livré à Honorius & mis à mort. Sébaſtien perdit auſſi la vie. Jovin paſſe pour avoir réparé les Villes de la Belgique, nommé-

L'An 412.

─────────
[*c*] Ainſi appellés de ces mots *All S. Man*, ſignifiant tout homme, parce que leur nation eſt compoſée de toutes ſortes de gens. *Hiſt. Francica*, *Aut. Buſſieres*, *l. 1.*

ment celle de Treves. Trois ans après, Ataulfe, beau-frere & successeur d'Alaric, fut assassiné avec ses six enfans. Après tant de révolutions successives, l'ancien Artois qui avoit subi diverses dominations, sortit bientôt de celle des Romains, par l'association bien affermie des peuples Armoriques. Tout avoit, depuis quelques années, invité ces derniers à secouer le joug, la foiblesse de l'Empire, les incursions des Barbares, l'exemple récent de la Grande Bretagne. Excités par ces motifs, ils chasserent, dit Zozime, les Officiers de l'Empereur, se mirent en liberté, établirent dans leur Patrie une forme de Gouvernement Républicain. Le succès qu'eut ce soulevement, seconda le projet des Francs-Saliens qui demeuroient au delà du Rhin : s'étant joints par pelotons nombreux & sans bruit aux Toxandrois, ils se rendirent maitres du Pays que nous appelons maintenant Flandre. Honorius (a), accablé de toutes parts, appréhendoit d'employer d'inutiles efforts pour les repousser. C'étoit un Prince mou, pusillanime, trop lent à se venger, même dans les conjonctures les plus pressantes. Il fut assez lâche pour composer avec eux. Son incapacité de soutenir l'Empire, en sapa les fondemens. Pharamond, fils de Marcomir, étoit à la tête de ces usurpateurs. Las de changer souvent de maitres, ils résolurent de fonder une nouvelle Monarchie

_L'An 415._

Zoz. l. 6.

_L'An 418._

(a) Mort en 423, sans enfans. Il fut remplacé par Valentinien III, dont nous parlerons à l'année 455.

qui, par son ancienneté & sa splendeur, est devenue la premiere de l'Europe. Ils choisirent, dans la Tongrie Belgique, ce chef pour leur Roi. Il fut élevé sur leurs pavois ou boucliers, selon l'ancienne inauguration. On ne sauroit fixer au juste l'année que ces Francs (*a*) s'établirent dans les Gaules & s'y créérent un Souverain qui régna sur une partie de la France: ce double événement, dont la véritable époque est particuliere à l'histoire de France, a dû se passér entre les années 418 & 420. On ignore encore l'antiquité de la race de Pharamond, le nombre de ses exploits, le nom de son épouse, le temps de sa mort & le lieu de sa sépulture. Il n'est presque connu que par son nom, tant sa vie fut obscure.

L'An 418.

L'An 420.

XXI. On donne deux fils à Pharamond, Clodion son Successeur, & Clenus dont le sort reste inconnu. Les Romains continuoient d'être Maîtres de l'Artois où tout étoit tranquille, tandis que Pharamond songeoit à affermir le Royaume des Francs sur les ruines de l'Empire. Il s'occupoit vraisemblablement à établir des Loix pour ses nouveaux Sujets; il passe pour Auteur de celle qu'on nomme Salique & dont l'un des 71 articles exclut les femmes de la succession à la Couronne.

Clodion, surnommé *le Chevelu*, étoit à peine sur le Trône qu'il fut attaqué & battu par Aëtius.

L'An 427 ou 428.

___

(*a*) Ces Francs commenceront, sous Mérovée, à porter le nom de François.

192 Histoire Générale d'Artois.

Marginalia:
L'An 427 ou 428.
Turon.
Balder. l. 1.
Dupleix.
Gregor.
Meyer.
Wassebourg.
Malbr. l. 2.
Buzel. t. 2.
Hist. Ecclés. de France &c.
L'An 432.

Ce Général des Romains & Gouverneur des Gaules étoit un homme actif, vigoureux, vainqueur de ses passions, habile à lancer le javelot, intrépide dans les dangers, infatigable à la guerre, joignant à ses talens militaires des qualités où brilloit son désintéressement. C'étoit le rempart de l'Empire contre les Barbares. La prudence lui conseilla de faire sa paix avec les Francs : elle le rendoit plus fort contre Théodoric & les Gots. Il avoit reconquis la partie des Gaules, voisine du Rhin. Ces Provinces étoient alors partagées en plusieurs dominations, savoir celle des Romains qui étoit affoiblie, celles des Bretons, des Visigots & des Francs. Ces derniers tâchoient de s'y étendre de plus en plus.

La durée de cette paix fut courte. Le courage de Clodion, après son échec, ne s'étoit point ralenti. Jaloux d'assujettir la seconde Belgique & de s'y établir, il envoya des espions à la découverte des ennemis. Ayant eu avis de leur éloignement, il ravagea la Thuringe, y prit un Château appelé Disparg (a), passa sur le ventre aux Romains qui gardoient les passages, entra dans la forêt Charbonniere, surprit Tongres, Tournai, Cambrai, se glissa furtivement par Arras dans le

L'An 435. [b].

___

(a) *Dispargum*, en latin. Des Historiens pensent que c'étoit Dieste, sur le Démer, dans les limites de l'ancienne cité de Tongres.

[b] L'an 445, selon Sigebert, le P. Sirmond & le P. Petau, & l'an 437 selon d'autres.

le pays des Morins; il pouſſa ſes conquêtes juſ-qu'à la Somme (*a*). Il apprit que toute la Nobleſſe des côtes maritimes s'étoit aſſemblée à Heſdin pour y célébrer les noces d'un grand Seigneur de ſon armée; il devoit y épouſer une femme qualifiée, que Dupleix croit avoir été une priſonniere d'une rare beauté : il s'y rendit avec l'intention de ſe concilier l'affection de tout le monde. On l'y accueillit fort reſpectueuſement; ainſi que Flandberd ou Flambert, ſon neveu, qu'il avoit mené avec lui.

Aëtius, qui s'étoit réconcilié avec les Barbares, fut informé de cette arrivée; il marcha de nouveau contre ſon ennemi par le pays des Atrébates. Ses mouvemens ſe paſſoient à petit bruit & le but en étoit ignoré. Il étoit accompagné du jeune Majorien (*b*), dont le pere avoit été conſtamment ſon ami. Les Francs déſarmés & pris à l'improviſte, n'ont pas le temps de ſe mettre en bataille. Il paſſe les premieres gardes au fil de l'épée, fond ſur toute l'aſſemblée, enleve la mariée dans ſon chariot avec tous les préparatifs de la

---

(*a*) R. de Waiſebourg veut que Clodion ait ſoumis Térouane & toutes les terres ſituées entre Cambrai & Boulogne, & généralement tout le pays des Farmatiſiens, *Fanomarienſis pagus*, préſentement dits Ennuïers, & juſqu'à la riviere de Somme. Les Romains qui habitoient alors Cambrai, profeſſoient, ſelon Balderic, la Religion Romaine.

(*b*) Majorien fut élevé à l'Empire d'occident en 457, & tué en 461, par ordre du traitre Ricimer, après avoir été dépoſé de l'Empire.

Tom. I.   N

fête, massacre du monde, poursuit chaudement les fuyards & les contraint d'évacuer la Gaule Belgique. Elle rentra sous le joug des Romains. Clodion s'étoit hâté de repasser le Rhin. Des Ecrivains ont prétendu que cette attaque s'étoit bornée à l'enlevement d'un quartier & de quelques prisonniers : cette opinion est combattue par la pluralité des témoignages contraires.

La principale question est de savoir quelle route tint Aëtius pour aller attaquer Clodion. On convient généralement que cette expédition eut lieu dans le pays des Atrébates. Le passage du savant & pieux Sidoine Apollinaire (a), florissant au Ve siécle, conséquemment Historien contemporain, indique que ce Général arriva par des sentiers étroits & qu'il passa une riviere sur un pont. Il seroit difficile de connoître ces défilés, tant le local est défiguré depuis cet événement, par le rasement des montagnes, par le défrichement des bois & des marais, & peut-être par le changement du lit des rivieres. Le pont de la riviere forme une autre difficulté : mais, selon l'opinion de plusieurs Ecrivains, le camp de Clodion étoit assis le long de la Canche qui traverse le village de St. George, très-proche du vieil Hesdin. Voilà

---

[a] Atrebatum terras pervaserat. Hic coeuntes
Claudebant angusta vias, arcuque subactum
Vicum Helenam, flumenque simul sub tramite longo
Arctus suppositis trabibus transmiserat agger,
Illic reposito pugnabat ponte sub ipso
Majorianus Eques.

l'obstacle qu'il falloit surmonter dans ce lieu, avant de pouvoir forcer ce Roi au delà de la rive. Savaron, Dupleix, les PP. Sirmond, Pétau & Buzelin, Vinchant & son éditeur Ruteau, l'Abbé Dubos, &c. prétendent que ce coup de main s'exécuta dans le Bourg-Hélene ou vieux Hesdin. Les sentimens en faveur d'Houdain, peu éloigné de Lens, & surtout ceux qui penchent pour cette Ville, m'ont paru avoir moins de probabilité.

L'An 435.

Aëtius, énorgueilli de son brillant avantage, s'étoit flatté d'avoir ruiné les projets de Clodion; mais il avoit pour ennemis, des gens actifs, adroits, intrépides. Cette considération jointe à l'invasion d'Attila dans les Gaules, le détermina à la paix. De deux maux, il évitoit le pire. On ne connoît pas les conditions de ce Traité. On sait qu'il permit aux Francs de rester paisibles dans les Provinces qu'ils avoient conquises, à conditions de porter les armes dans les armées Romaines. Flandbert fut établi par Clodion, Gouverneur sur la côte maritime de la Belgique, de façon qu'un libre passage restoit ouvert à ses sujets, tant par mer que par terre. Ce neveu étoit fils de sa sœur Bélinde ou Blésinde & de Vallia, usurpateur du Royaume des Visigots. Il le maria avec Théodore, fille de Goldner ou Godemar, Duc des Cimbres & des Ruthéniens. Ce Roi fut inhumé à Cambrai où le Siége de son Empire avoit [a]

L'An 451.

___

[a] Décédé l'an 551 selon de Serres & autres, mais quelques années plutôt selon des Historiens.

L'année qui commençoit chez les Romains le 1.er Jan-

196 HISTOIRE GÉNÉRALE D'ARTOIS.

L'An 451. été transféré. Mérovée lui succéda. Les uns l'ont pris pour son fils, soit naturel soit légitime, d'autres pour son gendre, d'autres seulement pour son proche parent. L'origine de ce Prince est un problême. Il a laissé son nom à la premiere race de nos Rois, dite Mérovingienne.

vier, commença sous les Mérovingiens le 1.er Mars, jour de la revue des troupes, depuis l'an 447, jusqu'en 882.

LIVRE SECOND.

SOMMAIRE.

I. *Mœurs & usages des Atrébates & des Morins.* II. *Leur constitution physique, avec une idée de leur climat & de ses influences.* III. *Leur caractere.* IV. *Leurs habillemens.* V. *Leur langue.* VI. *Leur commerce.* VII. *Leurs monnoies.* VIII. *Leurs armes offensives & défensives, leurs uniformes & machines de guerre.* IX. *Leur Culte païen avec ses Prêtres.*

I. Chaque Nation a ses mœurs & ses usages propres ; leurs nuances plus ou moins sensibles, y distinguent une Province d'avec une autre. Quand les mœurs & les habitudes, bonnes ou mauvaises, d'un Pays particulier nous sont inconnues, la regle pour en juger est d'examiner celles de leurs voisins (*a*). On imite naturellement les Peuples avec lesquels on a coutume de communiquer. Telle sera quelquefois notre boussole dans les descriptions suivantes.

César parle des mœurs & des usages des Gaulois & des Belges, sans spécifier les Atrébates &

L'an 451.
Comm. de Cés. l. 2, 4 *& 6.*
A moin. Cluver. l. 1. Fauch. l. 1. Dupl. l. 1. Belles. l. 1. Meyer. l. 1. Hist. de Cal. l. 1.

(*a*) J'ai remarqué, dans les *Mémoires pour l'Histoire de Vermandois*, qu'il y avoit, du temps des Gaulois, une uniformité d'opinions & de mœurs, entre les peuples du Vermandois & de l'Artois.

les Morins. Il les dépeint, ainsi que Strabon, Caffien, &c. tels qu'ils étoient il y a dix-huit siécles. On sent bien le changement qui s'eſt opéré dans toutes les Nations depuis la plus haute antiquité juſqu'à nos jours. Les anciens Artéſiens, encore endormis dans les ténèbres de l'idolâtrie, ſe livroient à des ſuperſtitions groſſieres, ſans culte fixe, ſans loix, ſans diſcipline. L'amour de la liberté, l'indépendance & le brigandage étoient leurs Idoles. Guidés par d'injuſtes opinions dans leurs démêlés, ils repouſſoient les injures & la violence par la force. Ils devenoient ſanguinaires à l'égard de ceux qui vouloient leur préſenter le joug (a). En un mot ils reſſembloient, non à des Tribus un peu policées, mais à une horde de ſauvages. Les Romains, en les ſubjugant, les ont tirés de cet état d'abrutiſſement.

J'ai dit, au 1.er Livre, que ces Peuples avoient de mauvaiſes cabanes pour habitation. Les Nobles les bâtiſſoient vaſtes & rondes, préférablement dans les bois ou proche des rivieres, afin de ſe procurer avec plus de facilité les plaiſirs de la chaſſe & de la pêche, ou d'avoir plus de fraicheur dans les grandes chaleurs. L'uſage des cheminées n'étoit point connu dans ces temps-là. On ſe chauffoit autour d'un foyer rond, placé au

---

(a) Voici, ſur les Morins, deux Vers dont l'Auteur eſt fort ancien :

Gens fera ſunt Morini, & ſunt intractabile vulgus ;
Ferre jugum renuunt, mutantur & omnia mutant.

Leurs mœurs ſont bien dépouillées de cette rudeſſe qui les rendoit intraitables, indociles & inconſtans.

milieu de la chambre. Malgré les fatigues de la journée & la grossiereté des alimens qu'ils cherchoient dans les marécages & les forêts, ils dormoient sur la dure ou à terre, avec leurs habits, y étendant un peu de paille en forme de litiere, ou bien la peau de quelque animal sauvage : car le linge étoit peu commun chez eux. Ils ne connoissoient aucune des commodités & des douceurs de la vie. Outre leurs mépris pour la somptuosité des ameublemens, l'étroit nécessaire pour la nourriture leur suffisoit. Ils ne se glorifioient que d'être braves à la guerre & laborieux durant la paix. Si un homme du siécle de César reparoissoit sur la terre, lequel s'étonneroit avec plus de raison, lui, de nos mœurs efféminées, & nous, de leurs mœurs grossieres ? ce changement offriroit les deux excès. Ils engraissoient beaucoup de porcs, autant pour leur commerce (*a*) que pour leur usage. Naturellement carnassiers, ils aimoient mieux les viandes bouillies que rôties. Ils mangeoient peu de pain & beaucoup de laitage. Ils prenoient leurs repas, étant assis devant une table. Il s'en trouvoit à qui un faisceau d'herbes ou de peaux servoit de siége. La coutume d'être sur des lits ou des tapisseries pendant les repas, ne fut point adoptée par toutes les Provinces. Les Gaulois idolâtres sont accusés de gourmandise, d'ivrognerie, d'arrogance, de perfidie, des

_____

(*a*) On a conservé à St. Omer & surtout à Aire, cette branche fructueuse de commerce. Il s'y tue beaucoup de porcs dont on envoie le lard jusques dans les pays étrangers.

L'An 451.

crimes les plus honteux. Dans les festins, le convive le plus distingué par sa naissance ou ses exploits, occupoit la place du milieu, comme la plus honorable ; le maitre du logis remplissoit la seconde. Leur vaisselle étoit originairement de terre ou de bois ; l'usage de celle de cuivre & d'argent leur venoit des Romains. Ils avoient pour gobelets, des cornes de bœuf sauvage ou des crânes humains : delà cette expression barbare, dite aux ennemis que l'on menaçoit de tuer : *Je boirai dans ton crâne* (a). C'étoit, en plusieurs Contrées des Gaules, honorer la mémoire de ses proches & de ses amis, que de dessécher leurs crânes, de les garnir d'or ou d'argent, & de s'en servir au lieu de verre. Ils buvoient de la biere, nommé Cervoise (b) par les Gaulois. L'Artois a conservé l'usage de cette boisson Celtique. Les Leçons de St. Vaast, 5.e jour de l'Octave, nous apprennent que des vases étoient remplis de biere dans le festin donné au Roi Lothaire & aux Grands par le noble François Ocin. Les Gauloises

---

(a) Alboin, 1.er Roi des Lombards, au 6.e siècle, avoit pour coupe ordinaire, le crâne de Gunimond, Roi des Gépides, qu'il avoit tué dans un combat. Les Disciples de Jean de la Barriere, réformateur de l'Ordre de Citeaux, se servoient par mortification de crânes humains au lieu de tasses.

(b) En latin, *cervisia seu zithum* ; son usage a contribué aux richesses des Provinces d'Artois & de Flandre : un des effets du luxe est d'y avoir introduit celui du Vin, aujourd'hui fort commun. Il y a cent ans que nos plus riches Maisons n'en buvoient qu'au dessert & avec moderation.

en employoient le jet ou la levure à se laver le visage. Les Germains, les Nerviens, les Belges en général avoient interdit le Vin dans leurs Pays, ainsi que d'autres choses capables de provoquer à la luxure & d'efféminer le courage. On ne permettoit qu'aux riches de tirer des Vins d'Italie & de Provence. Le peuple avoit encore pour boisson, de l'hydromel & d'autres liqueurs composées avec des fruits. La Basterne (*a*), *Basterna*, ordinairement portée par des esclaves, mais dans un long trajet par des mulets ou des chevaux, étoit une espece de litiere à l'usage des riches de la Belgique. Le peuple se servoit de chariots. On y voyoit d'autres voitures communes, appelées *Kair*, d'où est dérivé Char. Beaucoup de nos Villageois prononcent encore *Car*. C'étoit un cas punissable que d'interrompre ceux qui parloient dans les assemblées. A la troisieme fois, le Sergent qui avoit déjà fait signe de se taire, coupoit au parleur une si grande piéce de son habit, qu'il ne pouvoit plus s'en servir.

Un pere se déterminant à marier sa fille, donnoit un festin à tous ses amis. Celui qui recevoit la coupe de l'amante, obtenoit la préférence de sa main. Dans un autre canton, le rival couronné étoit celui à qui elle présentoit de l'eau pour se laver les mains. L'une & l'autre maniere de se choisir librement un époux, étoit préférable à

___

[*a*] La Basterne étoit, selon Velly, t. 1, une espece de chariot tiré par des bœufs; Clotilde s'en servit lorsqu'elle se rendit à Soissons pour épouser Clovis.

tous nos mariages aſſortis par l'intérêt ou l'ambition. Les futurs conjoints mettoient dans la communauté une égale portion de biens; leur ſage attention comptoit chaque année les fruits qui en provenoient : le ſurvivant s'en emparoit, ainſi que de toute la dot : ce qui le conſoloit de la perte du prédécédé & tenoit les enfans dans le reſpect. L'adultere étoit un crime horrible que l'on puniſſoit ignominieuſement. Le mari avoit droit de raſer ſa femme ſurpriſe en flagrant délit & de la chaſſer à coups de fouet, ſans pitié ni rémiſſion, hors du lieu de ſon domicile. Un tel déshonneur, dont les ſuites ſont très-préjudiciables à des enfans légitimes, ne s'oublioit jamais. La condition des femmes étoit fort miſérable : on les traitoit en eſclaves, les maris ayant ſur elles & leurs enfans, puiſſance de vie & de mort. Nous avons abrogé cette loi barbare. Les femmes des Artéſiens (a) bien élevés ſont préſentement des eſpeces de Reines. Les Gaulois plongeoient les enfans nouveaux nés dans l'eau froide, afin de les endurcir au froid. Ils reſtoient nus juſqu'à l'âge de puberté. On leur apprenoit de bonne heure à nager. Les funérailles d'un Noble étoient ſomptueuſes. Sa veuve ſoupçonnée d'avoir en quelque façon contribué à ſa mort, étoit appliquée

L'An 451.

Maillard. art. 139.

(a) J'en excepte celles qui ont des maris hargneux, avares, débauchés, & la claſſe inférieure de ces maris qui ne ſe piquent pas de ces manieres douces & honnêtes, de ces tons perſuaſifs qui ont tant d'empire ſur l'eſprit d'une femme raiſonnable.

à la torture; reconnue coupable, on la condamnoit au feu. On enterroit les corps morts du Peuple; ceux des gens distingués étoient brûlés (a), avec les choses qu'ils avoient aimées le plus, sans exception de leurs chevaux, & en certains Pays, de leurs femmes & de leurs esclaves. Vanité sotte & cruelle, qui avoit pour but de prouver au public la tendre affection que les maris avoient pour leurs femmes! On recueilloit leurs cendres pour les enfermer dans une urne que l'on déposoit dans un tombeau souterrain, avec les ossemens que le feu n'avoit pas totalement dévorés. Sous les Romains, il existoit une loi qui ne permettoit à une veuve de se remarier que dix mois après le décès de son mari. La coutume qui accordoit à l'ainé d'une famille tout le bien ou la plus grande partie d'une succession, provient des Germains. Ces peuples hors d'état de nourrir tous leurs enfans, en choisissoient un pour leur tenir compagnie & l'instituer héritier (a). Les Francs ont substitué quelques-

L'An 451.

─────────

(a) L'usage qui se conserve à Aire, de mettre beaucoup de bottes de paille en croix, vis-à-vis la porte d'un mort, & d'élever, le jour de l'enterrement, son cercueil sur un haut lit de paille, est peut-être un reste de cette pratique où l'on étoit anciennement de brûler les cadavres des personnes de distinction.

Les Romains appelloient *filicerne*, la distribution de viande crue qu'on faisoit au peuple après les funérailles d'un riche: on voit pratiquer le même usage dans la Paroisse de Dunkerque.

(d) La Jurisprudence de l'Artois, par rapport aux

uns de leurs usages sur le mariage, à ceux des Gaulois. Des causes légeres autorisoient, chez les premiers, un mari à répudier sa femme pour en prendre une autre. On donnoit, en présence de trois témoins, quelques monnoies à la fille que l'on desiroit épouser : ce qui figuroit une espece de contrat.

Les mœurs des Germains étoient autres que celles des Gaulois. Ils ne s'occupoient que de la chasse & de la guerre, & très-peu de l'agriculture. Ils regardoient comme une chose très-honorable de réprimer les premiers feux de l'amour, & une chose très-honteuse de connoître une femme avant l'âge de 20 ans. Leur nourriture étoit du lait, du fromage & de la chair. Personne ne possédoit de champ en propriété. La portion de terre qu'on leur donnoit à cultiver, n'étoit que pour un an, de peur qu'en s'attachant à sa culture, on n'eût négligé le métier de la guerre, & que l'on ne fût devenu trop amateur des commodités de la vie. En temps de paix, les chefs des Pays ou des cantons étoient les Arbitres & les Juges des différents. Ils permettoient tout brigandage qui avoit lieu hors des limites de leurs cités, comme un moyen d'arracher les jeunes gens à l'oisiveté. C'étoit un crime à leurs yeux que de violer l'hospitalité.

II. Dans les Pays, tels que l'Artois, où la ter-

___

successions & aux adoptions, étoit conforme à celle qui s'observoit dans l'étendue de la Monarchie Françoise sous la premiere race de nos Rois.

pérature de l'air est susceptible de variations brusques & considérables, les habitans doivent participer à ces inégalités physiques & offrir des variétés dans la taille, les traits du visage & le tempéramment. Ainsi rien de général ne sauroit caractériser les Artésiens. Les Historiens qui ont parlé des Gaulois, les représentent de haute stature, avec un courage qui repondoit à la vigueur de leur corps. Florus les regardoit comme des Géants enfantés pour détruire les autres nations. Aussi les Romains ne leur parurent-ils que de petits hommes. Ou les Artésiens sont dégénérés ou ce rapport est exagéré : parmi eux, on en voit de grands & de robustes, de petits & de foibles. Ces derniers sont, il est vrai, en plus petit nombre. La figure des hommes y vaut mieux que celle des femmes, dont les traits, communément irréguliers, ne se maintiennent pas long-temps dans leur fraicheur. Il leur seroit difficile, malgré toutes les ressources de la toilette, de prolonger leurs charmes au delà de 30 ans. La nature y est tardive à se développer dans le sexe ; la cause en provient du climat. Plus on s'enfonce dans le Nord, plus elle se montre paresseuse dans la formation de nos organes. Mais cette même nature, comme pour compenser la lenteur de ses opérations, rend les Artésiennes fécondes jusqu'à l'âge d'environ 45 ans. Elles n'ont point à cet égard dégénéré des Gauloises dont la fécondité étoit le partage, selon le rapport de Justin. On sait combien la sagesse des mœurs y influe. Les Belges, quoique amateurs des propos joyeux, quelquefois avec une licence qui ne respectoit personne, fuyoient les plaisirs lascifs, sur tout l'adultere. Si l'on en croit les Historiens, les plus éloignés comme les plus voisins de notre siécle, la dépravation des mœurs n'a point infecté les anciens Artésiens. Aujourd'hui même, eu égard aux progrès qu'elle a fait en beaucoup de Provinces, ils ont conservé des vestiges sensibles de cette pureté que l'on vantoit dans les Belges. Les Artésiens aiment, comme ces derniers, les propos qui excitent la bonne humeur; mais ils connoissent les bornes où il convient de s'arrêter. Il faut attribuer leur relâchement dans les mœurs à la nécessité de communiquer journellement avec des étrangers. S'ils avoient pu vivre sans cette communication, la Province d'Artois offriroit un modele parfait de sagesse. Son amour pour la Religion & les bons exemples de ses Ministres ont contribué à la contenir dans le devoir.

Je croirois volontiers que le sang Artésien étoit anciennement plus beau & que la constitution des habitans étoit en même temps plus vigoureuse: j'en rapporte la cause au croisement des races, occasionné par les différentes transmigrations des Peuples & par l'affluence des étrangers que des vues de commerce attiroient dans les Villes maritimes de la Morinie. D'ailleurs l'ancienne maniere de vivre étoit bien différente de la nôtre.

L'Artois eſt un Pays froid & pluvieux. L'été y eſt court & l'hiver long. Les jours de l'automne y ſont plus agréables que ceux du Printemps. Plus ſes Villes ſont proches de l'Océan, plus elles en reſſentent les malignes influences. Il y regne des vents plus fréquens & plus impétueux, depuis que l'on y a défriché quantité de forêts & coupé des montagnes : ils y trouvent un eſſor plus libre par la deſtruction des obſtacles qui réprimoient leur fureur. Il en eſt réſulté un plus prompt deſſéchement des terres & une plus grande ſalubrité de l'air. Néanmoins les vapeurs ſalées de la mer, que ces vents tranſmettent plus aiſément ſur notre horizon, & qui ſe joignent aux brouillards d'un Pays naturellement marécageux, occaſionnent des catarres, des péripneumonies, des rhumatiſmes, la goutte, des toux, la phtiſie, le maraſme, des apoplexies, maladies qui emportent la plupart des Artéſiens. Une humeur ſcrofuleuſe, provenant peut-être de l'uſage des mauvaiſes eaux, afflige les campagnes voiſines d'Aire. On ne ſauroit aſſez promptement remédier à cet accident qui porte un mauvais levain dans l'eſpece humaine.

III. Si loin de ſa Patrie, on avoit à peindre l'eſprit & le cœur de ſes compatriotes, on riſqueroit moins de les repréſenter tels qu'ils ſont, c'eſt-à-dire, avec leurs vices & leurs défauts. Tantôt en louant, tantôt en blâmant, on s'acquitteroit fidelement d'un des devoirs impoſés à tout Hiſtorien. Mais quand on a cette tâche critique à remplir dans son Pays natal, où l'on est entouré de parens, d'amis, de personnes considérées à qui l'on seroit fâché de déplaire, qu'il est à craindre que la vérité historique ne demeure captive ! On aime mieux en taire les mauvaises qualités ou les colorer, que de braver les reproches publics en les divulgant sans fard. Quand au contraire les hommes sont dépeints tels qu'ils furent dans des siécles fort reculés, un Historien n'a plus le même intérêt à déguiser les vices & les ridicules de ses compatriotes; ils ont des motifs de ne point se reconnoître dans le tableau de leurs premiers ancêtres. Ils allégueroient que la Religion, les Sciences & les Arts ont éclairé, purifié, adouci les mœurs anciennes, qu'il n'existe aucun Pays que la Barbarie & les superstitions n'aient défiguré. On pourroit leur répliquer que chaque nation conserve une teinture plus ou moins apparente de son caractere primitif. C'est aux Lecteurs à juger de cette vérité par rapport aux Artésiens de nos jours. Si l'on a observé ce qu'ils sont, il sera facile de les comparer avec les Belges & de prononcer sur les traits suivans.

Ces Belges étoient estimés intelligens, laborieux, industrieux. L'air froid qu'ils portoient dans la société, étoit un effet de leurs soupçons & de l'appréhension qu'ils avoient d'être trompés. Quand on leur avoit manqué, ils étoient peu susceptibles de ressentiment, & incapables d'une haine invétérée. A leur modération dans les entreprises, se joignoit leur disposition à subir avec constance les revers de fortune. Quoique fort attachés à l'argent, ils savoient user dans le repos des fruits de leurs travaux. Les beaux édifices & leur propreté leur plaisoient. La trop bonne opinion qu'ils avoient de la probité d'autrui, les rendoit crédules & faciles à séduire. Ils aimoient fort peu l'étranger (*a*), inutile ou nuisible à leurs propres intérêts. Ils se montroient entre eux libres, ouverts & prompts. Il n'étoit pas aisé de vaincre leurs préjugés & de les ramener à une saine opinion, quand leur esprit s'étoit engoué de quelque chose (*b*). Ils passoient pour hautains, fiers & grands parleurs (*c*). Ils ne craignoient rien tant que d'être méprisés (*d*). peu

[*a*] Les Artésiens ne voient pas d'un œil indifférent que des étrangers viennent leur enlever les meilleurs emplois : le Lecteur jugera s'ils ont tort ou raison.

(*b*) Si le paysage d'Aire, dit Thévet, est mal plaisant ; aussi sont les hommes qui l'habitent, ayant la tête près du bonnet, & qui volontiers opiniâtrément veulent être crus de ce qu'ils disent, soit à tort ou à bien. *Liv. 15 de sa Cosmograp.* Cet Auteur a mal vu : ce foible n'est pas général chez les Ariens.

(*c*) Les Artésiens bien élevés n'ont pas la démangeaison de parler plus qu'il ne convient, ni d'interrompre le discours de personne. C'est dans les dîners & les parties de plaisir qu'il faut observer les autres, avant de prononcer.

[*d*] Il n'y a point de peuple, dit Grotius, *l. 5*, (en parlant des Flamands), qui aime avec plus de fidélité ceux qui sont au-dessus de lui ; mais s'ils voient qu'on les méprise, il n'y en a point dont la haine soit plus irréconciliable. J'ai observé que les Artésiens ne different guere des Flamands à cet égard.

inquiets des avantages d'autrui, ils avoient la foiblesse d'oublier vite les services rendus. Ils étoient plus enclins aux excès de la boisson (a), qu'aux plaisirs de l'amour, sous prétexte qu'elle chassoit la mélancolie procurée par l'humidité du climat. Aussi recherchoient-ils les divertissemens des fêtes appelées Carmesses (b), & les invitations aux noces. Ils étoient vaillans, adroits dans le métier de la guerre, meilleurs fantassins que cavaliers, invincibles sur mer quand ils étoient bien commandés. Ils réunissoient à ces qualités une grande fidélité envers leur Prince. Leurs gens de qualité parloient assez bien ; mais le langage

___

(a) Les ivrognes sont détestés en Artois, comme ailleurs. Depuis qu'il s'y tient des assemblées Bourgeoises, on abandonne aux Ouvriers les *Estaminets*, autrement dits, tabagies. Il est à présumer que les Arrageois aimoient autrefois la Boisson : les Officiers de Jean de Bourgogne, Comte d'Artois, & ceux du Magistrat d'Arras donnerent, le 21 Juillet 1414, une complainte sur laquelle, le 7 Septembre suivant, intervint un Arrêt du Parlement, pour ordonner la diminution du nombre des Cabarets. Depuis ce temps-là, le nombre en est considérable dans la Province, outre l'établissement pernicieux des cafés ; l'on peut dire avec Marchantius, *de Flandriá*, l. 1. *Hoc Gemendum est tot permitti popinas, ebrietatis, libidinis, aleæ officinas, & patrimoniorum conjugiorumque carcinomata.*

(b) Les Teutons & les Allemands appelloient *Carmesses* ou Messes des Eglises, les assemblées, qu'ils faisoient pendant huit jours. C'étoient des especes de foires où l'on se rendoit de tous côtés. *Vander haer.* Leur premiere origine vient des assemblées des fideles qui se rendoient au tombeau d'un Saint pour en révérer les Reliques.

du peuple étoit lourd, rustique & grossier (*a*). Les Commentaires de César d'où j'emprunte plusieurs de ces traits, représentent ces peuples comme toujours prêts à changer d'avis, tellement avides de nouvelles qu'ils arrêtoient les passans pour en demander ; qu'ils environnoient les voyageurs pour s'informer d'où ils venoient & de ce qu'ils avoient appris. Quant aux Gauloises, on les voyoit librement converser avec les hommes (*b*). Elles avoient la réputation de diriger fort habilement les affaires du commerce & du ménage. Elles ne confioient point à une femme les jours de leurs nourrissons, de peur qu'ils n'eussent sucé avec le lait quelque vice physique ou moral.

Je terminerai cet article par un extrait du mémoire de M. Bignon, dressé en 1698. Plusieurs portraits que l'on nous a donnés des Artésiens de notre siécle, ont été calqués sur celui-ci, & ce dernier, sur ceux des Auteurs anciens : c'est aux lecteurs à les comparer soigneusement ensemble, à juger de la vérité de leur coloris &

[*a*] La populace y parle encore mal, surtout à Arras. Ceux dont l'éducation n'a point été soignée, confondent les genres des noms, manquent d'expressions, connoissent peu le terme propre de la chose qu'ils voudroient exprimer & sont verbeux. L'accent provincial se fait moins sentir à Hesdin que dans les autres villes d'Artois.

[*b*] Les Artésiennes ne sont rien moins que coquettes. Etant foncièrement vertueuses, elles ne sont point dans le cas de se repentir de converser librement avec les hommes.

de la force de leurs teintes. Ils y appercevront sans doute une diversité de nuances qu'à dû opérer la révolution des temps depuis César & l'Empire Romain.

» L'activité, l'ardeur, l'industrie ou le savoir-
» faire sont des caracteres assez rares dans la Pro-
» vince d'Artois, mais il est peu de peuples où
» l'on trouve aussi ordinairement plus de bonne
» foi, d'honneur, de probité, & où ceux qui
» ont à traiter avec les habitans, soient mieux
» reçus, lorsqu'ils apportent ces mêmes disposi-
» tions. Leur procédé sûr & sincere les met en
» droit d'exiger la même droiture & la même fidé-
» lité. Aussi y répondent-ils par la plus parfaite
» confiance. Mais leur éloignement est sans re-
» tour, si on leur manque. Quoiqu'aux premie-
» res approches, ils paroissent difficiles & enve-
» loppés, ils sont civils, ouverts, soumis, re-
» connoissans. Leur maniere d'agir, vraie, unie,
» simple, est soutenue de discernement & de bon
» sens. Ils sont nés tranquilles & exempts des
» agitations d'esprit, qui mettent les hommes
» dans de grands mouvemens; mais ils n'en sont
» pas moins laborieux, très-appliqués chacun
» dans leurs états au genre de vie qu'ils ont em-
» brassé, exacts à leurs devoirs, attachés à la
» Religion, jaloux de leurs privileges & de leurs
» coutumes. Tout établissement nouveau, quoi-
» qu'indifférent à leurs usages, les alarme, les
» mortifie & les égare. Il n'y a rien au contraire
» que l'on n'obtienne d'eux, en s'accommodant

» à leurs mœurs, & en tempérant avec huma-
» nité & douceur l'autorité qu'on pourroit em-
» ployer. Il suffit même souvent d'en être revêtu
» sans en faire un grand usage, les esprits étant
» naturellement portés à l'obéissance ».

Cet ancien Intendant refuse aux Artésiens l'industrie. On connoît en effet plus d'un canton en Artois où elle semble étouffée par une aveugle routine qui guide les Artistes. On s'y plaint encore communément du défaut d'activité dans la plupart des ouvriers. On est contraint de surveiller à leurs travaux, autant pour les diriger que pour les exciter par des moyens conformes à leurs inclinations : autrement on est leur dupe. Cet aveu me coûte, mais il est convenable de le faire. Un Historien doit tout exposer dans l'espérance que l'on pourra remédier au défaut d'ordre & de justice.

IV. Heureux les peuples qui n'admettroient d'autre parure qu'une noble simplicité ! la contagion du luxe ne corromproit jamais leurs mœurs. Ils se communiqueroient, ainsi que dans le premier âge du monde, sans de faux dehors. La sincérité rendroit leur langage persuasif. Mais les hommes ne se contentent pas d'être grands par la naissance, les actions & les talens ; ils ambitionnent encore de le paroître par un extérieur recherché. Les Belges ne furent pas exempts de cette folle vanité, sans s'être néanmoins asservis à l'Empire tyrannique des modes. Leurs habits, excepté la robe des Magistrats, encore distinguée par la couleur, étoient de la même forme que ceux du peuple, mais travaillés plus artistement & rehaussés d'une broderie d'or ou d'argent. Les riches, chacun selon ses facultés, s'ornoient de colliers & de bracelets d'or, ou de figures d'animaux, faites de ce précieux métal. Les peres de famille se coiffoient d'un bonnet, & les serviteurs, d'un chapeau, quand ils ne restoient pas la tête nue. Les vêtemens de ces Belges étoient fort courts, afin d'être plus commodes pour la chasse. Leur pourpoint à manches, espece de gilet, leur descendoit au-dessous de la ceinture. Ils s'enveloppoient d'un petit manteau de forme carrée pour se garantir du froid & de la pluie; il tenoit lieu d'habit de dessus. Cette Saie ou ce Sayon, bigarré & rayé pour le peuple & les simples soldats, & doublé de peaux mouchetées ou échiquetées pour les Nobles, avoit de larges manches quand il étoit fermé; il n'en avoit point, étant ouvert. L'étoffe s'en fabriquoit dans leurs Provinces avec de grosses Laines, à moins qu'il ne fût tout de peaux avec le poil en dedans. Cette sorte d'habit militaire, n'allant que jusqu'aux genoux, & ressemblant à peu près à celui des hoquetons, fut usité chez les Atrébates. L'Empereur Gallien, apprenant la défection des Gaules, répondit d'un air indolent : *qu'importe? est-ce que l'Etat ne sauroit subsister sans les casaques d'Arras* (a)? ce manteau, que l'on employoit

---

(a) *Non sine sagis Atrebaticis tuta respublica est?*

aussi pour des casaques militaires & des cottes d'armes, se nommoit en Latin *Birrus*.

L'an 451.

On donne encore aux Belges une espece de cape avec un capuchon, fort commode pour les voyageurs & pour ceux qui parcouroient la Ville sans vouloir être reconnus; les Romains s'en servoient sous le nom de *Cucullus*. Leurs culottes, par leur ampleur, approchoient de celles de nos mariniers. Le blanc étoit leur couleur favorite, de même que chez les Grecs. Comme le lin, selon Pline, se cultivoit en divers cantons de la Gaule Belgique, on croit que le linge leur étoit connu. Les souliers, dits *à Lune*, faits de peaux de Tesson ou de Blaireau, s'attachoient avec une courroie au-dessus de la cheville du pied. Cette chaussure étoit une espece de galoche, coupée en forme de croissant; elle fut usitée chez les principales personnes de Rome. Ils laissoient, pour leur plaisir, croitre leurs cheveux, dont ils étoient assez bien fournis. La couleur rousse en étoit la plus estimée. Les Nobles nourrissoient leur barbe & s'en couvroient la poitrine. Les femmes, aussi bien que les hommes, tenoient le haut de la gorge & les bras presque tout découverts. Elles portoient des chemises sans manches & les riches mettoient par-dessus une jaquette de laine. Quant à leur coiffure & leurs autres habillemens, je n'ai vu rien de certain dans les Historiens : un Manuscrit va dépeindre ceux qui étoient en usage en 1467 chez l'un & l'autre sexe. On en sentira les changemens sur-

Liv. 19.

M.J.N.·v.

venus depuis les Romains jusqu'à cette époque; & depuis le XV.ᵉ siécle jusqu'aujourd'hui.

Les femmes bigarroient leurs robes par de larges bordures de gris ou d'autres couleurs; elles en avoient supprimé la queue. Leur coiffure étoit un bourlet, en forme de bonnet rond, & s'aménuisant par en haut, à l'instar d'une pyramide ronde, de la hauteur d'une aulne à une aulne & demie. La longue faille noire, de serge, de camelot ou de soie, est un reste du costume Espagnol. Elles avoient des ceintures de soie, larges de 4 à 5 pouces. Un collier d'or ornoit leur cou. L'habit des hommes étoit fort court, leurs chausses montoient jusqu'au haut de la cuisse. Les larges manches de leurs robes & de leurs pourpoints étoient fendues, de maniere que la forme des bras se distinguoit au travers d'une chemise très-fine. Les cheveux leur descendoient sur les yeux & flottoient sur les épaules. Un bonnet de drap, d'un quartier à un quartier & demi de hauteur, couvroit la tête. Les Nobles & les riches avoient des chaines d'or au cou, des pourpoints de velours ou de drap de soie. On se rembourroit les épaules, pour les rendre mieux fournies. Leurs souliers, construits à la poulaine ou à la Polonoise, étoient pointus d'un demi-pied pour les gens ordinaires, d'un pied & demi pour les riches, & de deux pieds pour les Princes.

Un Peuple subjugué s'approprie tout ce qui est usité chez la Nation qui l'a soumis, à moins qu'il ne haïsse son vainqueur. Les Romains s'étant rendus maîtres de la Gaule Belgique, l'eſtime & la prédilection qu'ils lui témoignerent, faciliterent les moyens d'y introduire peu à peu leurs uſages, leurs loix & leurs mœurs, qui ont, depuis la fin de leur domination, ſouffert pluſieurs variations. On vit cette Province, ſous l'Empire de Caracalla, prendre la toge ou l'habit long. Procope nous apprend que les Rois de France, s'étant emparé des Gaules, n'y ont rien innové : elles ont conſervé leurs mœurs, leurs coſtumes & leurs Offices de Magiſtrature ; par là on s'aſſuroit mieux de leur fidélite. Rien de plus ſage, de plus imitable que cette conduite, quand elle n'eſt point préjudiciable aux intérêts d'un Conquérant.

L'An 451.

V. Les Belges ont eu originairement une langue qu'il ſeroit difficile de connoître ; on préſume que la Phénicienne étoit, à l'arrivée de Céſar, leur idiome. Divœus penſe qu'il reſte fort peu de veſtiges de leur langage primitif. Après les émigrations des Germains dans l'ancien Artois, leur langue ſe confondit avec celle des Gaulois, & par la ſuite avec celle des Romains ; il en réſulta un jargon des plus barbares.

Malbr. L. 3. Vredius. Divæus. Vinckant. Coiſin. Paſquier. Hiſt. de Fr.

La langue Latine devint ſous les Empereurs la maternelle des Gaules; Les anciens Bretons s'en ſervoient malgré leur répugnance à la recevoir. L'impérieuſe Rome, dit St. Auguſtin, ne ſe contenta point d'avoir ſubjugué les Nations ; elle tâcha encore d'y introduire ſa langue (a). A. Céſar

(a) Opera data eſt ut imperioſa Civitas, non ſolùm Jugum, verùm etiam linguam ſuam domitis Gentibus imponeret. S. Aug. de civit. Dei. L. 19.

défendit aux Belges, sous peine de la vie, de parler ni d'écrire en Gaulois : aussi tous leurs Livres furent-ils supprimés ou brûlés. Il fut ordonné à tous les Officiers des Provinces Belgiques de ne point admettre d'autre Langue que celle des Empereurs, dans les plaidoyers & les actes publics. Les Romains, dit Pasquier, après avoir vaincu quelques Provinces, y établissoient Préteurs, Présidens ou Proconsuls annuels, qui administroient la justice en Latin. Alors les personnes d'une honnête éducation se piquoient bientôt de le savoir. On vit beaucoup de familles Gauloises distinguées prendre, du temps de Vespasien, des noms Latins. Les Villes & les Villages en eurent aussi. L'on en transporta même à plusieurs Divinités. Voilà l'origine des ouvrages Latins, composés dans les premiers siécles du Christianisme. Ce fut dans cette même langue que St. Fuscien, St. Victoric & autres Missionnaires annoncerent l'Evangile. Cet usage s'est maintenu sous les Comtes de Flandre jusqu'à Marguerite de Constantinople. Leurs chartres & leurs lettres-patentes sont en Latin ; celles de cette Comtesse sont quelquefois en Flamand pour la commodité de ses vassaux. Les Magistrats des Villes, les Gentilshommes & les femmes de qualité les publioient de même. Nous les avons en Latin & en François de Philippe, fils de St. Louis. Guillaume, Comte de Flandre, & la susdite Marguerite son épouse ont, les premiers, donné des lettres en François. Naudé rapporte la raison qui fit supprimer la langue Latine dans le Barreau. Un premier Préfident avoit, dans le prononcé d'un Arrêt, forgé *debotavimus & debotamus*, pour exprimer *avons débouté & déboutons*. Cette façon ridicule de parler Latin, déplut tellement à François I.er qu'il ordonna de plaider en François.

Ceux qui ignoroient le Latin, parlerent la langue Teutonique qui a beaucoup influé fur celle des Allemands & d'autres Peuples. Le Tudefque ou Théoftique fignifie la même chofe. Malbrancq croit qu'elle avoit prévalu au VII.e fiécle, quoique la Romaine qui étoit corrompue (*a*), continuât d'être en vogue parmi le Peuple de ce temps-là & prefque aux deux fiécles fuivans. Le paffage d'une Lettre d'Alcuin à Charlemagne prouve qu'on cultivoit la langue Teutonique. Le Concile de Tours de l'an 813 enjoignit à chaque Evêque de traduire clairement les Homélies en langue Romaine ruftique ou en langue Tudefque(*b*), afin que tout le monde pût les comprendre (*c*). C'étoit un jargon mêlé de l'ancien Celte & de Latin. Le Concile de Maïence ordonna la même chofe en 847. On prétend que St. Mommelin ne remplaça l'Evêque St. Eloi, que parce

---

[*a*] Le latin étoit alors fi corrompu, qu'on rougiffoit de l'écrire tel qu'on le parloit.

(*b*) Fauchet penfe que la langue Théodefie, Tudefque ou Walone, étoit l'ancienne Françoife.

[*c*] Unus quifque Epifcopus.... Homilias aperte transferre ftudeat in rufticam Romanam linguam, aut Theofticam, quò facilius poffint cuncti intelligere quæ dicuntur.

qu'il joignoit à une grande sainteté la connoissance des langues Romaine & Tudesque : ce qui prouveroit qu'elles étoient alors usitées.

L'irruption des Normans contribua beaucoup à la grande barbarie des langues. On inventa différentes sortes de jargons, surtout le Roman ou la langue Romance qui étoit un Latin corrompu, ou un mélange de la langue des Gaulois & de celle de leurs vainqueurs. Nitard, Abbé de St. Riquier, en cite un exemple dans le serment fait par Louis, Roi de Germanie, aux soldats de Charles le Chauve ; il est conçu en des termes barbares qui sentent le rustique Roman.

Serment en langue Romance.	*Le même serment en meilleur Latin.*
Pro Deo amur, & pro Christian poblo, & nostro commun Salvament dist di in avant, in quant Deus savir & podir, me dunet, si salvarai io cist meon fradre Karlo & in adjudha & in cadhuna cosa, si com om per dreit son fradre salvar dist, in o quid il mi altre si fazet, & abludher nul plaid numquam prindrai, qui meon vol cist, meon fradre Karle in damno sit.	Pro Domini amore & pro Christiano populo, & nostrâ Communi salute, ab hoc die in posterum, in quantùm Deus scire & posse me donet, ità salvabo ego istum meum fratrem Carolum, & in adjuvando, & in quâcumque causâ, quomodo per directum suum fratrem salvare debet, & non quemadmodùm alius quilibet hoc faceret, & contrà eum nullam unquàm litem prendam [quantùm in [meâ voluntate erit] quæ meo fratri damno sit.

Ce fragment, que j'ai tiré des Capitulaires des Rois de France, est un peu différemment rapporté

dans Borel & le P. Daniel; il fignifie: » pour l'a-
» mour de Dieu & pour le peuple Chrétien &
» notre falut commun, d'aujourd'hui & par la fuite,
» en tant que Dieu me donnera le favoir & le
» pouvoir, je fauverai ainfi mon frere Charles
» & l'aiderai en toutes chofes de la maniere qu'il
» doit fauver fon propre frere, & non de la ma-
» niere que tout autre le feroit, & je n'entre-
» prendrai jamais, autant qu'il fera en ma volon-
» té, aucun procès qui lui foit préjudiciable ».
Charles *le Chauve* répondit aux Allemands en leur
langue. Ce fut fous ce Roi qui aimoit les belles
lettres, que la langue Françoife commença à fe
former.

L'An 458.

Les Anglois mêlerent auffi leur langue à la
nôtre. Le Breton n'eft autre chofe qu'un ancien
Anglois que ces peuples ont forgé pendant qu'ils
occupoient la Bretagne. Ce dernier jargon étoit
hors d'ufage dans nos Provinces. On peut lire
dans Borel les changemens qui ont amené la per-
fection de notre langue.

VI. Les reffources de la plupart des Atrébates
& des Morins étoient la guerre, la pyraterie & le
brigandage. Adroald, Seigneur de Sithiu, dut fa
fortune au métier de corfaire. Ceux de la Morinie qui commerçoient, entretenoient des corref-
pondances avec le peuple Breton. Des colonies
Phéniciennes s'étoient établies chez eux. Elles
leur avoient enfeigné le pilotage & tout ce qui
concerne la marine économique. Leurs forêts
nombreufes leur fourniffoient des bois de conf-

Malbr. L. 7.
Locrius.
March.l.2.
Buzel.l.2.
Hift. de
Cal.
Wafteleini

truction. Leurs rivieres navigables leur ouvroient une communication avec l'Océan. Ces divers avantages inspirent du goût pour la marine & en facilitent les progrès. Les effets commerçables des Bretons consistoient en blé, pelleteries, étain, plomb, or, argent, électre (*a*), vases, ouvrages d'ivoire alors fort précieux; en esclaves & en chiens de chasse. Les Morins leur donnoient en échange des étoffes de laine, du porc, des viandes salées & vraisemblablement du sel. Je dis en échange: car originairement & dans les premiers siécles, on commerçoit ainsi parce que les monnoies étoient rares. Cette sorte de trafic, la plus simple & la plus ancienne étoit, au rapport de Tacite, en usage chez les anciens habitans du cœur de l'Allemagne. Elle cessa, mais reprit vers l'an 959, à cause de la rareté des especes, dans les Provinces Belgiques. Baudouin III, Comte de Flandre, voulut alors que l'on échangeât deux poules contre une oie, deux oies contre un petit cochon, trois agneaux contre un veau ou un mouton, trois veaux contre une vache, & ainsi du reste, selon le rapport convenable entre une chose & une autre. On est redevable à ce Prince de l'établissement des arts, des manufactures, des marchés & des foires.

Le commerce, dans les premiers âges du Christianisme, n'étoit point interdit aux Ecclésiasti-

---

(*a*) Quoique composé d'or & d'argent, il n'est ni l'un ni l'autre. *Tertul. adv. hermog.* Pline, *l.* 33, reconnoit dans ce métal un 5.ᵉ d'argent sur la quantité d'or.

ques: une Loi de l'Empereur Constance affranchit d'impôts ceux qui parmi eux se bornoient à de petits trafics. Ce nerf de l'État fut autrefois l'appui & l'ornement de la Noblesse de France, surtout dans les Contrées maritimes. Ceux qui s'y livroient, tant roturiers que Nobles, pouvoient aspirer aux charges & aux emplois. La concession de ce privilege excita l'industrie, répandit la fertilité & les richesses dans le Royaume. Ces avantages rejaillirent sur l'Artois, jadis beaucoup plus commerçant qu'il ne l'est aujourd'hui. Cette décadence provient de plusieurs causes qu'il n'est pas encore temps d'expliquer. J'aurai par la suite des choses intéressantes à développer sur les manufactures de cette Province; il y sera joint des observations sur les moyens de les rétablir, du moins en partie. Les branches de son commerce actuel & les différentes productions de son sol seront pareillement soumises à mon examen. Je me borne présentement à la recherche de ses plus anciennes manufactures.

L'An 451.

On comptoit dans les Gaules, au commencement du IVe. siécle, six manufactures, entretenues par le Souverain, pour la fabrication des étoffes de soie; il y en avoit une septieme pour des toiles (*a*). Le mot de l'Empereur Gallien, rapporté au N.º IV précédent, prouve qu'Arras avoit les siennes. Ses étoffes étoient plus ou moins renommées; quelques-unes sont connues sous les

Dubos. t. I

(*a*) Et sans doute plusieurs autres pour les Toiles, mais non à l'entretien du Souverain.

noms latins *Atrebatica Saga*, *Atrebatium birri*. St
Jérôme fait mention d'une autre étoffe précieuse,
dans sa lettre à Agéruchie : il y reproche à Jovinien, d'abord Moine de Milan, puis Hérésiarque
voluptueux, de porter des habits de lin & de
soie, manufacturés à Arras. Cette Ville, dit
Maillard, a eu de tout temps des manufactures
considérables, dont les vêtemens étoient autrefois réputés pour les parures les plus magnifiques. Il se fabriquoit aussi dans cette Province
des étoffes de laine, plus ou moins grossieres,
à l'usage du peuple & des gens de guerre, comme
je l'ai remarqué ; on vient de voir qu'elles entroient dans l'échange des effets commerçables.

VII. On s'est proposé, dans l'invention des
monnoies, de remédier aux inconveniens du trafic par échange. Les premieres connues sous les
Romains, étoient de cuir, de bois peint & même
de terre cuite. Les anciens Latins en avoient de
cuivre ; on en vit encore de fer. Rome n'entreprit d'en forger d'argent que vers l'an 484 de
sa fondation, ou 270 ans avant Jesus-Christ, &
d'or, que 62 ans après. Marchantius rapporte
qu'à Bollezéele, Village entre Bourbourg & Cassel,
on trouva de son temps deux mille écus d'argent,
frappés sous le Tyran Posthume vers l'an 267.

Quand on comptoit moins que l'on ne pesoit,
la fraude s'introduisit dans les poids, les mesures
& les métaux : on ordonna l'étalonnement des
uns & l'on fixa la valeur extrinseque des autres.
Chaque nation grava sur les monnoies les signes
les

les plus conformes à son goût, tels que des armes parlantes, des oiseaux, des quadrupedes, des plantes, des chiffres, des croix & autres figures symboliques. Jules-César est le premier Empereur qui, par Ordonnance du Sénat, y ait mis l'empreinte de sa tête. Ses Successeurs & les Rois de France ont adopté cet usage. Charlemagne y a le premier employé ces mots, *Gratiâ Dei Rex*. Les monnoies se fabriquoient anciennement avec le marteau; depuis Henri II, on les fait au moulin. Cette invention d'Aubin Olivier, perfectionnée par Warin, les rend plus belles & plus difficiles à contrefaire. Le balancier est de l'an 1640.

Rome avoit trois Directeurs des monnoies dans les Gaules, à Lyon, Arles & Treves. Il n'est pas aisé d'assigner les premieres espèces d'or & d'argent qui eurent cours dans la Belgique sous le regne de César: ses Commentaires nous laissent dans l'ignorance à cet égard. On sait seulement que les médailles & les monnoies Gauloises sont de mauvais goût & nullement recherchées des Curieux. Avant l'invasion des Francs dans les Gaules, on connoissoit des sous, des demi-sous & des tiers de sous d'or. Ce sou d'or, *Solidus francus*, équivalant à 40 deniers, étoit d'or fin sous la race Mérovingienne; il vaudroit aujourd'hui environ 8 l. 5 s. de notre monnoie. Il continua de circuler sous la seconde Race & au commencement de la troisieme, mais plus rarement. Le florin d'or sous le Roi Philippe I étoit peut-

Tom. I. P.

L'An 451. être la même chose que le sou d'or. On croit que le sou d'argent, en le supposant une espece réelle, vaudroit présentement plus d'un écu. Le denier d'argent, que l'on pourroit comparer à nos piéces de douze sous, fut évalué dans l'Empire Romain depuis trois sous & demi jusqu'à douze sous environ de notre monnoie; il s'en est frappé à Arras & St. Omer sous Philippe II. Il parut sous Charles *le Chauve* des monnoies sur lesquelles étoient gravés ces mots latins, *Airasi. Civitas*, la ville d'Aire; *Atrebats. Civitas*, la ville d'Arras; *Tarvenna. Civ.* la ville de Térouane. C'étoient des deniers d'argent.

Outre ces monnoies, il doit y en avoir eu de moindre valeur, destinées à l'emploi journalier des petits achats, comme des Tournois, des Parisis, des Mailles ou Oboles, des Pougeoises, des Pites ou Poitevines.

Les Comtes de Flandre & d'Artois, d'autres Seigneurs particuliers dans cette derniere Province, ont usé de leur droit de battre monnoie. On comptoit en 1262, selon l'Abbé Velly, plus de 80 Seigneurs particuliers à qui ce droit appartenoit; mais le Roi avoit seul celui d'en fabriquer d'or & d'argent. Le Comte Philippe d'Alsace fit frapper de gros tournois d'argent, vraisemblablement à l'instar de ceux de Philippe Auguste. Ils avoient une double légende du côté de la croix; on lisoit dans la premiere, sur le bord de la piéce, *gratiá Domini Dei nostri factus sum*, & dans la seconde, proche de la croix, *Ph. E.*

Com. Fland. Selon Locre, Marguerite *de Conftan-tinople*, Comteffe de Flandre, eft la premiere qui ait accordé, en 1274, la permiffion de battre dans fes États des monnoies de cuivre & d'argent (*a*); il ajoute que celles d'or ne furent autorifées qu'en 1382, fous Louis *de Male*. Cette Princeffe avoit établi un monnoyage à Gand & Aloft. Les piéces ufitées fous ce Comte d'Artois, étoient des héaumes, des Lions rampans, d'autres Lions, des Angelots, des Écus de Gand & de Malines. Les Angelots, connus dès l'an 1240, valoient un écu d'or.

Au commencement du XIVe. fiécle, Gui de Châtillon, Comte de St. Pol, avoit profité du privilege de monnoyer, accordé par le Comte de Flandre. L'acte fuivant, exprimé felon l'ancien ftile, en eft la preuve.

» Nous Gui de Chaftillion, Comte de St. Pol &
» Boutillier de France, faifons à fçavoir à tous,
» que nous avons baillé à Jehanin Tadin de
» Luque, notre monnoye de St. Pol à faire &
» ouvrer par toute noftre Comté de St. Pol, là
» où il l'y plaira; & y promettons bailler & à
» délivrer maifons convenables pour faire ladite
» monnoye, & doit faire noftredite monnoye,
» c'eft à fçavoir les deniers à trois deniers & dix-
» huit grains de loy argent le Roy, & de dix-
» fept fous de poids au marc le Roy, & doit en

[*a*] La monnoie d'argent eft la monnoie blanche, celle de cuivre s'appelle *Moneta nigra, feu bruna, feu mixta*, noire, brune ou mixte. *Du Cange.*

228 HISTOIRE GÉNÉRALE D'ARTOIS.

L'an 451.

» ôter le denier qui point avant. Et les deniers
» feront taillez à douze fors, & à douze fœbles ;
» c'eſt à ſçavoir les fors à quatorze ſols ſix de-
» niers & les fœbles à dix-neuf ſols ſix deniers.
» Et doit faire les mailles de dous deniers maille
» de loy argent le Roy & de ſeize ſols trois deniers
» de pois au marc le Roy ; c'eſt à ſçavoir deux mail-
» les pour un denier & doit faire moitié deniers &
» moitié mailles ; c'eſt à ſçavoir cent livres de de-
» niers & deux cens livres de mailles. Et doit ſon
» terme durer du jourduy juſques à la nativité de
» St. Jean-Baptiſte prochainement avenir, &c.

» En teſmoin de laquel choſe, nous avons mis
» noſtre Séel à cette préſente lettre, qui fût faite
» l'an de Grace 1306, le vendredy avant la feſte
» de St. Vincent ».

Figure de la Monnoie du Comté de St. Pol.

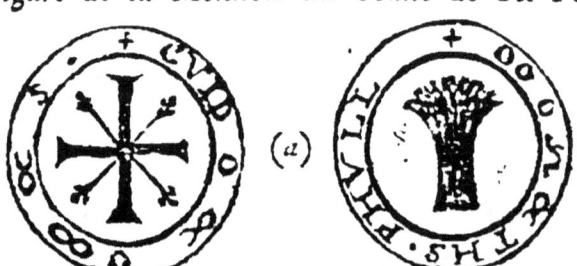

Jeanne de Luxembourg, Douairiere de Gui
V, de Châtillon, Comte de St. Pol, acquit par
achat, en 1372, le Comté de Fauquembergue,
avec tous ſes droits & privileges, dont l'un lui
donnoit pouvoir de battre de la monnoie d'argent & de cuivre, dont la figure eſt ici gravée.

[a] La 1.ere Figure porte cette Inſcription, *Guido Comes* ;
la 2.de repréſentant une gerbe d'avoine, a pour légende, *Moneta S. Pauli*.

Figure de la Monnoie du Comté de Fauquembergue.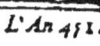

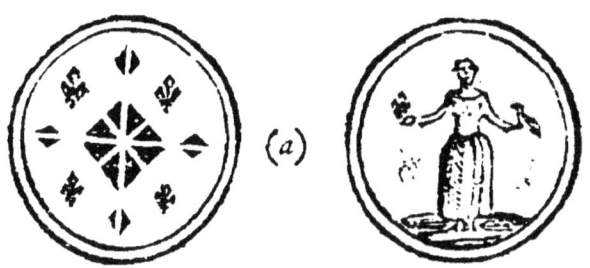

Les fleurettes (*b*), nommées encore par Monstrelet *florettes* & *flourettes*, étoient, sous Charles VI, une espece de monnoie sur laquelle on distinguoit quantité de petites fleurs. Le 18 Décembre 1421, il fut arrêté, dans une délibération des Officiers municipaux de St. Omer, que quand les gages seroient payés en fleurettes, cette monnoie ne seroit reçue que pour trois deniers.

Le Patagon étoit une monnoie de Flandre, faite d'argent sous l'Archiduc Albert d'Autriche; sa valeur a varié depuis 48 jusqu'à 58 patars.

J'aurois pu joindre à cet article la nomenclature des différentes monnoies, usitées dans les Provinces de Flandre & d'Artois pendant les trois derniers siècles, avec les variations de leur valeur; elle se trouvera dans l'*Histoire des Pays-Bas*, par Méteren, L. 12 & autres écrits modernes.

(*a*) La 2.de Figure représente une femme tenant une fleur de Lis dans la main, & un Pigeon dans la gauche.

(*b*) Le Noble prétend que ces pièces de monnoie ont donné lieu à cette expression, *conter fleurettes*, comme le moyen le plus persuasif dans tous les temps.

VIII. Les Belges, parmi lesquels on comprend les peuples que nous disons maintenant Picards, étoient fort renommés dans les Gaules par leur bravoure. J'ai raconté les efforts qu'ils firent pour éviter le joug. Leurs enfans, portés naturellement aux armes dont le métier sembloit le plus honorable, apprenoient de bonne heure à monter à cheval, à manier l'épée & le bouclier, à conduire un char à la guerre. De cette considération vient peut-être le peu d'estime que nous avons pour un Gentilhomme qui n'a point servi. Les têtes des ennemis qu'un brave avoit tués, étoient dans ces temps reculés, les meilleurs titres de Noblesse. Les guerriers, après le combat, pendoient ces trophées glorieux au cou de leurs chevaux; retournés chez eux, ils les accrochoient aux poutres de leurs planchers, afin que leurs amis les vissent. Lorsqu'il étoit question d'une levée de Soldats, ceux qui refusoient de s'enrôler, étoient regardés comme des lâches, dignes d'un entier mépris.

La Cavalerie Gauloise excelloit au-dessus de celle de toutes les nations. Les Chevaux des Suèves ou Germains & d'autres Peuples n'étoient point sellés; ils en descendoient plus librement pour combattre à pied. Ils les avoient accoutumés à ne pas quitter l'endroit où ils les laissoient. On étoit sûr de les retrouver après une action. On ne leur apprenoit qu'à marcher en avant & tourner avec vitesse. Je conjecture que les Belges exerçoient de même les leurs.

L'An 451.
Tacit. l. 4.
Comm. de Cés. l. 4 & 6.
Pellisf. l. 6.
Fauch. l. 1.
Dupleix.
Hist. de Naci.
Dubos.
Borel.
Taillepied.
Velly.

Lorfque les Gaulois fe fentoient trop foibles pour tenir la campagne, ils fe retiroient ordinairement dans les bois; les arbres qu'ils y abattoient, leur fervoient de rempart. Ils en fcioient d'autres à demi. Les inquiétoit-on dans ces retranchemens; ils pouffoient l'un de ces arbres fciés fur un autre pareil; ce dernier en renverfoit d'autres fucceffivement dans tout le circuit deftiné à leur défenfe. Leur chute arrêtoit ou écrafoit les ennemis. Ces peuples montoient fur l'abatis ou les piles d'arbres pour combattre avantageufement ceux qu'ils avoient furpris dans ces embûches.

L'An 451.

Les Romains entretenoient dans les Gaules fept arfenaux où fe forgeoient des armes & des machines de guerre. Il en fortoit de celui de Strafbourg de toutes les efpeces. Les fleches & les traits fe préparoient à Macon; les cuiraffes à Autun; les épées à Rheims; les écus, les boucliers, les baliftes & les harnois des Gendarmes à Treves, Soiffons & Amiens. Pendant l'hiver que Céfar paffa dans cette derniere Ville au milieu de fes Légions, il y fit apprêter des écus & des épées.

La fleche, connue dans la plus haute antiquité, de même que la fronde, étoit une arme des plus funeftes. Quand elle étoit frottée d'ellébore ou de poifon, le coup en devenoit mortel. Son fer, en langue de ferpent, entroit fi avant dans les chairs, qu'il étoit dangereux de l'en retirer. La meilleure arme des Romains étoit le *Pilum*, que nous nommons Javelot. Il étoit plus difficile à manier que l'Haft ou le *Telum*, dont la pointe étoit fort amenuifée. On fe fervoit encore dans les Gaules d'épées, de lances ou piques & d'écus. Ces épées, d'acier de mauvaife trempe, longues & pefantes, s'attachoient à une chaine au côté droit. L'écu ou le bouclier des Gaulois & des Francs, nommé *Scutum*, étoit long, carré, fi grand qu'il couvroit tout le corps, à la maniere des Grecs. C'étoit un fimple tiffu d'ofiers, couvert de cuir & garni de lames de fer ; on l'ornoit de diverfes figures d'airain. Le *Clypeus* étoit un bouclier rond & court, & dans les légions Romaines, convexe. Le *Parma* étoit plus léger & plus court. La Cêtre, *Cetra*, ou la Pelte, *Pelta*, étoit un bouclier léger & coupé en demi-cercle. On fe préfervoit la tête & le cou avec une forte de cafque, d'où il fortoit une touffe de longs cheveux, de crin de cheval ou de plumes. Les Gaulois, en allant au combat, faifoient bruire leurs armes, mêloient à ce cliquetis des chants & des hurlemens horribles, afin d'infpirer de la terreur.

Les javelots, les piques, l'arc & la fronde furent autrefois à l'ufage de notre infanterie. La cavalerie combattoit avec des lances pefantes ou une hache armée d'un gros fer à double tranchant. Philippe Augufte a, le premier de nos Rois, imaginé les arbaletes & les arbalétriers. L'arc & la fleche furent abolis par Louis XI. La hallebarde, la pique, nommée angon quand elle étoit courte, les épées larges & l'arquebuse, la plus ancienne des armes à feu, semblerent plus propres à la guerre. Le mousquet est du regne de Charles IX, & le fusil, de celui de Louis XIV.

L'An 451.

L'habillement militaire des Romains étoit un corps de cuir bouilli, renforcé de lames de fer, & si juste qu'on les auroit crus dans un moule. Les François, après la conquête des Gaules, avoient pour uniforme & unique armure défensive, un sayon de cuir. Au V.e siécle, ils adopterent l'armure à la Romaine; ils la conserverent jusqu'à Charlemagne qu'ils reprirent le sayon de cuir, mettant par-dessus un haubert, dit autrement cotte de mailles, parce qu'il étoit maillé & tricoté de fer. L'armure d'airain ou de fer battu fut également usitée. L'habillement complet consistoit, sous Charles VI, en une cuirasse, avec un casque, des brassards, des cuissards, des greves (*a*) ou jambieres. Le hoqueton remplaça la cotte d'armes, dont les Gendarmes s'étoient servis du temps de Charles VII.

Les cailloux, les pierres & les fleches se lançoient avec la *Catapulte*, nommée anciennement *Onagre*, & avec la *Baliste*. Cette derniere machine, dite tantôt mangonneau, tantôt pierrier, s'employoit dans les sièges. Les anciens avoient d'autres machines de guerre, tant pour l'attaque que pour la défense, savoir le *Bélier*, poutre d'une

_____

(*a*) Delà provient, je crois, gréviere, terme peu connu en Artois, où l'on dit *grevés*, pour blessure faite sur l'os de la jambe.

grandeur énorme, avec le bout ferré, faisant l'office de nos canons; la *Tortue*, grosse charpente solidement construite, servant à combler des fossés & à détruire des murailles; le *Brûlot*, bateau plein de matieres combustibles, ou bien machine pour lancer des traits emflammés, tels que les marteaux & les phalariques; le *Cavalier*, terrasse qu'on élevoit contre les murailles pour envoyer des traits dans la place; les *Tours mobiles & ambulantes*, grands bâtimens à plusieurs étages, composés de poutres & de forts madriers, & destinés à prendre une Ville; les *Vignes* ou *Galeries d'approche*, charpente légere dont plusieurs jointes de front, portoient les assiégeans au pied des murailles à dessein de les saper; la *Grue*, machine effrayante, dont les grappins accrochoient un ou plusieurs soldats à la fois & les jetoient dans le camp ennemi. Les autres machines étoient le *Mantelet*, compris sous le nom de *Vignes*, & le *Muscule* que César distingue souvent de la tortue. Les Normans assiégerent Paris en 885, avec des balistes, des galeries, des tours de bois, des brûlots, des béliers, des cavaliers, la fleche & la fronde. Ces machines de guerre paroissent avoir été supprimées sous Charles VII; le canon les a remplacées. Avant l'invention de l'artillerie, les siéges traînoient en longueur, l'action des combattans étoit moins brusque, moins décisive & plus meurtriere.

Les Belges se servoient à la guerre d'un char à deux roues, dur & fatigant, que l'on nommoit covin, *Covinus*. Il étoit hériffé de faulx, emmanchées de bâtons. On en raffembloit plufieurs pour en former des barrieres & des retranchemens. Lucain vante l'adreffe des Soiffonnois à fe fervir de longues armes, celle des Rémois à lancer les dards, & celle des Belges à conduire des chariots armés de faulx & de tranchans. Comme les anciens menoient ordinairement leurs femmes à l'armée, on les plaçoit fur des covins. Les chars dans lefquels les Dames y fuivoient leurs maris, étoient à quatre roues, grands, légers, garnis d'ofier à l'entour, & couverts d'ofier par-deffus. Tandis que les femmes, par leurs cris, excitoient au combat, les maris faifoient, de ces redoutes ambulantes, pleuvoir une grêle de traits & de pierres. Les vieillards & les enfans occupoient le centre de l'armée, de même que les troupeaux & les équipages que chacun avoit tranfportés. On conçoit combien une telle armée devoit être lente dans fes marches, tardive dans fes manœuvres, combien le défordre & la confufion devoient fe rencontrer dans les batailles, foit pour l'ordonnance, foit pour la charge, foit pour le ralliement des troupes en cas de déroute ou de féparation. Une victoire remportée combloit de joie les Gaulois; une défaite les décourageoit. C'eft encore le caractere des François.

On fentira bien que plufieurs de ces armes & appareils de guerre, dont l'ufage étoit particulier aux Romains, auront été employés par la nation Belgique dans les circonftances qui lui auront

L'An 451.

Luc. l. 1.

conseillé de tenter le recouvrement de sa liberté.

IX. Les Gaulois comptoient les espaces du temps, non par le nombre des jours, mais par celui des nuits: ils se vantoient de descendre de Pluton, quoiqu'ils ne lui rendissent aucun hommage. Leur Dieu favori étoit Mercure (a), sous le nom de *Theut*, *Teutat* ou *Theutates*, répondant à celui de *Thot*, le Mercure des Egyptiens. Ils le respectoient comme le Créateur, le Génie suprême de l'univers, l'inventeur des arts, le guide des voyageurs, le protecteur des marchands, le riche dispensateur de tous les biens. Chaque chose se rapportoit à lui. Son image étoit peinte dans les Villes & les Campagnes. On lui offroit beaucoup de sacrifices. Les victimes qu'on lui immoloit par préférence, étoient des prisonniers de guerre.

Après la conquête des Gaules, on y vit régner le Polythéisme ou la pluralité des Dieux que Rome adoroit. Les plus révérés étoient Apollon comme auteur de la santé, Mars comme le conducteur de la jeunesse aux combats, Jupiter comme maitre de l'Empire du Ciel, & Minerve comme l'inventrice des Arts. Les anciens Artésiens, après leur soumission à l'obéissance des Romains, en suivirent la Religion. Naturellement guerriers, ils érigerent plusieurs temples en l'honneur de Mars, appellé *Ésus* on *Hésus*, signifiant, selon Bochart, un homme fort. Il restoit plusieurs

―――――――――――
(a) Les Germains avoient trois principaux Dieux, Mars, Mercure & Hercule, à qui ils immoloient des victimes. *Antiq. de Montfaucon*, t. 4.

de ces temples idolâtres du temps de St. Vaaſt & de St. Omer ; j'en parlerai à l'article de ces Saints Évêques.

L'An 451.

L'immortalité de l'ame étoit un des principaux objets de la croyance des Gaulois ; mais ils l'allioient avec la métempſicoſe (*a*). Fortement perſuadés de l'abſurde opinion de Pythagore qui tranſmet l'ame d'un mort dans un autre corps, ils affrontoient tous les dangers de la guerre. On les voyoit encore ſe précipiter d'un air féroce dans les bûchers allumés pour conſumer les cadavres de leurs parens & de leurs amis.

Ces Gaulois étoient diviſés en trois claſſes : celle de Druides ou Prêtres qui vivoient en commun, ainſi nommés de Druis, Roi des Gaules & amateurs des Lettres ; celle des Nobles ou Chevaliers dont l'unique occupation étoit l'exercice des armes & la défenſe de la République; celle du peuple qui, ſans autorité dans l'État, étoit traité comme ſerf; il n'avoit rien à lui & n'étoit admis dans aucun Conſeil. Les fonctions des Druides approchoient de celles des Mages chez les Perſes. On les révéroit comme Philoſophes & Théologiens. Ils étoient exempts de ſervice militaire, des tributs & de toute ſervitude. Ils dirigeoient les affaires tant publiques que particulieres, décernant les peines & les récompenſes. C'étoient les arbitres & les juges des Procès. Chaque déciſion étoit munie du ſceau de

---

(*a*) Volebant perſuadere, non interire animas, ſed ab aliis poſt mortem tranſire ad alios. *Almoin.*

leur approbation. Quand un homme privé ou public méprisoit la sentence portée par ces Prêtres ou les Nobles, on lui interdisoit l'assistance aux sacrifices; ce qui passoit pour la plus grande punition. On le fuyoit comme excommunié, impie diffamé, scélérat abhorré de tout le monde.

Les Druides étoient tirés des plus nobles familles. Leur Chef, sorte de Grand Prêtre, qualifié Archidruide, exerçoit une autorité Souveraine. L'une de ces dignités venant à vaquer, on annonçoit une élection. Chacun s'intéressoit pour son fils, pour son parent. On choisissoit pour Archidruide, le plus digne des Druides. Des vertus jointes à un cours de 20 années d'études, étoient requises pour remplacer un de ces derniers. S'il se présentoit des concurrens également estimables, le sort des armes décidoit quelque fois de la préférence. Les leçons qu'ils donnoient à la jeunesse, ne s'écrivoient pas: elle étoit obligée de se les imprimer dans la mémoire, soit pour exercer cette faculté, soit pour tenir plus cachés les mysteres de la Religion aux yeux des profanes. Leurs écoles se tenoient dans des cavernes ou des forêts.

Il y avoit aussi dans les Gaules & la Germanie des femmes nommées Druidesses, Druiades ou Prophétesses, à cause de l'esprit prophétique qu'on leur prêtoit. Elles étoient consultées comme les Prêtresses de Delphes. Ne croyons pas que ces especes de Sibilles aient eu le don de lire dans l'avenir: leurs prédictions prétendues ne furent que des conjectures que le pur hasard aura quelquefois vérifiées. C'est probablement l'origine des femmes qui disent la bonne aventure.

On distinguoit plusieurs ordres de Druides : les *Vacerres*, Prêtres & Docteurs de la nation ; les *Eubages* ou *Augures* (a), étudiant les secrets de la nature pour prédire l'avenir ; les *Sémothées* ou *Semnothées*, appliqués au service des Dieux, & peut-être les mêmes que les *Vates* ou les *Vacerres*, chargés des sacrifices tant publics que particuliers ; les *Sarronides*, Juges des Gaulois & instituteurs de la jeunesse, ayant, selon A. Marcellin, plus d'étendue d'esprit que les autres Druides ; les *Bardes*, Poëtes ou Chantres, comparés aux Troubadours ou Poëtes Provençaux ; leur science consistoit à apprendre par cœur un grand nombre de vers, à les chanter à la louange de la Divinité ou des Hommes Illustres. Lucain dit qu'ils immortalisoient par leurs éloges les Héros tués dans les combats. Leurs chants & leurs instrumens avoient pour but d'exciter la valeur martiale. Les Historiens comprennent ordinairement ces différentes classes par le terme général de Druides. Ces Prêtres portoient une longue robe marquetée & peinte d'or, avec un collier de ce riche métal, de longs cheveux & une barbe. Ils rendoient un culte singulier à une sorte de plante, nommée

L'An 451.

Luc. L. I.

_____

[a] Ces Eubages fendoient un homme de la tête en bas, ou lui coupoient la gorge, pour tirer des augures de l'inspection de son sang. *Répub. des anc. François*, par *Tail-lepied*.

gui de chêne. Elle étoit employée dans l'exercice de leur magie & dans les remedes. Le breuvage de ce gui pulvérifé avoit, felon leurs idées, beaucoup de vertu contre la ftérilité des animaux, contre le poifon & le venin. C'étoit chaque année, au mois de Décembre; que le Prince des Druides, après des hymnes & des cantiques, faifoit folennellement la coupe de cette plante avec une ferpe d'or. On la recevoit avec vénération dans un linge blanc pour la bénir & la diftribuer au peuple pour fes étrennes. Cette Fête que l'on avoit annoncée par ce cri de réjouiffance *au Gui l'an neuf* ou *Aguilaneuf*, fe terminoit par l'immolation de deux taureaux blancs, liés par les cornes.

Si le peuple Gaulois étoit fuperftitieux dans fa doctrine, fes Prêtres étoient fanguinaires dans leurs facrifices. Ils fe figuroient que la vie d'un homme ne fe rachetoit que par celle d'un autre, que la colere des Dieux ne s'appaifoit que par des victimes, que le fupplice des voleurs & de tous méchans leur étoit agréable. Ils leur promettoient des facrifices dans les maladies mortelles & les combats périlleux. Au défaut de coupable, l'innocent étoit immolé. Leurs idoles, d'une grandeur démefurée, étoient tiffues d'ofier; on les empliffoit d'hommes vivans & l'on y mettoit le feu. Les Loix Romaines ont porté les premiers coups à cette Religion barbare; mais fon entiere deftruction étoit réfervée au triomphe de la morale de Jefus-Chrift. Depuis l'établiffement

LIVRE SECOND. 241

blissement du Christianisme, les Druides sont envisagés sous les noms vils & odieux de nécromanciens & de sorciers. *L'An 4514*

LIVRE TROISIEME.

SOMMAIRE.

I. Ravages d'Attila & sa défaite dans les Gaules ; contrées où régnoient Léger, Cararic & Ragnacaire. II. Clovis s'empare des Etats de Cararic & de Ragnacaire & les réunit à son domaine ; étendue du pays des Atrébates après la mort de ce Roi. III. Origine & fonctions des anciens Ducs & Comtes. IV. Origine de la ville de Tervane ou St. Pol, avec ses quatre premiers Comtes. V. Observations sur les domaines de ces Comtes. VI. Comtes d'Hesdin, avec mention de Ste. Austreberte. VII. l'Artois sous Clotaire I, Chilpéric & Clotaire II. VIII. Aventure de Lideric, 1.er Forestier de Flandre. IX. Origine de la Flandre. X. Gouvernement de ses sept Forestiers. XI. 3.e Epoque de la conversion des Artésiens, dont St. Vaast fut le principal Apôtre. XII. Suite & fin des Comtes de Tervane.

L'An 451.

I. Je ne marche point d'un pas gigantesque dans la carriere que je parcours : mon dessein est de n'omettre rien, même les choses les plus difficiles à expliquer. Qui se presse trop d'arriver à son but, risque de le manquer. A mesure que j'avance, quelquefois à tâtons, les ténèbres de l'Histoire se dissipent. Les obstacles que j'ai déjà franchis, me rendent moins pénibles, ceux qui me restent. Les faits du Livre second n'ayant pu se lier avec ceux du premier, l'interruption de la Chronologie me devenoit une Loi; je vais en reprendre le fil.

L'irruption d'Attila dans les Gaules avoit troublé le commencement du regne de Merovée. Ce Roi des Huns (*a*), meurtrier de son frere Bléda, étoit surnommé *le fléau de Dieu & le marteau de l'univers*. Il trainoit à sa suite une troupe de Princes & plusieurs centaines de mille hommes; c'étoit un amas de toutes sortes de peuples qu'il avoit vaincus. La terreur de son nom le précédoit. Par le pillage, le massacre & l'incendie qu'il laissoit sur ses traces, il sembloit né pour exterminer toute la terre. De la Thrace & de l'Orient qu'il avoit ravagés, ce Brigand pénétra, par le Danube & le Rhin, dans la Belgique où il feignit d'être l'allié des Romains. Il chassa les François de Cologne. Toutes les Villes qui se rencontrerent sur son passage, furent rangées sous sa puissance redoutable. Entré dans l'Artois pour refaire son armée, il jeta la consternation dans cette Province. Ses tentatives sur Boulogne échouerent. Il fut obligé d'évacuer ce pays après

L'An 451.

Meyer.
Locr.
Malbr. L. 2.
Chron. Belg.
De Ser es.
Fauch l. 2.
Dupleix.
Bussieres.
Chevreau.
Dubos.
Rec. des Hist. t. 3.

―――――――
(*a*) Ces redoutables ennemis de l'Empire Romain, étoient sortis des Palus méotides. S'étant établis dans la Pannonie, ils donnerent naissance à la nation Hongroise. Ces peuples, gros & difformes, combattoient assis sur leurs chevaux. Ils avoient pour habitation des chariots, pour habillement de la toile ou des peaux d'animaux sauvages. *A. Marcelin. l. 3.*

l'avoir défolé, foit à caufe de l'abondance des eaux, foit parce qu'Auréfien Artur, fils d'Uther, le repouffa jufqu'au delà de la Picardie. Sa marche s'étant dirigée vers la Loire, la ville d'Orléans fut alarmée de cette approche. Aëtius, Merovée & Théodoric I, Roi des Vifigots, joignirent leurs forces contre lui. Les Flamands & les Artéfiens conduits par Flandbert, leur chef, renforçoient cette armée. Attila étoit fecondé de Valamir, des freres de ce Roi des Oftrogots Théodemir & Videmir, & d'Andaric, Roi des Gépides, peuples ainfi nommés parce qu'ils combattoient à pied. Il fut chaffé de l'Orléanois; Aëtius le pourfuivit. Le chef des Huns, fe défiant du courage de fes troupes, craignoit d'accepter le combat. D'ailleurs les Arufpices confultés lui avoient été contraires. Cependant la bataille s'engagea dans les champs Catalauniques (*a*). Le tumulte y fut épouvantable, & le carnage fi terrible que 180 mille combattans refterent fur la place. Théodoric, ayant eu le malheur d'y périr, laiffa les palmes de la victoire à fes troupes, & le fceptre, à fon fils Thorifmond, l'ainé de fix garçons. Flandbert (*b*) effuya le même fort,

L'An 451.

Ifidor.

[*a*] Dans les plaines de St. Maurice, felon *l'Hiftoire de Bourgogne*, près d'un lieu nommé par Fauchet, *Elmoru* ou *Moru*, à cinq lieues de Châlons en Champagne. Des Hiftoriens font monter jufqu'à 300 mille hommes le nombre des tués, de part & d'autre.

[*b*] Flandbert, naquit, felon Malbrancq, *liv. 5*, vers l'an 439. S'il perdit la vie dans ce combat en 451, il n'au-

LIVRE TROISIÉME. 245

ayant en bas âge deux fils, Léger I & Cararic ou Caroce. Ce dernier régna sur les Morins; l'autre, premier Comte de Boulogne sous l'autorité de Mérovée, fut reconnu chef de ce qui étoit soumis à l'Empire François sur la côte de la Morinie depuis Boulogne où il établit sa Cour, jusqu'à l'Escaut. Il se maria avec Gania, fille d'Uther (a), Roi de la Province de Cornouailles, en Angleterre. Le pays qu'il avoit enlevé aux Saxons, lui fut donné par son beau-pere. Par la suite, le corps de Flandbert fut transféré avec celui de sa femme qui périt également, au Crotoi, dans un Monastere, qui a été détruit par les Normans.

L'An 451.

Aëtius ne fut point d'avis que l'on poursuivit Attila qui, après sa défaite, se réfugia dans la Pannonie. Il brûla & saccagea dans sa retraite les villes de Beauvais, Amiens, Arras, Cambrai, Tournai, Valenciennes, Oudenarde, Nieuport, Gand, Bruxelles & Treves. Aucune Ville n'osoit résister. Sa fureur fit aussi trembler l'Italie, sans cependant oser attaquer Rome. Jornandès lui prête une seconde irruption dans les Gaules: ce fait paroit contraire à la vraisemblance. Après une paix ou une treve conclue avec Valentinien III,

L'An 452.

---

roit donc eu que douze ans : mais on lui connoissoit alors des enfans de son mariage célébré sous Clodion. Sanderus, *Flandr. illust.* t. 1, le fait mourir plus mal-à-propos dès l'an 445. L'Épinoi le dit Fondateur de Bailleul.

(a) Mort en 479 ou 480; on le nommoit *Uther*, à cause de sa corpulence prodigieuse, & *Pendragon*, à cause d'un Dragon peint sur son Bouclier & ses Armes. *Malbr. l. 2. t.* 36.

il se retira au delà du Danube. Ce barbare artificieux faisoit souvent sa paix avec les Romains sans le moindre scrupule de la rompre chaque fois que son avantage le lui conseilloit. Il mourut peu de temps après, ayant été, selon les uns poignardé par une femme ; d'autres veulent qu'il ait été étouffé par une hémorragie, à l'âge de 56 ans. Sa mort remit un peu de tranquillité dans les Gaules ; mais elles furent partagées en tant de Royaumes, que les Romains n'en conserverent qu'une très-petite portion. Aëtius, généralissime de l'infanterie & de la cavalerie, périt aussi de mort tragique. On raconte que Valentinien le tua lâchement de sa propre main, en lui disant : *comment ! traitre, est-ce toi qui entreprens de m'enlever la couronne ?* mais il succomba sous les coups de ses courtisans affidés. On convient que cet Empereur l'avoit soupçonné d'intelligence avec Attila dont il auroit pu se saisir, en forçant le camp où il s'étoit retranché après la bataille. Il étoit d'ailleurs si ébloui de l'éclat de sa gloire, qu'il a pu se persuader qu'il ambitionnoit de le détrôner. Cette mort, envisagée comme une calamité publique, donna la derniere secousse à l'Empire d'occident. On s'en vengea sur Valentinien qui fut à son tour assassiné par deux Barbares dans le champ de Mars. Maxime qui avoit conseillé ce meurtre, lui succéda & prit sa veuve Eudoxie pour femme : comme il s'étoit vanté d'avoir tué son mari, elle le fit mettre en pièces au bout de trois mois & jeter les parties de son cadavre dans le Tibre.

Mérovée, que l'on confidere pour Fondateur de la Monarchie Françoife dans les Gaules, eut Childéric fon fils pour Succeffeur. La nature s'étoit plu à former ce Prince; malheureufement elle lui avoit donné un cœur trop fufceptible de tendreffe. L'indignation du peuple s'irrita contre l'excès de fes galanteries, & les Grands confpirerent fa perte. Se voyant menacé d'un affaffinat, il fe réfugia chez fon parent Bafin, Roi de Thuringe. Bafine ou Bafinde, fa femme, lui infpira de l'amour qu'elle ne paya point d'infenfibilité. Pendant l'interregne, la Couronne avoit été déférée à Gillon, autrement nommé le Comte Gilles, Généraliffime des Romains dans les Gaules & Gouverneur de Scifions. Cette élection avoit été l'ouvrage du politique Viomade (*a*), le feul favori, refté fidele à fon Roi difgracié. Il favoit combien il auroit été dangereux de fe roidir contre la haine des François. Les exactions & toutes les injuftices de cet étranger le rendirent, ainfi que Viomade l'avoit prévu, odieux à la nation. Regrettant la perte de Childéric, elle propofa de le rappeler. Il fut rendu aux vœux de fes fujets & remis fur le Trône par la fageffe de fon ami. On s'apperçut que le changement de pays & de fortune lui avoit amélioré l'efprit & le cœur. Il abandonna les myrtes de

L'An 456.
R. Gaguin.
Greg. Tur.
Aimoin. l.
I.
Waffebourg.
Beil f.
Buch. l.
19.
Roric.
Mon.
Hift. de
Cal. &c. ut
fuprà.

L'An 463.
ou 64.

―――――――――

(*a*) Appellé Guynomalde par R. Gaguin, & Winomade par Aimoin. Le P. Daniel regarde comme Romanefque, tout ce que l'on débite fur le Comte Gilles & Childéric.

Vénus pour les Lauriers de Mars. Ayant subjugué une grande partie des Gaules, il les divisa en Principautés. Cararic fut Roi de la tribu des François dont les quartiers étoient dans la Cité de Térouane. Ragnacaire ou Rinachaire & son frere Ricaire ou Régnier (*a*) eurent, le premier, le Gouvernement d'Arras, & le second, celui de Cambrai. Malbrancq croit que la domination de Ragnacaire s'étendoit jusqu'aux bords de la Seine. Le Comte Gilles, ayant été défait dans un combat, se retira à Soissons où il ne tarda point à finir sa vie, soit de chagrin soit par le poison. Childéric termina la sienne à Tournai & fut enterré près de l'Escaut, sur la chaussée Romaine : ce qui fut constaté le 27 Mai 1653, lorsqu'à la démolition de quelques maisons, on découvrit son tombeau, avec un anneau Royal, des Médailles d'or, plusieurs de ses Armes. l'Archiduc Léopold fit présent de ces antiques curieuses à Louis XIV.

L'An 463 ou 64.

L'An 475.

L'An 481.

II. Clovis, né de Basine qui avoit quitté son mari pour épouser Childéric, avoit à peine 20 ans, lorsqu'il revendiqua, par la voie des armes, la partie des Gaules que Syagre, Gouverneur pour les Romains, tenoit de son pere le Comte Gilles. Il le rencontra près de Soissons où il résidoit, & le défit. Ce vaincu chercha une retraite à Toulouse où régnoit Alaric II. Clovis menaça de guerre ce Roi des Visigots, si le fugitif ne

L'An 486.

_____

[*a*] Malbrancq ne pense pas que Ragnacaire & Ricaire aient été freres uterins.

LIVRE TROISIEME. 249

lui étoit livré. Il fut remis, emprisonné, mis à — *L'An 486.*
mort après un regne tyrannique. La prise de Soissons & de plusieurs autres Villes, occupées par les Romains, furent les suites de cette victoire.

On connoît la victoire remportée à Tolbiac — *L'An 496.*
par ce Prince sur les Allemands & les Suéves qui *Baluer. l.*
avoient tenté de pénétrer dans les Gaules. Elle *1.*
fut suivie de son Baptême (*a*), de celui de ses *Chr. de St*
sœurs Alboflede & Landechilde, & de trois mille *Den. l. 1.*
hommes de son armée. La très-vertueuse Clotil- *P. Daniel.*
de (*b*), qu'il avoit épousée depuis l'an 492, *&c. ut su-*
n'avoit cessé de lui inspirer de l'horreur pour le *pra.*
culte des Idoles. Elle s'étoit plus inquiétée du saint de son époux que de la puissance de son Royaume. L'amour de la gloire ne s'éteignit pas dans son cœur après sa conversion. La conquête du Royaume des Visigots détruisoit l'Empire Romain dans les Gaules où il subsistoit depuis plus de 500 ans : c'est pourquoi il attaqua Alaric, le battit, le tua à la journée de Vouillé ou Vou- — *L'An 507.*
glé : ce qui le rendit maître de tout le pays qui s'étend depuis la Loire jusqu'aux Pyrénées.

Le même esprit d'ambition ou celui de vengeance lui rappeloit depuis long-temps la conduite suspecte de Cararic, dans la bataille contre

───────────────

[*a*] C'est après son Baptême qu'il a fait bâtir, l'an 500, l'Eglise de Ste. Geneviéve de Paris, où il est inhumé. *R. Gaguin.*

[*b*] Clotilde ou Chrotilde, niéce de Gondebaud, Roi des Bourguignons, mourut en odeur de Sainteté l'an 543, ou l'une des deux années suivantes.

Syagre. Ce chef des Morins y étoit resté oisif jusqu'à la décision de l'affaire, apparemment pour embrasser le parti du plus fort. Clovis prétexta de le punir de son ancienne perfidie, ou, selon quelques-uns, de la félonie dont on l'accusoit. On présume que cet ennemi, trop foible pour résister, s'étoit cantonné dans le pays aujourd'hui partagé entre les Dioceses de Boulogne, de St. Omer, de Bruges & de Gand : on y entra à la sourdine. Lui & son fils Sigebert furent saisis, constitués prisonniers & rasés; signe alors humiliant de dégradation & preuve d'inhabileté à remplir des charges & des dignités. On ajoute que l'on voulut conférer la Prêtrise au pere & le Diaconat au fils; mais il y a apparence qu'ils resterent tonsurés. Il est rapporté dans Grégoire de Tours que Sigebert, se plaignant amérement à son pere de la perte de leurs cheveux, lui dit : *on n'a fait que couper les feuillages d'un arbre vert; loin de se flétrir entierement, il en poussera bientôt de nouveaux. Plût au Ciel que l'auteur de notre humiliation pérît aussi promptement que cette réproduction!* Clovis informé de ces propos, appréhenda que ces Princes ne fussent tentés de se révolter; il leur fit trancher la tête, s'empara de leurs Etats & de leurs trésors. Les Gouverneurs de la Morinie devinrent par la suite ses tributaires avec la qualité de Ducs ou de Comtes.

Ragnacaire & Ricaire, Princes orgueilleux & tyrans, fortement attachés au Paganisme, étoient indignés de l'abjuration de Clovis. Il fortifierent

LIVRE TROISIEME. 251

Cambrai, St. Quentin, Arras & Tournai dans le dessein de l'attaquer & de le perdre, s'il tomboit entre leurs mains. Ils furent trahis par leurs sujets qui, affectant d'être frappés de terreur, prirent la fuite dans le combat. On amena les deux freres prisonniers, les mains liées derriere le dos. Le vainqueur leur proposa la vie, à condition qu'ils se convertiroient : ils préférerent la mort. Il leur fendit la tête avec sa hache, en leur reprochant de s'être laissés enchainer comme des esclaves, & de n'avoir pas prévenu leur honte par quelque moyen honorable. On avoit promis des brasselets & des baudriers d'or aux traitres qui les auroient livrés : on leur tint parole en apparence. Les présens furent d'abord reçus comme une preuve de la reconnoissance d'un Prince qu'ils croyoient avoir utilement servi; mais bientôt ils se plaignirent de ce qu'ils n'étoient que de léton doré; Clovis leur répondit : *Allez, vous êtes des ingrats, qui mériteriez d'expirer au milieu des plus horribles tourmens, pour avoir ainsi trahi votre Maître.* Ce reproche doit honorer son cœur, s'il n'a point conseillé ce crime. Un Souverain qui récompense une trahison qu'il a suggérée contre son ennemi, doit craindre d'être trahi à son tour par ses propres sujets. Clovis manda la veuve éplorée de Ragnacaire. Docile à ses conseils salutaires, elle embrassa la Religion Chrétienne & fut baptisée avec son petit enfant. Touché de la vertu de cette Dame, il lui voua sa protection & la combla de bienfaits. Malbrancq l'appele Mauriane.

L'An 509.

L'An 510.

L'An 510.

Ces meurtres & d'autres que l'on impute à Clovis, le font répréfenter avec un caractere féroce & cruel : des Hiftoriens ont entrepris de le juftifier de ces deux derniers. Ragnacaire s'étoit rendu odieux par fes vexations, par fes infames débauches, & coupable de quelque pernicieux deffein : fa punition fut une forte d'acte de juftice dans ces temps-là où l'on ignoroit les procédures juridiques. Comme vainqueur, il acquéroit fur les deux freres le droit de vie ou de mort. Il étoit au moins autorifé à les tenir dans les fers jufqu'à la fin de leur jours. En les laiffant vivre, il auroit à la verité exercé un acte très-louable d'humanité ; en y joignant le don de la liberté, n'étoit-il pas à craindre que ces Princes, naturellement mal-faifans, n'euffent, par de nouveaux complots, cherché à ébranler les fondemens de fa nouvelle puiffance ou celle de fa poftérité ? Il trouva, dans leur mort, fon entiere fécurité. S'il ne peut être lavé de cette cruauté, il l'a expiée par la pénitence. Vivement touché des réprimandes de St. Eleuthere, Evêque de Tournai, il le conjura de fléchir en fa faveur la colere divine ; il unit fes prieres à celles du vertueux Prélat, en y mêlant un torrent de larmes.

Le P. Daniel regarde ce Roi comme le premier qui ait fixé la demeure de la nation dans les Gaules, dont il devint le Souverain & l'arbitre. Les François cefferent d'être les tributaires des Romains. Tout ce que ces premiers avoient conquis depuis le Rhin jufqu'à la Loire, fut appelé

France. La Morinie garda néanmoins son nom durant plusieurs siécles. Le tiers du partage des terres appartint au Roi ou au Domaine public; le reste fut distribué par famille. On ne connoissoit alors que deux conditions, les hommes libres qui portoient les armes, & les esclaves.

L'An 510.

Après la mort de Clovis, ses quatre fils partagerent ses Etats par égale portion, afin qu'aucun d'eux ne fît la loi aux autres. Théodoric I ou Thierri, né d'une concubine (*a*) avant le mariage de son pere, fut Roi de Metz, Clodomir d'Orléans, Childebert de Paris, & Clotaire I de Soissons. Ces Princes portoient le titre des Villes où ils tenoient leur Siége. Il seroit très-difficile d'assigner au juste l'étendue & les limites de chacun de ces Royaumes, à cause de la division d'une Province en plusieurs parties & de leur grand éloignement les unes des autres. Les Etats de Clotaire qui régnoit sur les Atrébates, comprenoient la Picardie, la Normandie & la Flandre; ceux que Ragnacaire avoit possédés, y étoient enclavés. Ces Etats, selon l'Abbé Velly, étoient resserrés entre la Champagne, l'Isle de France, la Normandie, la Mer & l'Escaut. Quatre places les fortifioient dans la Morinie, Boulogne, Amiens, Tervanes & Tournehem.

L'An 511.

[a] Le concubinage, aujourd'hui infame, étoit dans les 1ers siécles permis en certains cas par les Loix civiles. Les enfans qui en provenoient, n'étoient ni légitimes, ni bâtards, mais naturels & habiles à succéder, lorsque le pere le vouloit. Les Loix Ecclésiastiques & Civiles ont réprouvé ces sortes de mariages. *Hist. Ecclés. & de France.*

Artur n'eut aucun égard aux difpofitions teftamentaires de Clovis. Il revendiqua hautement, en faveur de fon neveu Léger, les poffeffions qui formoient le patrimoine de fes ancêtres. Il débarque à Boulogne, s'empare de cette Ville; marche fur Amiens; s'en rend également maitre, ainfi que de Tervanes & de Tournehem. Clotaire fentit la juftice des prétentions que l'on formoit, ou bien craignit de s'engager dans une guerre avec un ennemi redoutable; il céda ces pays à titre de Fief relevant de fa Couronne, avec la qualité de Comte de Boulogne.

III. L'exiftence des premiers Ducs ou Chefs qui régnoient fur une Contrée, fur une Nation, remonte fort haut. Ils le devenoient par droit de conquêtes ou par droit d'élection. Céfar en fait mention dans fes Commentaires. Ce n'eft point de ceux-là que je traite, mais de ceux qui furent inftitués par Conftantin *le Grand*, dans la vue d'affoiblir le pouvoir exorbitant des Préfets du Prétoire. Afin de rendre leur dignité plus honorable, il y attacha le commandement des Armées; elle répondoit à celle de Général. Ces Officiers étoient fubordonnés aux deux Généraliffimes de la Cavalerie & de l'Infanterie. Sous les fucceffeurs de cet Empereur, on appela Duc, celui qui commandoit les Troupes dans une Province. Son infpection fe bornoit aux affaires militaires. Sous les Rois de France, il conferva les prérogatives de fa charge, à laquelle il joignit le pouvoir civil. Le nombre de ces Officiers augmenta fous la feconde race.

La création des Comtes suivit celle des Ducs. Queen, vieux mot Saxon, signifiant compagnon, en Latin *Comes vel qui comitatur*, désigne celui qui accompagne un Prince, qui forme sa Cour. On lit dans les anciens Ecrivains, *Li queen de Flandre*; *Li cuens* est la même chose. Les Comtes étoient originairement les Conseillers ou Juges assesseurs des Généraux & des Gouverneurs Provinciaux. Sous Constantin *le Grand* qui changea la forme de l'Empire, & sous ses enfans, le titre de Comte fut considéré comme une dignité; il se donna à tous ceux qui occupoient des charges dans la Justice, les Finances, la Milice & la Maison du Prince. Cet Empereur en établit de trois Ordres; les uns plus distingués que les autres par leurs fonctions & leurs privileges, savoir les Membres consistoriaux ou du Conseil Impérial, les Gouverneurs des Provinces & d'autres, qui étoient les moindres & sur lesquels les Magistrats n'avoient aucun droit corporel. L'autorité de ces Officiers, nullement en titre d'Office ni perpetuels, continua d'être précaire & révocable. La jouissance qu'on leur accorda de certaines terres, finissoit avec leur vie & devenoit réversible à la Couronne. On en constitua plusieurs dans la seconde Belgique & les autres Provinces des Gaules. Les Gouverneurs des Cités, Villes & Châteaux étoient inférieurs aux Ducs, dont ils étoient les Compagnons & les Coadjuteurs, *quasi Comites & Socii Ducum*. Lorsque cependant ils étoient revêtus d'un pouvoir proconsulaire(*a*),

L'An 511.

───────────

[*a*] Un Proconsul étoit un Magistrat Romain que l'on

L'An 511. ils ne reconnoiſſoient que l'Empereur pour ſupérieur naturel. Outre celui qui géroit, ſous le Gouverneur de ſa Province, les affaires de Juſtice, de Police & de Finance dans une Cité, il y en avoit un autre Militaire ſous l'obéiſſance du Général de ſon Diſtrict. Un Duc qui gouvernoit une Contrée, une certaine étendue de pays, avoit donc pluſieurs Comtes à ſes ordres. Le Souverain auquel il reſtoit ſoumis, le confirmoit ou le dépoſoit à ſon gré. Ces Officiers continuerent de ſubſiſter après la conquête des Gaules par les François.

On vit par la ſuite des Comtes, tels que ceux de Flandre, être ſeulement ſoumis au Roi. Ils ne connoiſſoient point, ſelon Frédégaire, de Duc pour ſupérieur, ſoit qu'ils fuſſent des Seigneurs volontaires ſuivant à leurs propres frais l'armée Royale, ſoit qu'ils fuſſent par eux-mêmes libres & indépendans.

Quelquefois une Cité particuliere avoit deux Comtes : l'un étoit pour la juſtice, & l'autre pour la milice. Il y eut auſſi, après la ſubdiviſion des Diſtricts, deux Comtes dans un ſeul canton avec d'autres ſous eux. Les Rois Mérovingiens réunirent dans un ſeul Officier le pouvoir

---

prépoſoit au Gouvernement d'une Province éloignée, avec une puiſſance Conſulaire & extraordinaire. Il avoit la direction de la Juſtice, des Armes & des Finances. Ses Lieutenans ſe nommoient *Legati*. On voit, dans Grégoire de Tours, des Magiſtrats gouvernant des Provinces & des Villes, porter la qualité de Ducs & de Comtes.

voir civil ou pouvoir militaire qui avoit été séparé par Constantin; & c'étoit à lui que les Officiers subalternes, tant civils que militaires, devoient recourir dans les affaires importantes. La principale fonction de ces Comtes provinciaux, outre l'obligation de rendre la justice, consistoit à veiller à la régie des Domaines que le Roi s'étoit réservés dans le partage des terres. Les jugemens émanés de leurs tribunaux, ressortissoient à sa Cour Souveraine dont le Siége se tenoit au Palais. Les Comtes des Cités s'occupoient du recouvrement des deniers du tribut public.

Selon l'esprit de l'institution de ces différens Officiers, personne ne pouvoit transmettre héréditairement à ses descendans cette qualité de Comte, avec le Pays ou la Ville qu'il avoit dans sa dépendance. Il n'en jouissoit qu'à titre de bénéfice, comme tenant ces biens de la pure libéralité du Prince, *sicut beneficium seu jure beneficiario*. J'en excepte le Comte Baudouin I qui a joui, lui & les siens, de la Flandre à perpétuité, soit pour honorer son mariage avec la fille de Charles *le Chauve*, soit pour récompenser sa bravoure contre les ennemis.

Les Comtes avoient leurs Lieutenans, *Vicarii*, & leurs Notaires. Ils étoient tenus à connoître la loi, afin de n'y changer rien & d'être integres dans tous leurs jugemens. On exigeoit qu'ils rendissent respect & honneur à l'Église de Dieu, qu'ils conservassent la concorde avec les Evêques, qu'ils leur prêtassent, de même qu'aux

Miniſtres de la Religion, aide & ſecours, chaque fois que le beſoin le requerroit.

Sous les Rois de la ſeconde race & au commencement de la troiſieme, les Ducs & les Comtes abuſerent de leur autorité, juſqu'à envahir le pouvoir Souverain dans les Provinces confiées à leur adminiſtration. Ils ſe rendirent propriétaires des fiefs que nos premiers Rois leur avoient donnés à vie. Ils paſſerent d'abord à leurs enfans mâles, enſuite aux collatéraux, aux filles; enfin il fut permis de les vendre en payant un certain droit. Ces abus avoient pris leur ſource dans la foibleſſe de nos Princes, & cette même foibleſſe avoit ſouffert qu'ils fuſſent multipliés. Ces uſurpateurs des droits Royaux le furent auſſi de ceux du peuple : ils le dépouillerent, en beaucoup d'endroits, de ſes libertés & de ſes privileges. Leur inſolence ou leur caprice lui dicta des loix fort dures. Il eſt à croire que dans ces conjonctures, ils ſe ſont arrogé pluſieurs droits onéreux, même odieux à leurs vaſſaux (*a*). Ce fut pour briſer de telles entraves que l'on érigea ou que l'on confirma les communes ; & comme pour réparer les atteintes portées à l'autorité Royale, on donna en fiefs les biens uſurpés. Les pourvus furent obligés à foi & hommage, & regardés comme les feudataires de la Couronne, parmi leſquels on diſtingua les Grands Vaſſaux, tels que les Comtes de Flandre, de Champagne, de Vermandois, &c.

[*a*] Tels que les Corvées, les Surcens, les Droits de Gavenne, d'Afforage, de Péage, &c.

Livre Troisieme. 259

IV. Des Historiens font exister le château de St. Pol avant l'arrivée de César, quoiqu'il n'en soit fait aucune mention dans ses Commentaires. Ils le conjecturent par son assiette sur une colline & sa forme de construction en galeries ; ce qui étoit, selon eux, usité chez les anciens Gaulois : mais la ville de Montreuil, bâtie également sur une montagne, n'est que du IXe. siécle, & l'usage de ces galeries ne fut pas perdu après les Romains. Peut-être que ce château devoit son existence à Artur. Malbrancq dit que du temps de Léger, neveu de ce Roi des Anglois, il s'en voyoit un avec un Village sur la Ternoise, distant de plus de six lieues de Térouane, vers le midi. St. Pol est encore cité à l'occasion de la 6e. voie Romaine qui y conduisoit : mais ce lieu ne semble pas avoir été plus remarquable que bien des Villages où passoient également ces grands chemins. Pour s'en former une idée certaine, il faut en dater l'origine du 6e. siécle, c'est-à-dire, de Léger, son premier Comte.

marginalia: L'Ao 111. Malbr. L. 2. Lucre. Faucher. Bellefor. De Ser. es. Busseres. Ann. & Hist de Cal. Kelly. Turpin. &c.

St. Pol se nommoit originairement Tervanes, *Tervana* ; le nom de sa Riviere en est dérivé. On a joué sur ce mot latin pour exprimer terre d'avoine, *terra avena*. En conséquence une gerbe d'or de ce grain, liée de même, composa les premieres Armoiries de ses Comtes. Hugues II a commencé à se l'approprier ; son fils Gui a pris le surnom de Campdavaine, que l'on a depuis écrit Candavene, *Candens avena*, signifiant avoine blanche.

R ij

L'An 511.

On a souvent confondu Tervanes avec Térouane, à cause de la ressemblance de leurs termes latins. Lambert de Guines, Prévôt d'Ardres, écrivoit l'an 1200 que la ville de St. Pol se nommoit auparavant Tervanes, je veux dire, avant la guerre des Normans. On a désigné S^{te}. Austreberte par *Virgo Tervanensis*; parce que dès le siécle qui précéda celui de sa naissance, le Bailliage d'Hesdin étoit du territoire de St. Pol. Le Gouverneur de cette derniere Ville prenoit anciennement la qualité de Sénéchal de Ternois.

Artur (*a*), surnommé *le Belliqueux*, avoit, comme je viens de le dire N°. II, obtenu quatre places fortifiées dans la Morinie, parmi lesquelles on ne comprenoit pas Térouane; on en donna l'investiture à Léger, fils de Léger *le Grand*, dit autrement Lingomir, vainqueur des Anglo-Saxons & Prince des Galois. Ce Léger II fut donc, aux conditions imposées par Clotaire, Comte de Boulogne, d'Amiens, de Tournehem & 1. Comte de Tervanes. Ses freres eurent, Lucinus, la Principauté de Galles, & Anselme, le Comté d'Auvergne. On prétend que Artur, sensible aux prieres & aux larmes de la veuve de Ragnacaire

――――――

(*a*) Mort sans enfant l'an 542, & enterré à Glascow entre deux Pyramides. Ce Héros, le Bouclier de l'empire Britannique, n'étoit pas moins recommandable par sa piété que par sa bravoure. Henri II, Roi d'Angleterre, fit en 1189 chercher son tombeau que l'on découvrit à sept pieds de terre, avec une inscription latine, gravée sur une Croix de plomb; elle fut detruite sous le regne de Henri VIII. *Malbr. l. 2. c. 47.*

Livre troisieme.

n'avoit point empiété sur Abbeville, St. Riquier & les autres dépendances du Ponthieu : il laissa dans leur intégrité ces Pays qu'elle tenoit de la libéralité de Clovis, à son jeune fils Alcaire, qui fut 1er. Comte de Ponthieu. Peut-être qu'alors on avoit eu en vue quelque alliance. Ces quatre Seigneuries réunies formerent un fief d'une étendue très-considérable : celle de Tervanes s'étendoit jusqu'à neuf lieues d'une part & autant de l'autre. Les mutations & les démembremens qui y sont survenus, seront expliqués ci-après. J'ajouterai que le Roi de France a joui toujours seul du Comté de Térouane, quoiqu'il y ait eu, dans le territoire de cette Ville, des Comtes de Renti & de Querne.

L'An 511.

Une paix profonde réjouissoit tout l'Artois depuis 7 ou 8 ans, lors qu'elle fut troublée par Cochiliac, Roi des Danois, lequel se prétendoit issu de Clodion. Ces Barbares, meilleurs Pirates que soldats, se jeterent, mêlés de Germains & de Saxons, sur les côtes de Flandre & de la Morinie. L'Empire naissant des François en auroit reçu des secousses violentes, si cet essaim prodigieux d'ennemis avoit été plus avide de conquérir que de butiner. Le Roi Thierri leur opposa une armée considérable aux ordres de Théodebert son fils. Ce jeune Héros, accompagné sans doute de ses Lieutenans qui le guidoient, les joignit à l'heure qu'ils embarquoient leur butin, qu'ils avoient coutume de partager par la voie du sort. Leur flotte, dépourvue de troupes, fut attaquée, enlevée, détruite par celle de

L'An 520.

L'an 520. France. Cochiliac laissa la vie dans le combat. Tous nos prisonniers retrouverent la liberté. Peu de Danois échapperent au carnage. Léger, à la tête des Morins, en avoit battu une partie dans les endroits de son Gouvernement où ils s'étoient répandus.

L'an 514. Quelques années après, les Huns & les Vandales remplirent tout-à-coup les Villes & les campagnes de la désolation la plus affreuse. Lucinus vola, avec des troupes auxiliaires, au secours de Léger, menacé d'être la victime de leur férocité : ils eurent l'un & l'autre le malheur de succomber & d'être égorgés. Deux fils de ce dernier, Théodore & Thierri, encore jeunes, subirent la même infortune. Les corps de ces Princes reposerent dans le même tombeau. Leur Epitaphe (*a*) fut par la suite trouvée dans le monastere de Crotoi, que l'on croit avoir été bâti par un Comte de Boulogne, dans le Ponthieu ; j'en ai déja parlé à l'an 451. La perte de ce Comte de Tervanes exposa la Morinie aux fureurs des Barbares. On ignore les désastres qui en résulterent. Une autre guerre fixoit trop l'attention de Clotaire pour songer à les empêcher.

Aimeric, fils aîné de Leger, eut, dit-on, pour mere, Gontix. Il hérita les quatre Seigneuries ci-dessus. Sa sœur Mathilde eut la terre d'Arques, que je présume avoir été un démembrement de Tournehem ; elle se maria avec un Prince de la maison de Bourgogne (*b*). On lui donna pour

---

[*a*] On la rapporte au N.o 1. des piéces justificatives.

[*b*] Des Historiens dont je n'adopte pas l'opinion, le nomment Prince de Brandebourg.

LIVRE TROISIEME. 263

femme en 511, Mauriane, veuve de Ragnacaire. Il est vraisemblable qu'elle lui porta en dot le Domaine dont elle jouissoit dans le Ponthieu (a). Si Aimeric s'est marié deux fois, son autre femme n'est pas connue. Il fut pareillement tué par les Barbares, & laissa pour fils, Rodolphe qui suit, Vagon qui eut le Comté ordinaire de Ponthieu, & St. Honorat qui fut Evêque d'Amiens vers l'an 554.

L'An 524.

Rodolphe succéda dans les biens patrimoniaux. On ignore le nom de son épouse. Ses enfans furent Robert & une fille mariée avec Lédegond, Comte des Meldes. Son pere, en faveur de ce mariage, la gratifia d'un démembrement du Comté de Ternois. Leur fille Lédegonde épousa en 590 Agnéric, Comte d'Arques. Cinq enfans, nés de cette alliance, se consacrerent au service de Dieu.

L'An 543.

On avoit donné le titre de Comté à cette terre d'Arques; elle comprenoit tout ce qui est renfermé dans l'espace depuis Sangate & la voie Romaine qui va de Leulinghen jusqu'à l'Aa, avec quelques terres au delà de cette riviere.

L'An 560. Lambert. Ard. Malbr. l. 2 & 4. Hist. de Cal. t. 1.

---

[a] On distinguoit deux sortes de Comtés dans le Ponthieu : le 1.er proprement dit ainsi, étoit fermé par l'Océan, la Somme, le Comté d'Hesdin & le Ponthieu ordinaire ; le second avoit pour limites, Péquigni, la Somme jusqu'à Doulens, le Ponthieu proprement dit, le Comté d'Hesdin, le Vermandois & tout ce qui est arrosé par la Canche. *Annales Hist. Turpin.* Le Ponthieu d'aujourd'hui s'étend depuis la Somme jusqu'à la Canche. Le Pays qui va depuis cette premiere Riviere jusqu'à celle de Bresle, se nomme le Vimeux. *Desc. Hist. & Géogr. de la France.*

L'An 560. Aldéric (*a*) étoit fils de Mathilde & pere d'Agnéric, dit autrement Chagneric. De ce dernier naquit Valbert qui fit préfent de ce Comté au monaſtere de St. Bertin vers l'an 670. Cette terre & ſes dépendances s'étendoient alors du côté de la mer juſqu'à Eſcales entre Sangate & Witſant, & de l'autre côté à la côte depuis le territoire d'Oie.

Robert, dont nous ignorons la plupart des faits & le nombre d'années de Gouvernement, remplaça ſon pere. Ses belles actions lui mériterent le ſurnom de *Belliqueux*. Il profita de la diviſion des fils de Clotaire I pour recouvrer le patrimoine de ſes ancêtres. Les peuples du Nord & de l'Allemagne s'étoient emparé de tout le pays juſqu'à l'Eſcaut; ils menaçoient également la Flandre & l'Artois. Ce Héros, ſecondé des Morins & des Nerviens, oppoſa une digue à leurs irruptions. Il les repouſſa dans leurs vaiſſeaux, leur enleva leurs conquêtes dans la Flandre ſeptentrionale, fit évacuer les garniſons Françoiſes poſtées en divers forts. Ses expéditions lui valurent le titre de Comte de Flandre qu'il joignit à celui de Comte de Boulogne. Ces Comtes de Flandre étoient alors diſtingués de ceux qui eurent par la ſuite cette Province en propriété : c'étoient des Gouverneurs chargés de rendre la juſtice au nom du Roi. Ils dreſſoient auſſi les rôles des contributions; les Villes leur en remettoient le pro-

(*a*) Aldéric, Comte d'Arques, avoit épouſé Riquiere, fille de Ragnacaire, & avoit eu pour fils, Agnéric, Sigobart, Comte de Ponthieu, & Richomer. *Malbr. l. 2.*

duit pour être versé dans le tréfor Royal. Robert eut pour fils, Didier, & pour fille, Robresse qui époufa le Comte de Vermandois, fils de Vagon, Comte de Ponthieu. On lui donna pour dot, l'autre démembrement du Ternois, comprenant les terres fituées en deçà & au delà de la Canche. Il étoit nécessaire que le Souverain confentît à chaque démembrement, s'il existoit, comme on le prétend, une loi qui défendoit que le patrimoine paternel ne passât dans des familles étrangeres (*b*).

V. Ici fe préfente une difficulté, favoir, fi les Comtes de Boulogne, de Tervanes & d'Hefdin, étoient de la claffe de ceux mentionnés au N°. précédent : afin de la bien réfoudre, il faut remonter à leur premiere origine.

Ces Comtés & autres qui fuivront, ne furent autre chofe que des Domaines acquis par voie de conquêtes & confervés avec l'agrément du Roi. Au premier âge de notre Monarchie, n'étoit-il pas d'une fage politique de refpecter les possessions des Seigneurs ou des petits Souverains & de n'attendre que du temps fon agrandissement & toute fa fplendeur ? on fe rappelera que Flandbert, de qui defcendoit le Comte de Tervanes ou de Ternois, avoit régné dans la Morinie. Le Patrimoine de Léger y étoit enclavé : on l'avoit envahi ; mais Clotaire avoit eu l'équité de le restituer à fon oncle Artur qui l'avoit revendiqué par les armes. Cette Province, d'une grande étendue, fut divifée en plufieurs parties, afin de for-

_____

[*a*] Je continuerai plus tard cette filiation de Comtes.

mer des appanages & des dots à la postérité des premiers Comtes de Boulogne & de Tervanes. Ces Seigneurs, en morcelant leurs Domaines, affoiblissoient leur puissance & laissoient plus d'espérance au Prince de les réunir à sa Couronne. Aussi n'avoit-il garde de s'opposer à ces démembremens. Je ne les envisage donc pas comme des Gouvernemens ou des bénéfices à vie : on ne lit nulle part à quelle époque ni par quel Roi ils en furent gratifiés. Je les considere comme des especes de principautés Patrimoniales, établies, ainsi que je l'ai dit, par Childéric, & comme des Domaines ou des fiefs avoués par Clotaire, conséquemment permanens & héréditaires de leur nature. Plusieurs Historiens qui en ont traité, les nomment en Latin *principatus*, & *dominatus*, & désignent la maniere dont les propriétaires en jouissoient, par les verbes *principari* & *dominari*. Ces Seigneurs, dont la possession étoit indépendante du Souverain, quoiqu'ils fussent leurs tributaires, durent avoir le droit d'armer leurs vassaux, d'établir un Siége avec des Officiers pour y rendre la Justice, de publier des loix & des coutumes, d'exercer tous les pouvoirs des hauts justiciers. Je ne doute pas de leur obligation à secourir le Roi en temps de guerre. On a vu que Cararic s'étoit acquitté de ce devoir, quoique d'une maniere suspecte : aussi en avoit-il été puni par la confiscation de ses Etats; mais Clovis n'avoit point touché à ceux de son frere Léger. Les Monarques ont eu dans tous les temps le pouvoir de dépouiller un Seigneur coupable de félonie ou d'un autre crime capital ; aucune loi ne leur attribue celui de ravir injuſtement un bien patrimonial : cette odieuſe uſurpation ne ſe pratique que dans les Gouvernemens deſpotiques.

VI. Robreſſe devint donc, par ſon appanage, première Comteſſe d'Heſdin. Cette Ville fut regardée pour la Capitale de ſon Domaine. Son fils Batefrid qui lui ſuccéda, floriſſoit en l'année 632. On le qualifie Comte du Palais dans la vie de Ste Frameuſe. Il eut pour frere Rigobert qui paroît être celui qui fut Comte de Blangi ſous le regne de Clovis II. Batefrid fut cher à Dagobert I à cauſe de ſon eſprit & de ſes mœurs. Il épouſa ladite Sainte, autrement nommée Framehilde, originaire d'Allemagne. C'eſt elle-meme qui a érigé un temple à la Ste. Vierge, au Village de Marconne (a) proche d'Heſdin. De ce mariage naquirent Ste. Auſtreberte l'an 633, & Adaſcaire ou Adalgaire, Seigneur d'Auchi, qui avoit ſon domicile auprès de la Ternoiſe entre Marconne & Blangi. Celui-ci s'allia avec Ognie ou Agnie & en eut une fille, nommée Siccede, pour laquelle il fit bâtir un Monaſtere.

L'An 560.

Malbr. l. 2, 3 & 4. Turpin. Acta S. Ord. S. Bened.

(a) Le nom de ce Fauxbourg eſt un terme Teutonique, compoſé de *Mor* ou *Mar* & de *Konne*, ſignifiant flux ou arrivée de la mer qui, dit-on, ſe prolongeoit anciennement juſqu'à ce lieu, par le port d'Étaples. D'autres Villages ſur la Canche commencent auſſi par *Mar*, tels que Marenla, Marant, Marles & Marconnelle. Ce dernier nom veut dire, petite portion détachée du grand Domaine de Marconne. *Malbr. l. 3. c. 34.*

Je n'ometrai point ici ce qui concerne Ste. Auſtreberte. Molan la fait naître dans le Dioceſe de Térouane, & Malbrancq, à Marconne, près d'un Village qui porte ſon nom. Cette vertueuſe fille, à la veille d'être mariée, s'échappa de la maiſon paternelle avec une ou deux perſonnes affidées. Elle dirigea ſa route vers l'endroit où eſt le nouvel Heſdin, franchit le pont d'une riviere, dont le débordement des eaux rendoit le paſſage dangereux, & s'en fut trouver St. Omer au village de Wavrans. Ce Prélat conſentit à lui donner le voile, mais après ſa réconciliation avec ſes parens que ſon évaſion avoit outrés de colere. Ils approuverent ſa vocation & lui permirent de ſe retirer chez les Bénédictines de Port, ſur la rive droite de la Somme proche de ſon embouchure. Leur Monaſtere exiſtoit depuis St Honorat, Evêque d'Amiens. Burgofléde en étoit Abbeſſe. Après y avoir reſté 14 ans, elle fut appelée dans le Roumois pour y gouverner celui de Pavilli, de la fondation & ſous la direction de St. Filibert, Abbé de Jumiége. Son pere & ſa mere étant morts, elle transféra la Communauté de Port à Marconne; elle y fut inhumée, étant décédée le 10 Février 704 (*a*). Les Religieuſes, ne

L'An 560.
Malb. l. 3.
& 4.
Gall.
Chr
10.
Waftd.
Molan.

(*a*) Un Manuſcrit de l'Abbaye de Ste. Auſtreberte de Montreuil, fol. 1, nous apprend que cette Sainte fille naquit à Marconne, qu'elle fut Prieure de Port, & après Burgondofléde, Abbeſſe, qu'elle gouverna fort long-temps le Monaſtere de Pavilli, que le Comte Batefroi & ſon épouſe lui donnerent le Château de Marconne pour y

s'y croyant pas en sureté à cause des Normans, vers la fin du IX.e siécle, se réfugierent, avec le corps de leur Ste. à Montreuil, où Helgot, Comte de Boulogne, leur accorda un terrain, & Baudouin, Evêque de Térouane, la permission de s'y construire une retraite. Elles y ont fixé leur domicile, depuis la destruction des Monasteres de Pavilli & de Marconne.

L'an 560.

Le Comté d'Hesdin, embrassoit, dans le temps d'Adafgaire, cet espace renfermé dans celui des Atrébates, nommé *Adardenfis*, & ceux de Vermandois, de Ponthieu & de Ternois, en un mot tout ce qui compose à peu près le Bailliage actuel de cette Ville. Nous ne voyons pas qu'aucun autre ait pu être le successeur de Batefrid. L'histoire se tait sur ceux qui suivirent jusqu'à l'année 850: on doit l'attribuer à la barbarie des peuples du nord, qui ont mis notre Province en combustion & incendié des titres dont la connoissance auroit éclairci bien des faits ignorés.

Heyns ou Henri, que l'on croit petit-fils du précédent, fut le 4.e Comte du moins connu. Il florissoit en 850; il existoit encore en 863, durant la guerre de Charles *le Chauve* contre Baudouin I, Comte de Flandre. Sa valeur combattit les Normans & leur reprit une partie des terres qu'ils avoient enlevées à ses prédécesseurs.

---

construire un Monastere avec une Eglise où ils avoient choisi leur Sépulture, qu'ils le doterent de plusieurs Seigneuries du Canton, & que leur Fille passa le reste de ses jours à Pavilli.

Le 5.ᵉ Comte fut Heffred ou Heffroi, qui joignit ſes forces à celles d'Alfonſe, Comte de Boulogne. Tous deux, à la tête de trente mille hommes, s'oppoſerent aux Danois entre la Liane & le Vimereux, & ſe ſignalerent à la bataille de Wimile l'an 881.

L'ordre généalogique de ces Comtes eſt de nouveau interrompu juſqu'au ſuivant. La Monarchie étoit bouleverſée par les uſurpations des Normans & par l'indépendance des Seigneurs qui ſe jouoient de l'autorité Royale. Notre Hiſtoire eſt pleine de nuages dans ce ſiécle de troubles & de fureur.

Adolphe, fils puiné du Comte Baudouin *le Chauve*, ſemble avoir hérité les Comtés de Boulogne & de St. Pol, & Guillaume I, Comte de Ponthieu, les avoir conquis en 966 ſur Arnoul *le Jeune*, Comte de Flandre. La Terre d'Heſdin auroit-elle ceſſé, pendant quelque temps, d'être diſtincte & ſéparée de celle de St. Pol? Selon les freres de Ste. Marthe, Philippe de Bourgogne, Seigneur de Fontaines, fils naturel d'Adolphe, épouſa Jeanne, héritiere d'Heſdin; il en ſortit Maximilien & Jean, Seigneurs de Fontaines, &c. Quel fut le pere de Jeanne, & auquel de ſes enfans paſſa le Comté d'Heſdin? L'Hiſtoire ne les nomme pas.

Le 6.ᵉ Comte connu fut Alulfe. Le Comte Helgot avoit donné, dans le IX.ᵉ ſiécle, la Terre & Seigneurie de Caveron au Monaſtere de St. Guingalois (*a*), de Montreuil, aujourd'hui St.

___

L'An 560.
Anc. Chr. de Samer.
Malbr. l. 6. & 8.
Turpin.
Hiſt. de la M. de Fr.
T. 1.
Not. G.
Valeſii.
Hiſt. de la M. de Béthune.
Inſt. Eccl. Ambiſ. &c.

___

(*a*) Nommé en Anglois *Ifinwalec*, en Breton, *Guignolé*

LIVRE TROISIEME. 271

L'An 562.

Sauve, en la rendant franche & libre de toute avoucrie. L'Abbé Rameric vit que les Seigneurs voisins s'en approprioient injustement les revenus & que les habitans mêmes du lieu refusoient de se soumettre à sa justice : alors excité par les conseils de son Chapitre & de ses amis les plus prudens, il institua Avoué, par une Chartre donnée la 3.e année du Roi Robert (*a*), Alulfe qu'il y qualifia Comte d'Hesdin & qu'il reconnut être plus vaillant & plus propre à défendre son droit qu'aucun autre Seigneur du Pays. On ignore quels furent sa femme & ses enfans.

Le 7.e fut Alolphe. Le jour des Rois l'an 1056, il souscrivit, étant à St. Omer, un concordat (*b*) fait par Baudouin V, Marquis de Flandre, au sujet d'une contestation qui s'étoit élevée entre Bovon, Abbé de St. Bertin, & Gerbodon, Avoué de Sithiu.

---

ou *Vennolé*, & en François *Valois*. Ce Saint, dit l'Abbé Butler, *Vie des Saints en Anglois*, étoit un noble Breton qui vécut d'abord en Ermite dans son propre pays, puis dans le Monastere de Landevenec, auprès de Brest. Il mourut l'an 529. Ses Reliques furent transférées, sous le regne de Louis *le Begue*, à cause des Normans, partie à St. Pierre de Gand, partie à Montreuil sur-mer.

[*a*] Cette Chartre est rapportée au N.° 2, des pièces justific.

(*b*) L'acte de cet accord se lit dans Malbranca, l. 8. c. 46, & dans l'*Histoire général. de la maison de Béthune*; il est signé des Evêques Drogon & Gérard, des Abbés Bovon & Léduin, des Comtes Eustache & Roger, de Robert de Béthune & d'Alolphe de Hesdin. J'en rapporterai la substance au 37.e Abbé de St. Bertin.

Le 8.e fut Gauthier I ou Gaucher, fils du Précédent. Le Roi Philippe I tint, en 1065, une assemblée solennelle dans la ville de Corbie; il y octroya une Chartre pour l'amortissement des biens de l'Abbaye d'Hasnon: Gauthier la souscrivit avec la qualité de Comte d'Heidin. Du Chesne qui la cite (*a*), dit l'avoir tirée des Archives de ladite Abbaye. Gauthier fut choisi, entre les principaux du Pays, pour l'un des seize grands Seigneurs, Pleiges & Otages, offerts par le Châtelain de Cambrai à l'Evêque de cette Ville, afin de garantir la réparation solennelle qu'il lui avoit promise (*b*). Cet Acte, rapporté par Carpentier, est signé de Richilde, Comtesse de Hainaut & de Valenciennes, & dite Comtesse de Hesdin dans une certaine Chronique.

Le 9.e fut Enguéran ou Engelram, vivant en 1067. Le nom de sa femme étoit Mathilde. Dans une Chartre (*c*), donnée l'an 1079 par Hubert, Evêque de Térouane, sur la fondation de l'Abbaye d'Auchy, Gautier & Enguéran sont qualifiés Comtes d'Hesdin. Cet Enguéran est nommé Comte, & Hesdin, Comté, dans une autre Chartre

de

(*a*) *Hist. des M. de Guines & de Béthune.* Voy. aussi A. le Mire & *Gallia Chrift.* t. 3.

[*b*] On lit dans un acte reposant aux archives de l'Eglise de Cambrai: *obsides qui & principes terræ, sunt hi, Odo Comes Viromandiæ Herberti P. Filius. Gualterus Comes Hesdinii.* Hist. de Cambrai.

(*c*) Elle est rapportée au N.° 3, des Piéces justific.

TOM. 1.

LIVRE TROISIEME. 273

de Charles *le Bon*, Comte de Flandre, conservée en original à l'Abbaye d'Auchi & dont le double se voit au Trésor des chartres d'Artois : *Comes Ingelramnus.... in omni Comitatu suo.... in omni Comitatu Hisdinensi*. On lui attribue le même titre dans la chartre de fondation du Prieuré de St. George, près d'Hesdin, & dans le Bref de l'an 1112, du Pape Paschal II, confirmatif des donations faites à cette Eglise (*a*). Enfin plusieurs savans (*b*) l'ont reconnu Comte d'Hesdin. Duchesne le met au nombre des Chevaliers Bannerets. La chartre de fondation dudit Prieuré fut signée par un certain Arnoul de Hesdin, homme dudit Enguéran.

L'An 560.

───────────────

(*a*) Ce Bref est à la pag. 269 de Locre, & dans le 1.er tom. d'A. le Mire.

(*b*) Tels que A. le Mire, *t.* 1. les frerères de Ste. Marthe, *t.* 1. les Auteurs de *Gallia Christ.*, *t.* 10. Marchantius, Turpin, Malbrancq, Papebrock, Henschenius, *t.* 1. &c.

Rumet, dans ses Chroniques de Ponthieu, enrichies des notes marginales de N Buteux, dit que l'Abbaye d'Auchi fut réédifiée & fondée de nouveau par Enguéran, Comte d'Hesdin. Il y a reçu sa sépulture. Sa tombe, dont la représentation se voit ici, existe encore sous le pavé de son Eglise; quoique brisée en trois morceaux, on y lit : *hic jacet Ingelramnus Comes qui hanc Ecclesiam Alchiacensem ab exercitu Wermondi,* (seu Guermondi) *& Isambardi destructam restauravit. Anno M. L. XXII.* L'année de sa mort est effacée.

Voyez la Dissertation sur l'existence des anciens Comtes d'Hesdin, imprimée en 1777, en réponse à la critique de M. G... inférée dans le Journal de Verdun, au mois de Novembre 1776.

Tom. I.

Enguéran fut frere de Gérard, nommé Seigneur d'Hesdin dans la *Généalogie de la Maison de Bournonville*. Celui-ci eut pour fille, Adelaïde qui épousa Guillaume de Bournonville, bienfaicteur de l'Eglise de Térouane, à laquelle il accorda, en 1071 (*a*), deux portions de dixmes de la Paroisse de Bournonville, en présence de Gérard, son beau pere. De ce mariage naquit Gérard de Bournonville.

On pourroit croire que Gérard succéda à son frere Enguéran, quand on considere un intervalle de seize ans, depuis l'an 1094 (*b*) que celui-ci vivoit encore, jusqu'en l'année 1112 que l'on sait que florissoit Gautier II que l'on prétend avoir été fils de Gérard.

On objecte que la chronique de l'Abbaye des Dunes attribue à Richilde, Douairiere de Baudouin VI, Comte de Flandre, la qualité de Comtesse d'Hesdin. Voilà donc cette Ville encore déclarée Comté. Mais si cette Princesse en a réellement joui, ce n'est que par droit de conquête & jusqu'au temps qu'elle en aura fait la remise à Enguéran.

Le 10.e Comte fut Gautier II, vivant depuis

[*a*] Le Titre de l'an 1071, recouvré du débris de l'ancien Chapitre de Térouane, est cité par Christin, grand Chancelier de Brabant, pag. 68, de son Ouvrage intitulé, *Jurisprudentia heroïca de jure Belgarum circa nobilitatem*, in-fol.

(*b*) Il vivoit encore cette année-là, selon une Chartre qu'il publia en faveur du Chapitre d'Hesdin.

LIVRE TROISIEME.

1112 jufqu'à 1119. Il étoit petit-fils de Gautier I, felon une Chartre du Comte Baudouin VII, de l'an 1112. On le qualifie Comte d'Hefdin dans celle de Charles *le Bon*, mentionnée ci-deffus ; *Walterus Hifdinorum Comes*. Il retient le même titre chez les Hiftoriens qui parlent de lui. Une ancienne Chronique, dépofée parmi les manufcrits de la bibliotheque du Roi, n.° 5994, porte que » Clémence, Comteffe de Flandre, foutint » des guerres fanglantes, affiftée de fes parens & » amis, favoir les Comtes de Mons, de St. Paul » & d'Hefdin (*a*) ». La Chronique d'Albéric lui donne la même qualité (*b*). On lit, dans celle de Flandre par Sauvage, que » le Comte Hugues de » St. Pol demeura toujours en fa cruauté, & » avoit avec lui Gautier, Comte d'Hefdin. ... que » le Comte de Flandre prit Gautier, Comte d'Hef- » din, & le déshérita de toute fa Comté». Le P. Turpin, d'après Iperius & d'Oudegherft, le nomme plufieurs fois Comte. J'expoferai fa révolte & fa punition au commencement du XIIe fiécle (*c*). Malbrancq le rétablit dans fon Comté l'an 1126.

[*a*] Ipfa verò (*Clementia*) cum amicis fuis & parentelâ fuâ conftituit prælia dura, fcilicet comitibus de Mons, Sancti-Pauli, Efdinii.

(*b*) Sed Comitiffa Clementia nomine nupfit Duci Lovanii, qui Dux, & Comes Hainonii & Hugo Campus avenæ Comes S. Pauli & ipfi erant contra Carolum & Galtherum Hefdinii Comitem patriâ expulit. *Voy. auffi Meyer*.

[*c*] L'Abbaye de St. Bertin, *pag. 5, de fa Requête au*

Anselme en fut le 11.e Il signa une Chartre par laquelle Guillaume, successeur de Charles *le Bon* dans le Comté de Flandre, avoit confirmé en 1127 les loix & les coutumes des habitans de St. Omer (*a*).

Le 12.e fut Bernard. L'an 1148, il fut dressé entre Eustache, Abbé de Montreuil, ce Seigneur, Mathilde sa femme & Gui leur fils, un acte confirmatif des droits du Concordat passé entre Rameric & le Comte Alulfe, tels qu'en avoient joui Gautier & Enguéran ; Bernard y est qualifié Comte au commencement & à la fin (*b*). Il prit encore

---

Roi, pour l'élection d'un Abbé d'Auchi, reconnoît Gauthier pour Comte d'Hesdin ; elle fixe sa punition à l'année 1112, c'est un Prochronisme. Baudouin VII mourut vers l'an 1119 ; Charles de Dannemarck lui succéda. Ce ne fut que sous ce dernier Comte de Flandre que la révolte éclata par les intrigues de la Comtesse Clémence. Le Comte d'Hesdin ne pouvoit être dépouillé de sa terre avant cet événement. Turpin a fixé la révolte à l'année 1117. On rapporte que ce Gauthier promit au Comte de Flandre, le jour qu'il lui rendit son Comté, de laisser jouir paisiblement l'Abbaye d'Auchi de toutes les terres que son oncle Enguéran lui avoit données ; mais il mérita de la perdre une seconde fois, en prenant le parti du Comte de St. Pol.

(*a*) Cette Chartre est souscrite du Roi Louis, du Comte Guillaume, de Raoul de Péronne, de Hugues de Candavene, de Husion Châtelain & de Guillaume son frere, de Robert de Béthune & de son fils Guillaume, d'Anselme d'Hesdin, d'Etienne Comte de Boulogne, de Manassès Comte de Guines, de Gauthier de Lillers, &c. On verra ci-après, dans ma Dissertation, pourquoi Hugues & Anselme négligerent d'y prendre la qualité de Comte.

[*b*] Cet acte est rapporté au N.º 4 des pieces justific.

le même titre dans deux Concordats faits en 1148 & 1151 entre lui, le Comte Thierri d'Alsace & le Chapitre d'Hesdin.

L'An 560.

Le 13.e & dernier Comte connu, fut Everard. Malbrancq, qui parle souvent du Comté d'Hesdin & de ses Comtes, dit à l'Epoque de 1178, que le Comte d'Hesdin & les autres Seigneurs du canton se faisoient gloire d'offrir leur Domicile au Comte Philippe d'Alsace, quand il venoit chasser aux environ d'Auxi-le-Château. Cet Historien raconte que l'année suivante, Everard, Seigneur d'Hesdin, obtint à Dommartin, par les Reliques de St. Thomas de Cantorberi, la guérison d'une violente maladie.

Malbr. l. 10. c. 32 & 33.

L'Histoire ne reconnoît pas d'autres Comtes: l'Artois dont Hesdin fait partie, fut incorporé dans le Domaine de la France, en vertu du mariage d'Isabelle de Hainaut avec Philippe de France, l'an 1180.

Froissart fait mention d'un Enguéran d'Hesdin (*a*), gardant conjointement avec Oudart de Renti

---

[*a*] On cite un Enguéran d'Hesdin en plusieurs actes qui se trouvent à l'Abbaye d'Auchi. On y lit, dans un Manuscrit, que ce Seigneur du Mesnil, Paroisse de Marconne, fonda audit Mesnil une Chapelle l'an 1203, & que, conjointement avec Pérone son épouse, Aélide sa mere & Jean son frere, il y établit un Hôpital, en lui donnant les dixmes de Guisi, Mesnil, Aubin, Capelle, &c. Le même fonda encore, selon le Cartulaire de St. Josse-sur-mer, un anniversaire pour le repos de son ame & celle de Pérone, dans l'Eglise de cette Abbaye, l'an 1208. Cet Enguéran vivoit avant celui dont parle Froissart.

la ville de Bapaume, lors qu'Edouard III, Roi d'Angleterre, s'en vint afiéger Rheims l'an 1359. Il cite encore un Arthus d'Hefdin qui fe trouva dans l'armée Royale à la bataille de Rofebecq en 1382, Gouverneur du Dauphiné en 1388, mort en 1392, enterré aux Céleftins d'Amiens. Nous ignorons ce que furent Enguéran & Arthus : ils n'ont rien de commun avec nos Comtes, de-même que les fuivans; un Jehan d'Hefdin, Confeiller à St. Omer en 1300, un autre Jehan d'Hefdin, Avocat au Parlement & Confeiller dans la même Ville en 1485, & un 3.e qui s'eft qualifié S.r *d'Hefdin, & des bois & forêts de cette Ville* dans une Chartre, donnée le 7 Août 1527 par Charles, Duc de Vendôme pour le chauffage des fœurs Grifes dudit Hefdin (a).

Les droits royaux fur le Comté d'Hefdin font ainfi rapportés dans le *Traité des droits du Roi fur ce Comté*, par Denis Godefroi (b).

» Hefdin eft une ancienne Seigneurie, diftincte
» & féparée de l'Artois, & qui a porté le titre
» de Comté auparavant que cette qualité eût été

___

(a) La lifte de tous ceux qui porterent le furnom *de Hefdin*, depuis le XII.e jufqu'au XVI.e fiécle, feroit fort longue : on y voit des Chevaliers, des Ecuyers, des Prêtres, des Religieux, & en 1379, un Jacques de Hefdin, Sergent Royal. On ignore qu'elle fut leur origine. On fait que, dans le Boulonois, il exifte un village, nommé Hefdin-l'Abbé. *Mff. d'Auchi. Cartulaire de St. Riquier, &c.*

(b) Godefroi avoit furement lu le Traité de Péronne de l'an 1192, & autres titres fans lefquels il n'auroit pu établir les Droits du Roi d'une maniere inconteftable.

» donnée à l'Artois par St. Louis, lorsqu'il en
» fit donation à Robert, son frere. Et quoiqu'en
» ladite donation, Hesdin soit compris avec les
» villes d'Arras, St. Omer, Aire, Béthune,
» Bapaume, Lens & Lillers, néanmoins St. Louis
» tira déclaration & reconnoissance dudit Robert,
» comme Hesdin étoit du tout distinct & indé-
» pendant de l'Artois.

» Philippe de Bourgogne, qui épousa Margue-
» rite, Comtesse de Flandre & d'Artois, bailla
» pareillement déclaration au profit du Roi Char-
» les V, son frere, que Hesdin n'étoit pas des
» dépendances d'Artois, mais Seigneurie ayant
» Bailliage & juridiction séparée.

» Aussi Louis XI, après la mort du dernier
» Duc de Bourgogne, ayant réduit sous son obéis-
» sance non seulement Hesdin, mais aussi Arras
» & autres Villes voisines, voulut encore laisser
» ces juridictions séparées, & par une déclara-
» tion particuliere ordonna que Hesdin & St. Pol
» seroient du ressort de Montreuil (*a*) comme au-
» paravant.

» Depuis sont ensuivis les Traités de Madrid
» & de Cambrai, par lesquels François I quitta
» la Souveraineté de Flandre & de l'Artois : Toute-
» fois le Roi d'Espagne reconnoissant que cette
» renonciation ne se pouvoit étendre au Comté
» de Hesdin, par le Traité du Château en Cam-

(*a*) Montreuil, sous le titre de Comté, eut autrefois dans son ressort les villes de Térouane, Ardres, Hesdin, St. Pol & même Boulogne.

» brefis, obtint d'Henri II une renonciation par-
» ticuliere aux droits qui pouvoient appartenir
» à cette Couronne en la Ville & Bailliage de
» Hefdin «. Cette Ville, par les Traités fubfé-
quens, continua de refter à la France jufqu'à fa
destruction par Charles-Quint.

J'ai fuivi jufqu'au bout cette filiation des Comtes d'Hefdin, telle qu'on la prétend, afin de ne
pas l'éloigner de ma differtation inférée dans ce
volume (*a*), pour répondre aux objections ha-
fardées contre leur exiftence.

VII. L'Artois n'offroit point de faits intéreffans
pendant le regne de Clotaire I. J'ai rempli ce
vide de 50 ans par des inftructions & des détails
Hiftoriques. Ce Roi, qui avoit furvécu fes trois
freres, avoit réuni fur fa tête les quatre divifions
de la Monarchie Françoife. Les deux années qu'il
en refta feul maitre, il éprouva que le plus beau
trône eft environné d'épines douloureufes. Après
fa mort, précédée du repentir de fes crimes, fes
Etats furent partagés entre fes quatre fils, Caribert, Gontran, Sigebert & Chilpéric. Ce dernier né d'Arigonde, eut pour appanage le Soiffonnois : ainfi l'Artois le reconnut pour Souverain. Ce Prince que l'on compare à Néron, rendit fes peuples plus malheureux qu'ils ne l'avoient
été fous le regne précédent, tout fouillé qu'il
fut par les débauches & la cruauté. Il épuifa
d'hommes leurs Provinces & les furchargea d'im-

L'An 560.

L'An 561.

L'An 562.
P. Emilius.
Chron. de
St. Den. l.
3. Herman.
an. 1079.-
Hug. Vict.
Aimoin.
l. 3 & 4.
Spicileg.
t. 8.

(*a*) Voy. N.º 5 des pieces juftific.

pôts, sans s'inquiéter du maintien ni des progrès du Christianisme. Sa première épouse fut une fille de basse extraction, nommée Audoëre ou Audovere : il la répudia, après en avoir eu quatre enfans, pour épouser Galsuinde, sœur de Brunehaut, femme de Sigebert. Peu de temps après s'être plainte des infidélités de son époux, dans une assemblée des Etats, on la trouva étranglée dans son lit. Frédégonde fut soupçonnée d'avoir conseillé ce parricide à Chilpéric ; on cessa d'en douter, quand on la vit obtenir la couche nuptiale & le trône de sa rivale.

L'An 562. Gaguin. Wasseb. Fauch. Vinch. Malbr. l. 2. Velly. Daniel. l. 1. Hist. de Cal. &c.

Sigebert, Roi de Metz, avoit humilié l'ambitieux Chilpéric, qui avoit tenté d'envahir le Royaume d'Austrasie. On lui restitua néanmoins Soissons & son fils Théodebert que l'on avoit fait prisonnier. On reprit les armes. Ce dernier marcha en Aquitaine ; il fut défait & tué dans le combat. Son pere, qui avoit pénétré dans la Champagne, fut consterné de cette perte ; il courut s'enfermer dans Tournai avec sa femme & ses autres enfans. Il fut investi dans cette Ville. Crasmer qui en étoit Evêque, le consola dans son affliction. La perte de ce fugitif étoit jurée, lorsque Frédégonde corrompit, à force de présens & de promesses, deux Emissaires pour se défaire du Prince Austrasien. Ils entrent dans sa tente, feignent d'avoir un secret à lui révéler, lui donnent deux coups de dague & le renversent par terre (*a*). Son Chambellan & un autre serviteur

L'An 564.

L'An 575.

―――――――――――――――――――――――――――――

(*a*) Des Historiens ont cru ces deux Régicides, de Té-

L'An 575. veulent arrêter ces fcélérats ; on en tue un ; on blesse l'autre. Les Soldats accourus au bruit de cette Tragédie, les hachent en piéces. Le corps sanglant de Sigebert fut enterré au village de Lambres, près de Douai, & par la fuite tranf‑ porté à Soiffons. Chilpéric rentra en poffeffion du Soiffonnois.

L'An 576. Brunehaut, d'abord Arienne, puis Catholique, avoit au moins 40 ans lorfqu'elle fe remaria avec fon neveu Mérovée, folennellement à Rouen où elle étoit exilée. Ce Prince fe révolta enfuite contre fon pere, parce qu'il avoit affuré la Cou‑ ronne aux enfans de Frédégonde, au préjudice de ceux qu'il avoit eus d'Audoëre, fa mere. Chilpéric indigné de cet outrage, pourfuivit ce rebelle dans tous les lieux de fon refuge. Rien ne put le dérober à fa fureur. Après avoir erré de la Touraine en Auftrafie & de la Champagne en Artois, partout trahi & rebuté de fes amis, rafé malgré lui & inhabile au Trône, rongé de chagrin & tout hors de lui-même, il s'en vint à Térouane terminer fa déplorable deftinée. Il étoit attiré dans le piége par l'infidele Capitaine Bofon & Gilles, Archevêque de Rheims, tous deux lâchement dévoués aux cruelles volontés de Fré‑ dégonde. Cette Reine audacieufe avoit prévenu quelques principaux Citoyens de la prochaine arrivée de ce malheureux. Dans le deffein de l'arracher à la folitude où il s'étoit caché, ils

---

rouanne. Le P. Daniel & Vinchant difent que Sigebert fut tué à Vitry, Bourg entre Arras & Douai.

furent lui témoigner en cérémonie tout le regret possible de le voir continuellement persécuté. Ils lui promirent d'embrasser son parti, s'il vouloit prendre possession de Térouane. Ce jeune Prince fut victime de sa crédulité. Accompagné d'une poignée de gens affidés, il prend la route de cette Ville. Tandis qu'il se repose dans une maison, au milieu de la campagne, quel est son étonnement de se voir investi de tous côtés par une troupe de traîtres ! On se saisit de lui & l'on informe Chilpéric de ce qui se passe. Ce Roi, dans l'appréhension qu'il ne s'évade, accourt vers ce prisonnier: il apprend qu'il a été égorgé (*a*) par un assassin, suborné par Frédégonde. Chilpéric dont la rage n'étoit pas encore assouvie, ordonna la mort de tous ceux qui avoient été fideles à son fils.

L'An 576.

L'An 577.

L'Artois & d'autres Provinces furent, durant ce siécle, affligés de plusieurs fléaux, tels que, outre la guerre, des inondations subites, des incendies, des dégâts causés par des animaux féroces, des tremblemens de terre, des maladies épidémiques, la famine & la peste. Ajoutons-y un grand préjudice causé à la Religion par la longue vacance du Siége Épiscopal de Térouane & la translation de celui d'Arras à Cambrai. La premiere de ces deux Villes avoit été dévastée & dépeuplée par les barbares du nord. Les peuples qui soupiroient après la fin de leurs malheurs,

(*a*) Dans un bois appellé, dit-on, à cause de cela, *bois de la trahison.*

L'an 577. ne l'attendoient que de la mort de Chilpéric. Ce Prince étoit parti pour la chasse, soit pour gémir d'une imprudence échappée à son épouse, soit pour méditer la vengeance du déshonneur qui en résultoit. A son retour vers la brune, il fut

L'an 584. poignardé par un scélerat (*a*). R. Gaguin présume que cet assassinat avoit été concerté par Frédégonde & le Général Landri. Ce Roi s'est laissé dominer par toutes les passions qui font le malheur d'un État. Il n'aimoit personne & tout le monde le détestoit. Son avarice fut telle qu'il ordonnoit la mort des gens riches afin de s'emparer de leurs biens. La sienne occasionna une rupture entre les Rois de Bourgogne & d'Austrasie.

Le Ciel s'étoit déjà vengé des crimes de la vindicative Frédégonde : il lui avoit enlevé les trois Princes qu'elle avoit eus avec Chilpéric. On croyoit que cette perte dont elle sembloit touchée, lui auroit inspiré des sentimens de vertu; mais ils n'avoient été que momentanées. Il lui restoit au berceau un autre fils, nommé Clotaire, qui succéda à son pere, sous sa régence. Ce jeune Prince fut élevé à Vitri, en Artois. Cette Régente impérieuse étoit parvenue au comble de la prospérité par la force de son génie & la multiplicité de ses crimes, lorsqu'elle fut emportée

L'an 597.
Du Tillet.
N. Gilles.
Fauchet.
par une fiévre maligne. Les uns tirent sa basse origine du village d'Avancourt ou d'Hannecourt, en Picardie ; les autres la prétendent fille d'un

---

(*a*) Nommé Faucon, selon Frédégaire.

LIVRE TROISIEME. 285

Seigneur de Haucourt ou de Brabancourt, en Artois. Elle & Brunehaut, sa rivale, conduisirent à l'envi, par leurs intrigues infernales, le timon du Royaume.

L'An 597.

La mort de Frédégonde exposa les États de Clotaire II à de nouveaux dangers. Ce Roi qui avoit été vainqueur de Brunehaut à Leucofao, fut, quatre ans après, vaincu près de Sens par les armées combinées des Rois d'Austrasie & d'Orléans, tous deux fils de Childebert. Sans ressource après sa défaite, il fut contraint de recevoir la paix à des conditions humiliantes. Il ne conserva de son Royaume que quelques Comtés où l'on comprend le Boulonois & la Morinie.

L'An 600.

La mort de Théodebert & de Thierri sembloit rappeler Clotaire dans son Domaine; mais il éprouva de nouvelles contradictions dans les intrigues & les complots de Brunehaut. A la fin cette Reine fut arrêtée par son ordre & immolée, à l'âge de 80 ans, à la haine publique. Pendant trois jours on la promena ignominieusement sur un chameau dans le camp. Les bourreaux l'attacherent ensuite à la queue d'un coursier indompté qui la traîna à travers les épines & les cailloux. Les débris de son corps furent livrés aux flammes, & ses cendres renfermées dans un tombeau de marbre. Des Historiens se sont élevés contre les horreurs qui noircissent sa mémoire & ont exalté ses vertus. Il est certain que cette Reine eut plusieurs bonnes qualités. Il faut bien

L'An 615.

distinguer les premieres années de son regne d'a-
vec les dernieres, & considérer le temps & le
motif de ceux qui ont loué ses actions.

Clotaire, par une suite d'événemens particuliers à l'histoire de France, se vit maître de tout
l'Empire François depuis l'an 613 jusqu'à sa mort.
En partant de cette époque jusqu'au commencement du IX.e siécle, on apperçoit encore un grand
vide dans l'histoire d'Artois. J'ai à rapporter,
pour le remplir, beaucoup de choses communes
à cette Province & à la Flandre.

VIII. Le premier fait est une aventure que l'on
regarde comme Romanesque : mais est-elle plus
incroyable que bien d'autres encore plus merveil-
leuses, attestées par de graves Historiens ? Quoi
qu'il en soit, nous la rapportons telle qu'on l'a
consignée dans les Annales de Flandre & ailleurs,
sans nous rendre garants de toutes ses circonstances, dont les unes sont fort vraisemblables, &
les autres un peu fabuleuses. Elle servira du moins
à découvrir l'origine des Forestiers de cette Province. On prétend aussi qu'elle a donné lieu aux
Carmesses où l'on représente une figure gigantesque, ainsi qu'on le pratique nommément à
Dunkerque, à la Procession de St. Jean-Baptiste.

Les malheurs qui désoloient la Bourgogne,
obligerent plusieurs Seigneurs d'abandonner le séjour de cette Province. Salvaërt, Prince de Dijon, avoit inutilement conjuré la tempête qui en
menaçoit la ruine. Il voulut se retirer auprès du
Roi d'Angleterre, son parent & son ami, avec son

épouse Emergarde ou Emergaërt (*a*), fille de Gérard, Prince de Roussillon. Il dirigea sa route vers la Flandre, à dessein de s'embarquer dans quelque port de la Belgique. Il arriva avec sa suite dans une forêt, nommée *sans merci* ou *sans pitié*, à cause des meurtres qui s'y commettoient.

Phinaërt, fils de Phinibert II (*b*) & arriere-petit fils de Ragnacaire, gouvernoit ce canton. Il habitoit le Château de Buc où se voit présentement Lille. Ce Fort avoit été bâti par César, sur un des bras de la Deule, à peu près dans l'endroit où se trouve maintenant l'Eglise Paroissiale de St. Maurice. Clotaire II avoit récompensé les services de ce Gouverneur, en rendant héréditaire, en faveur de ses enfans, la survivance de ses Emplois. Il s'étoit conduit avec assez de sagesse, tandis qu'il conservoit la pureté de la Religion Catholique : s'étant laissé corrompre par l'Arianisme, il se livra à toutes sortes de vices & de cruautés. Sa grande taille jointe à un air féroce, l'annonçoit pour la terreur des peuples circonvoisins. Aucune espece de crime ne l'effrayoit, dès que son avarice insatiable s'en croyoit satisfaite. Il avoit à ses ordres un certain nombre de brigands qu'il envoyoit, du côté des bois, à la découverte des voyageurs. Ceux qui lui rapportoient plus de butin, avoient meil-

[*a*] Il l'avoit épousée en 594, selon Malbr. *Carte généal. du l. 3.*

(*a*) Flandbert eut pour fils & successeur, Phinibert I ; Gondegoire succéda à ce dernier, & après lui, Phinibert II.

leure part à ses faveurs. L'impunité de ses forfaits avoit accru son audace inhumaine, soit parce qu'ils étoient ignorés ou colorés, soit parce que Clotaire avoit sur les bras d'autres affaires importantes qui restreignoient la liberté de les punir.

Ce tyran, averti de l'arrivée de Salvaërt, l'attendit avec une troupe de satellites embusqués dans les avenues d'une Forêt. Le voyageur se voit brusquement assailli. Son premier mouvement est de trembler, & son second, de se défendre. Il excite ses gens à le secourir : mais le combat est inégal. Ils sont enveloppés & succombent sous les coups redoublés des assassins. Salvaërt perd la vie avec tous ses équipages. Son épouse, échappée au carnage, cherche promptement son salut dans l'épaisseur du bois. A chaque souffle de vent qui agite le feuillage, elle croit entendre les pas des meurtriers; elle étouffe ses sanglots, de peur qu'ils ne la trahissent. Pleine d'effroi & sans secours, la mort lui auroit semblé préférable si elle n'eût porté dans son sein l'image de son époux malheureux. Accablée de lassitude & de douleur, elle se traîne vers une fontaine. Tandis qu'elle y prend un repos apparent, son ame est déchirée par le vif sentiment de son infortune. Salvaërt égorgé se retrace à ses yeux. Elle sent tout ce qu'elle a perdu; elle ignore ce qu'elle va devenir. Loin de trouver quelque motif de consolation dans le chaste fruit de ses amours, elle n'y voit qu'un surcroît

surcroît de douleur par la crainte qu'il ne périsse avant de naître, ou que la vie ne lui soit un présent funeste. Pendant l'amertume de ses réflexions, la nuit survint ; mais elle la passa dans l'insomnie la plus cruelle. Sa première pensée fut, au point du jour, de chercher le moyen de sortir de la forêt. Sur ces entrefaites, un Ermite dont la cabane n'étoit pas loin, s'offrit à ses yeux. Il venoit emplir sa cruche à la fontaine. La vue d'une Dame distinguée par ses habillemens & les traits du visage, lui causa d'abord quelque défiance ; mais bientôt sa tristesse & ses pleurs l'instruisirent qu'il lui étoit arrivé quelque infortune. Elle lui raconta sa tragique aventure. L'Ermite tâcha, par ses exhortations, de lui relever le courage. La petitesse de sa cellule ne permettoit pas de lui donner un afile. Peut-être craignoit-il de s'attirer la vengeance de Salvaërt. Il offrit quelque nourriture à la Princesse ; il l'obligea d'en faire usage & de prendre quelque repos. Il lui promit en la quittant de revenir incessamment, pour lui procurer tous les secours qui dépendroient de sa charité.

On prétend qu'elle rêva pendant son sommeil qu'elle alloit enfanter un fils destiné à venger la mort de son époux, à devenir Prince d'un grand Pays & pere d'une illustre postérité. Elle sentit, en s'éveillant, renaitre toutes ses forces, & resta fortement persuadée que le Ciel se déclaroit le protecteur de son enfant. Bientôt après, elle le mit au jour & l'enveloppa de son mieux dans des langes faits de ses vêtemens. Tandis qu'elle considéroit tendrement les traits de Salvaërt dans les traits naissans de ce fils, qu'elle le serroit contre son sein, qu'elle l'accabloit de ses baisers & l'arrosoit de ses larmes, un bruit de chevaux & de voix confuses se fit entendre. Un noir pressentiment lui fit craindre le retour des meurtriers. Son premier soin fut de cacher son enfant dans une petite fosse, sous un buisson épais. Elle aima mieux l'exposer à la merci des bêtes féroces que de le confier à des gens inhumains. Elle le recommanda à la même Providence qui avoit autrefois conservé le jeune Moïse.

Les satellites de Phinaërt ne tarderent point à se montrer. Occupés de leur butin, ils avoient fait peu d'attention à la fuite de la Princesse. Le tyran prévoyant qu'elle divulgueroit l'assassinat de son mari & qu'elle en solliciteroit la vengeance, leur avoit reproché de l'avoir laissée fuir; les avoit chargés de la chercher le lendemain & de la lui amener. A la vue de leur proie, on peut juger de leur empressement à s'en saisir. Insensibles aux larmes & aux cris, ils n'envisagerent que la crainte de déplaire à leur maître, s'ils souffroient qu'elle s'échappât. Leur commisération se borna à la flatter par des promesses, pourvu qu'elle ne fit aucune résistance à les suivre. Ils la mirent sur leurs chevaux; & glorieux de leur découverte, ils volerent au Château de Buc. On devine bien qu'elle fut à leur arrivée la joie cruelle de Phinaërt. On enferma l'infortunée dans une prison pour le reste de sa vie. Son unique consolation étoit d'espérer le recouvrement de sa liberté, chaque fois qu'elle se rappeloit les objets de son songe, qu'elle regardoit comme une révélation.

L'An 628.

L'Ermite qui avoit entendu le bruit qui venoit de se passer, retourna vers la fontaine. Après des recherches inutiles, il ne douta plus que la Princesse ne fût enlevée. Tandis qu'il s'en attristoit, le sifflement de plusieurs oiseaux attira ses regards vers le lieu où reposoit le nouveau né. Plus il y prêtoit d'attention, plus il se persuadoit que leur ramage désignoit quelque chose de mystérieux. Il s'approcha du buisson & découvrit avec surprise ce petit enfant qui, par ses pleurs & les mouvemens de son corps, sembloit implorer son assistance. Il le prit entre ses bras, ne doutant aucunement qu'il n'appartînt à la Princesse captive, selon les symptomes de grossesse qu'il avoit dû remarquer. Il le porta vers la fontaine (a) pour le baptiser, en lui imposant son nom de Lideric. Le Ciel, protecteur des premiers momens de sa naissance, veilla encore à sa conservation. Une Biche qui avoit perdu ses petits, sortit de sa retraite. L'Ermite entrevit dans les caresses qu'elle lui prodiguoit & à cet enfant, le dessein de la Providence. Pénétré de reconnoissance pour cette faveur, il présenta la bouche du tendre nourrisson à la mamelle de la Bi-

[a] On voit encore la fontaine appellée *de la Saux*, auprès de laquelle il étoit né.

T ij

che ; elle se prêta à ses desirs aussi long-temps qu'il en fut besoin. Surprise encore plus merveilleuse ! cet officieux animal vint l'allaiter régulierement deux fois le jour, à des heures fixes.

Le Solitaire charitable, saisi d'admiration à la vue de ces prodiges, en auguroit la future grandeur de son pupille. Aussi prit-il un soin extrême de son éducation. Dès qu'il fut en âge de parler & de comprendre, il lui inspira l'amour de la Religion & des bonnes mœurs. Il lui découvrit la noblesse de son origine, les malheurs qui avoient accompagné sa naissance, & tous les dangers dont le Ciel l'avoit garanti. Il l'excita en même temps à délivrer un jour sa mere des mains barbares de Phinaërt. Le jeune homme attentif à ces discours, en gravoit l'esprit au fond de son ame, & soupiroit après le moment de pouvoir exécuter ce que le sang & l'honneur exigeoient de son courage. Vers l'âge de dix ans, il fut envoyé en Angleterre. L'Ermite l'adressa à un vertueux Abbé, recommandant de lui donner une éducation convenable à son rang. Ayant été produit à la Cour, il y brilla par des vertus qui lui concilierent tous les cœurs. Il s'y forma peu à peu dans les exercices des jeunes gens de qualité. Il parvint à plaire involontairement à la Princesse Gratienne, soit par les agrémens de son esprit & de ses manieres, soit par la sensibilité que lui inspira le récit touchant de ses malheurs. On prétend qu'elle l'exhorta fortement à délivrer sa mere, en lui offrant toutes les ressources nécessaires pour l'entreprendre. Ayant atteint l'âge d'environ vingt ans, il se sentit assez de force pour tenter cet acte de générosité. Il débarque à Boulogne & se rend à Soissons où le Roi tenoit sa Cour. Il lui peint vivement la trahison, l'homicide, toute l'atrocité des forfaits commis par Phinaërt. Il en sollicite la vengeance, s'offrant de le combattre, ainsi que tout autre qui oseroit le défendre. Le Roi étonné d'un tel courage, acquiesce à la justice de ses prétentions, d'autant plus volontiers qu'il avoit à se plaindre des procédés ambitieux du tyran. Il lui représente néanmoins le danger auquel il va s'exposer, en mesurant ses foibles forces contre un ennemi adroit & vigoureux. Le jeune Lideric étoit convaincu que l'innocence ne manque point d'armes suffisantes pour terrasser le crime. L'accusé étoit vassal de la France. On lui dépêcha un Heraut pour le disposer à se justifier, par un combat singulier, des crimes qu'on lui imputoit. Quel fut son étonnement ! Il nia la vérité des inculpations, n'imaginant pas que la Princesse captive eût laissé un fils dont il n'avoit jamais ouï parler. Cependant il fut obligé d'accepter le défi.

Le Roi, accompagné de l'accusateur & de plusieurs courtisans, partit pour être témoin du duel. A son arrivée, on avertit Phinaërt que le combat auroit lieu le lendemain, vers six heures du matin, sur le pont de son Château, nommé aujourd'hui par les Lillois *le pont de Fin*. En même temps sa Majesté promit & jura sur sa Couronne de rendre justice, sans acception de personnes, conformément au droit que donneroit l'événement. Le présomptueux tyran répondit que l'issue de ce combat lui seroit plus agréable que le commencement. Les traits de son visage & l'indiscrétion de ses paroles déceloient l'imposture de son cœur. L'heure critique étant sonnée, il se prévalut de ses forces contre le jeune Athlete. Aussi terrible par les regards que par la stature, il se présenta devant lui avec l'orgueil & les railleries du Géant Goliath. On lui remarquoit cependant cette timidité inséparable d'une conscience criminelle. Son adversaire, se reposant comme David sur le bras du Tout-Puissant, se mit en devoir de déployer toutes les ressources de sa valeur. Outre les ruses Angloises qui lui étoient familieres dans ces sortes de combats, la justice de sa cause, soutenue d'une ame héroïque, lui promettoit encore la victoire: les Grands, & surtout sa famille y prenoient le plus vif intérêt. Les deux Coursiers étant sur le point d'agir, on se met le casque en tête & l'on prépare les piques. Le salut donné au Roi, est suivi du signal pour l'attaque. Les armes, au premier choc, se brisent contre le Bouclier, sans qu'il en résulte aucune blessure. Les deux champions descendent de cheval pour terminer la querelle à la pointe de l'épée. Phinaërt, comme le plus grand, emploie toute son adresse pour percer la tête de Lidéric. Celui-ci, esquivant les coups par son agilité, tâte l'autre partout où il peut

LIVRE TROISIEME. 295

Le premier se montre plus redoutable par la pesanteur de ses armes & la force de ses coups ; le second paroît plus leste & frappe plus souvent. La longue incertitude du combat tient les spectateurs en suspens ; chacun d'eux espere & craint alternativement. Enfin Lideric s'anime de plus en plus par l'idée de son pere massacré & de sa mere injustement emprisonnée. Il songe que s'il a le bonheur d'être victorieux, il deviendra son libérateur. Il redouble de courage. Il perce la poitrine du tyran avec tant de roideur qu'il le renverse par terre. L'air retentit aussitôt de mille acclamations. Les spectateurs le jugerent digne de vaincre & de jouir du patrimoine de la Flandre. Le vaincu éprouva, par sa mort ignominieuse (a), que la vengeance divine, pour être tardive, n'en est pas moins redoutable (b). Sa tête fut exposée au bout d'une perche au-dessus du Château. Le premier prix de la victoire pour Lideric fut la liberté de sa mere : il se hâta de la lui

L'An 628.

---

[a] Malbrancq & Buzelin fixent cette mort à l'an 621, sous Clotaire II ; Locre & Marchantius, la reculent à l'an 632, & d'Oudegherst à l'an 640 sous Dagobert II. Les guerres & les séditions de la Bourgogne ont plusieurs époques depuis 599 jusqu'en 616. Si Salvaërt a quitté ce pays pendant la guerre de 599 ou 603, en ajoutant les 20 années que l'on donne à son fils lors du combat, on trouvera l'année 620 à peu-près, ou 623 ; s'il en est sorti pendant les séditions de l'an 614 ou 615, cette mort sera arrivée plus tard.

(b) Lento gradu ad vindictam sui divina procedit ira; sed tarditatem gravitate supplicii compensat.

procurer, avant de souffrir le pansement des blessures qu'il avoit reçues. Le Roi le gratifia de tous les biens de Phinaërt, & le nomma premier Forestier de Flandre, se réservant pour lui & ses Successeurs la Souveraineté de cette Province.

IX. Ce que je viens de rapporter, m'entraîne indispensablement dans des détails relatifs à l'origine de la Flandre & à la recherche de ses Forestiers. Ils feront sentir tout le rapport primitif que cette Province conservoit avec celle d'Artois. On ne sauroit, en parlant de l'une, omettre l'autre, sans laisser un grand vide dans l'Histoire que j'écris.

D'Oude-gherst. Mayer. Mém. de Golland l. 2. Bentivoglio. Not. Valesii.

La Flandre se nommoit anciennement *Ménapie*, & ses peuples *Ménapiens*. Dix cantons, aujourd'hui Comtés, en formoient l'étendue, savoir Theerenburch, Arras, Boulogne, Guines, St. Pol, Hesdin, Blandimont, Bruges, Harlebeck & Tournai. Elle a été presque de tout temps divisée en deux régions par la Lis. Ce qui est au delà de cette riviere du côté du nord jusqu'à la mer, est la Flandre *Flamingante* ou *Flamandes*, parce que l'on y parle flamand ; c'est aujourd'hui la Flandre Maritime. Ce qui se trouve en deçà vers le midi, porte le nom de Flandre *Gallicane* ou *Françoise* ; le François y est en usage. Elle comprend les Villes & Châtellenies de Lille, Douai & Orchies dans toute leur étendue, depuis la Lis jusqu'à Béthune & Arras ; le Tournaisis y étoit compris.

Clodion avoit donné, comme je l'ai dit, le

Gouvernement de la Flandre Maritime à son neveu Flandbert, que l'on croit auteur du nom Flamand. Les uns veulent cependant que le mot Flamand dérive de *Vlamink*, surnom donné à Phinaërt, Prince de Buc, à cause de ses brigandages & de ses meurtres; d'autres le tirent de Flandrine qu'ils font épouse de Lideric II, cinquieme Forestier; d'autres en imaginent l'origine dans le caractere national : ils supposent aux Flamands un penchant naturel qui les porte, non seulement à des querelles personnelles, mais encore à des séditions & des guerres civiles. Enfin quelques-uns ont avancé que cette Province avoit été nommée Flandre, parce qu'étant voisine de l'Océan, elle est exposée à la fureur des vents & des flots, *Flandria à flatu & fluctibus ità nuncupata*. Au milieu des incertitudes sur la véritable étymologie de cette Province, nous conviendrons avec Heuterus, qu'elle n'a rien de certain. Quelques Historiens l'ont appelée *forêt Charbonniere*, à cause de plusieurs forêts qui la couvroient.

{L'An 628.}

X. Lideric est donc le premier des Forestiers qui ont succédé aux Gouverneurs de Flandre. Ceux qui le font descendre du Sang Royal de Lisbonne, rejetent l'avanture de Salvaërt comme fabuleuse; ils ajoutent qu'il vint en France offrir son épée à Charles Martel contre Eudes, Duc d'Aquitaine : ce qui n'auroit pu avoir lieu qu'au VIIIe. siécle; opinion contraire à l'existence de ces Forestiers. Leur charge qui s'est perpétuée jusqu'à l'érection de cette Province en Comté,

{Locre. Bellefor. Malbr. Généal. par Balthasar. Burel. l. 1. L'Espinoi.}

répondoit à l'idée que nous avons des grands Veneurs. On les regardoit comme Sires ou Maîtres des eaux & forêts dont la Flandre étoit alors remplie. Ils avoient la permiſſion d'y chaſſer, de pêcher dans les lacs & les rivieres. Des Hiſtoriens les ont qualifiés Comtes; d'autres ont prétendu que ces Foreſtiers leur étoient ſoumis. Sigebert s'eſt ſervi du terme *principabatur*, pour exprimer la nature du Gouvernement de Lideric ſous l'autorité Royale. Il eſt certain que leur emploi étoit des plus honorables, s'il eſt vrai que cet Officier, ſurnommé de Buc, épouſa, non Rothilde, mais Yone (*a*), fille de Clotaire II & ſœur de Dagobert. Le Roi lui donna, en faveur de ſon mariage, l'Artois, le Vermandois, la Picardie & le Soiſſonnois, à condition de prêter foi & hommage à la Cour Souveraine, dite alors la Cour des Pairs. Il Gourverna ſes États pendant 55 ans avec toute la vigilance & la prudence poſſible. Il les parcouroit, ſouvent pour y maintenir la Religion, la Juſtice & la ſureté publique. Ses Loix firent trembler les voleurs & les brigands dont la Flandre étoit infeſtée. Il joignit une vertu ſévere à une valeur intrépide; le trait ſuivant en ſera la preuve.

Joſeran de Dijon, ſon fils ainé, avoit, plutôt par étourderie que par méchanceté, enlevé forcément un pannier de pommes à une pauvre

―――――

(*a*) Malbrancq, *Schol. in l. 3.* eſt plutôt pour Yoke, Yoks, que pour Yone, Yona; Locre la nomme Rithilde & autrement Rothilde.

femme de Tournai. Un vol de cette nature ne méritoit qu'une vive réprimande ou une peine paſſagere. Le pere ſe fit un devoir de ne point tolérer dans ſon fils ce qu'il puniſſoit dans les autres. Il étouffa les cris de la nature qui réclamoit le pardon de cette faute. Il lui fit trancher la tête. Quelques-uns veulent qu'il ait été pendu à Tournai ou à Lille vers l'an 655. Cet exemple de la plus grande ſévérité ne laiſſoit à perſonne la moindre eſpérance de l'impunité du crime.

L'An 628.

Ce Foreſtier, décéda à Lille en 676, dans la ſuppoſition que ſon regne eût commencé l'an 621. Toute la Flandre le regretta. Il eut ſa Sépulture à Aire, avec un ſuperbe Mauſolée que les ſiécles détruiſirent juſqu'au dernier veſtige. On lui attribue la fondation de cette Ville. Seize garçons, outre deux filles dont les noms ſont ignorés, furent les fruits de ſon mariage, ſavoir Joſeran; Antoine ſon ſucceſſeur; Burchard ou Bouchard, Seigneur des Grudiens & 3.e Foreſtier; Baudouin, Seigneur d'Amiens; Allaume, Seigneur d'Arras; Lionnel, Seigneur de Vermandois; Galeran, Seigneur de Neſle ou Nigelle; Moriſſes ou Maurice, Seigneur de Buc ou de Lille; Baudri, Seigneur de Douai; Magnifer, Seigneur d'Aire; Saladran ou Saledru, Seigneur de St. Omer; Montfort ou Godefroi, Seigneur de Gand; Ganimedes, Seigneur de Bruges; Baudiames ou Gordien, Seigneur d'Harlebeck; Gandrie, mort en bas âge; & Lideric, dit *le Petit*, décédé sans hoirs. On lui compte un fils naturel, appelé Namaléon, Prince de Normandie. Malbrancq ne lui donne que trois enfans, Antoine, Burchard & Saladran, sous prétexte que, parmi cette multitude, on n'en connoît point davantage. Cela n'est pas sans exemple : les uns seront morts de bonne heure, les autres n'auront fait rien de remarquable : deux moyens d'être bientôt oubli de la postérité. On veut que sa femme ait cessé de vivre vers l'an 644 & qu'elle ait été inhumée à Aire.

L'Ecusson des Forestiers & Comtes de Flandre fut, jusqu'à Thierri d'Alsace, un écu Gironné d'or & d'azur, de dix ou douze piéces, à un écu de Gueules sur le tout, le timbre couronné d'or à deux bras & mains d'homme sauvage, nué entre deux ailes de plumes de Paon ou d'Hermine, & les hachemens d'Azur & d'Hermine.

Il n'est pas certain qu'Antoine ait gouverné avec autant de sagesse que son pere. Des Historiens lui prêtent un naturel pervers, qui fit le malheur de la Flandre. Les incursions des Barbares du nord l'obligerent à se retirer en France. Selon l'opinion commune, il y termina sa triste carriere vers l'an 679, sans avoir été marié (a). On présume que son tombeau est à Aire.

Burchard ou Bouchard fut le 3.e Forestier après la mort de son frere. On loue la pureté de ses

[a] D'Oudegherst veut que le suivant qu'il nomme Bossaërt, ait été son fils : Buzelin est contraire à ce sentiment.

LIVRE TROISIEME. 301

mœurs, son amour pour la justice & ses talens pour la guerre. Il épousa Helwide, ou Helvinde, fille de Waltchifi ou Valcifci, que Meyer dit sœur de St. Vandrille. Quelques-uns l'ont fait Comte de Louvain à cause de son mariage dont il n'eut qu'Estorede pour enfant. Son imprudence en embrassant le parti de Pépin Héristel, Maître de l'Austrasie, Contre le Roi Thierri III, lui coûta la perte de son Gouvernement & de ses possessions; l'an 687; il ne conserva que sa qualité de Forestier & Harlebeck dont il étoit Comte; il y séjournoit plus volontiers qu'à Lille. On ignore la date de sa mort. On s'apperçoit qu'il étoit fort vieux vers l'an 736. Wassebourg le fait oncle maternel d'Agrebert, Evêque de Verdun.

L'An 628.

Estorede, Comte d'Harlebeck, remplaça son pere. Le ravage des Barbares l'obligea de quitter le séjour de Louvain & de transférer son domicile au Château de son Comté, peu distant de Lille. Heuterus lui donne Idoine pour épouse & le rétablit, contre le sentiment des Annalistes, dans le Gouvernement de Flandre. Il ne vivoit plus en 765, selon Meyer. Balthasar lui prolonge la vie jusqu'en 792.

Lideric II (*a*), fils & successeur du précédent, se distingua par son amour pour les beaux arts &

Meyer.
Io...
Malbr. l.

[*a*] La Chronique de St. Bertin, dit d'Oudegherst, c. 13, ne fait mention que d'un seul Lideric : en quoi il la trouve fort extravagante & fabuleuse. Il est notoire, ajoute-t-il, que le premier Lideric fut enterré à Aire, & le second à Harlebeck. Fontenailles a cru ce dernier, Baron,

par ſes talens militaires. Sa valeur ſoutint Charlemagne dans les guerres qu'il eut contre les Barbares. Les Annales Belgiques rapportent que ce Roi, pour preuve de ſa reconnoiſſance, lui céda & à ſes deſcendans, toute la Flandre. Ce ſeroit donc le premier Foreſtier propriétaire de cette Province, dont les bornes s'étendoient alors plus loin que du temps de Flandbert : *nom jam præfectus ut anteà*, dit Malbrancq, *ſed Dominus* Lideric extermina les brigands & les voleurs. Il ſut non ſeulement punir le crime, mais auſſi récompenſer la vertu. Il décéda chargé d'années vers l'an 808 ; il reçut ſa ſépulture à Harlebeck. Ses belles actions l'avoient fait chérir du Roi de France, reſpecter de ſes ſujets & redouter de ſes ennemis. Il s'étoit marié avec Hermongarde ou Hermengarde de Rouſſillon. Balthaſar, Sauvage de Fontenailles & autres lui donnent pour femme, une Allemande, nommée Flandrine. Peut-être fut-il marié deux fois.

Engelram ou Enguéran, fils du précédent, étoit avancé en âge, lorſqu'il prit les rênes du Gouvernement. Il avoit hérité les vertus de ſon pere. Les Temples qu'il a bâtis & réédifiés, ſont des preuves de ſa piété. Ses ſoins procurerent à ſes ſujets toutes ſortes d'avantages. Il fut la terreur du brigandage, qu'il pourſuivit tant ſur mer que ſur terre. L'Agriculture, les Loix & la Religion fleurirent ſous ſon regne. Pluſieurs Villes de Flandre, leurs Ports & leurs Edifices, détruits par les Huns & les Vandales, lui ſont redevables

LIVRE TROISIEME. 303

de leur rétablissement ; il y construisit des Citadelles pour réprimer leur fureur. Il cessa de vivre en 824. Son inhumation se fit à Harlebeck, dans l'Eglise de St. Sauveur. On vante sa force sans pareille. Le nom de son épouse reste ignoré. On fait l'un de ses fils, dit Helbert, Comte ou Gouverneur de la Morinie. Cette charge exigeoit sa vigilance sur les côtes de cette Province. Il est à croire qu'il étoit subordonné au Forestier, ou qu'il ne gouvernoit qu'en sous-ordre.

L'An 628.

Odoacre (*a*), 7.e & dernier Forestier, ayant remplacé son pere Engelram, mit à profit les bons exemples de ses Ancêtres. Il donna à ses sujets beaucoup de terres à défricher, afin de les attacher à l'agriculture. On le peint sage, magnanime, généreux, fidele à son Prince. En volant au secours de Louis *le Débonnaire*, il le maintint de toutes ses forces contre les procédés de ses enfans & des Seigneurs du Royaume. Ce trait de fidélité honora les peuples de son Gouvernement. L'Empereur sensible aux services & à l'attachement de ce Forestier, lui céda en propriété le pays des Morins, le Comté des Atrebates & un démembrement de celui de Boulogne (*b*) ; Ces possessions avoient été confisquées au préjudice d'un Seigneur convaincu du crime de lese-Majesté. C'est pourquoi on le regarde comme le premier Comte propriétaire de la Morinie. Avant

D'Oudegherst.
P. Heuterus, &c.

────────

(*a*) Nommé Andragres ou Andrac par quelques-uns, & Ardacer par d'Oudegherst.
(*b*) Voy. *infra* Othes 14.e Comte de Tervanes.

qu'il eut possédé la Principauté de Flandre, je veux dire, avant l'an 824, on ne connoissoit, dans ce pays des Morins, que des Gardiens, des Gouverneurs, des Lieutenans du Roi de France. Il mourut vers l'an 863. Son corps fut réuni avec ceux de ses prédécesseurs à Harlebeck. D'Oudegherst lui attribue pour épouse, la fille d'Anselme, Comte de St. Pol: ce qui ne sauroit être, vu le long intervalle depuis la mort d'Odoacre jusqu'à l'avénement d'Anselme. D'ailleurs on ne connoit à celui-ci qu'une fille mariée avec Bouchard de Crequi. Heuterus l'allie avec la fille d'un Prévôt ou Seigneur de Sithiu, dont le nom est inconnu. Odoacre avoit fermé de murs la ville de Gand & avoit édifié d'autres Villes en Flandre. Il laissa pour fils, Baudouin, surnommé *Bras de fer*, premier Comte de Flandre (a).

XI. On a vu quelle sainte joie avoit causé la conversion de Clovis & de quels merveilleux effets avoit été suivi la réception de son Baptême. Les

___

[a] La généalogie des Comtes de Flandre suivra celle de ces Forestiers. Ces filiations seront plus instructives qu'amusantes: la lecture en est indispensable à quiconque veut connoître à fond l'Histoire d'Artois. Si je les avois assujetties à la ponctualité de la Chronologie, il en seroit résulté un autre désagrément. Le fil de la narration auroit été à chaque instant coupé par des détails peu curieux qui en auroient réfroidi l'intérêt. Cet inconvénient diminuera à mesure que nous nous éloignerons des premiers siécles. Ce 3e Livre sera terminé par la suite des Comtes de Tervanes, afin de n'y plus revenir.

Les Chrétiens en auguroient la fin prochaine des persécutions. En effet les orages suscités contre eux s'étoient dissipés. Les Evêchés détruits par les barbares, avoient été rétablis, les Oratoires ou Autels, dotés & érigés en Cures. Dans un Concile national, assemblé à Orléans le 11 Juillet 511, les Evêques avoient réglé la discipline qui devoit s'observer dans l'Eglise de France. St. Remi, comme chef Métropolitain, avoit dispersé des ouvriers évangéliques dans la seconde Belgique qui en étoit dépourvue depuis plusieurs années. L'état Monastique étoit encore devenu le soutien & la gloire de la Religion depuis le V.e Siécle. Malgré des révolutions si heureusement opérées, malgré les secours spirituels fournis à différentes Provinces, l'idolâtrie & les vices grossiers avoient repris racine dans les Dioceses d'Arras & de Térouane. La miséricorde de Dieu suscita de nouveaux Ministres dont le zele s'occupa de l'affermissement du Christianisme & de la pureté des mœurs. Parmi ceux que l'Artois eut le bonheur de posséder à la 3.e époque de sa conversion, je distinguerai St. Vaast & St. Antimond; St. Vulgan & St. Amand, leurs successeurs dans l'Apostolat. St. Omer & St. Bertin que j'y joins, formeront un article particulier au second volume.

L'An 628

L'Aquitaine fut le Pays natal de St. Vaast, neveu de St. Firmin, Evêque de Verdun. Il avoit, étant Prêtre de l'Eglise de Toul, signalé le zele Apostolique qui le dévoroit. Sa sainteté & ses

Bussel. t. 2. Wasset. Alcuin. Vita S. Ved. Apud Bolland.

miracles l'avoient déjà illustré, lorsque Clovis, encore Catéchumene, l'appela de cette Ville pour l'instruire des mysteres de notre Religion. Bientôt St. Remi l'estima capable de rendre des services importans à l'Eglise. La paix ayant été rétablie, & la Foi promettant de se ranimer, il le sacra Evêque d'Arras en 499, & au plus tard en 500. La conversion des Artésiens, privés de Pasteurs depuis le massacre de St. Diogene, fut l'objet de sa mission. On le considéroit comme l'homme le plus propre à adoucir leurs mœurs féroces & à leur inspirer des sentimens conformes à la morale de Jesus-Christ. Des Souverains tant de l'Artois que des Provinces voisines, entre autres Ragnacaire, Roi de Cambrai, avoient proscrit le Christianisme & tourmentoient ceux qui le professoient.

Le nouvel Evêque arrive aux portes d'Arras. Un boiteux & un aveugle lui demandent quelque secours au nom du Dieu des Chrétiens; il rend la vue à celui-ci & redresse l'autre. Ce double miracle étoit sans doute d'un augure favorable pour son Apostolat. A l'aspect de la Ville changée en solitude, dépouillée de tout monument public de Religion depuis sa destruction par Attila, il verse des larmes de sang sur tant de ravages & de désordres. Il visite les décombres & les ronces dont elle est hérissée. Un Ours, ainsi qu'on l'assure, l'apperçoit, s'élance de son repaire, disparoit pour toujours (a). Enfin il dé-

―――――
(a) Quoiqu'un fait tienne du merveilleux, il peut n'en

couvre les ruines d'un Autel dédié à la Ste. Vierge ; une inspiration divine semble lui en prescrire la destination : il le fait entourer d'une magnifique Eglise sous la même protection. C'est le premier fondement de la Cathédrale d'Arras.

Ce Pasteur fut l'objet de l'amour & de la vénération publique par la sainteté de ses mœurs, la force de son zele, l'excellence de sa charité, la modestie de ses paroles, l'humilité de ses actions & la mortification de ses sens. On le vit infatigable dans ses courses apostoliques, dans les prédications répétées sans relâche à son peuple, afin de le porter à l'amour de Jesus-Christ, à la pratique des vertus Chrétiennes, afin de le prémunir contre les erreurs & la perversité des Princes Idolâtres. Il étendit le culte de la Religion par la destruction des faux Temples & la construction de plusieurs Eglises. Les Prêtres & les Diacres qu'il ordonna, devinrent autant de coopérateurs au succès de ses travaux. St. Remi l'avoit encore chargé du gouvernement de l'Eglise de Cambrai. Ces deux Dioceses, comme je l'exposerai à la partie Ecclésiastique de cet Ouvrage, ont continué d'être réunis sous un seul Evêque jusqu'à leur séparation en 1094.

St. Vaast, au milieu de tant de soins fatigans, conserva son vif amour pour la retraite Reli-

---

être pas moins vrai, surtout quand de graves Historiens l'ont attesté ; mais il y auroit de la puérilité à raconter que St. Vaast a donné sa bénédiction à l'Ours pour le mettre en fuite.

gieuse. Dans la vue de réfugier, comme dans un port à l'abri des tempêtes, une élite de fideles, & de s'y recueillir avec eux, il construisit un oratoire en forme de petit cloitre, situé vers l'orient, proche le ruisseau, nommé Crinchon. Ce lieu, peu considérable dans son origine, est le berceau du Monastere de son nom, richement doté par le Roi Thierri. Cassé de vieillesse & d'infirmités, il fut retiré de ce monde l'an 540, ou un an plutôt. On raconte que sa mort fut précédée de l'apparition d'une colonne de lumiere qui s'étendoit du faite de la maison jusqu'au haut des Cieux, & qu'à cette nouvelle, le saint Evêque, prédisant sa derniere heure prochaine, s'y prépara par les dispositions les plus touchantes. On lui donna la sépulture dans l'Eglise Cathédrale. Plusieurs miracles l'ont rendu célebre depuis sa mort. Sa translation est mémorable par le recouvrement que St. Omer y fit de la vue.

La nomination de St. Antimond à l'Evêché de Térouane contribua pareillement au salut des Morins. Il menoit proche de Rheims une vie d'anachorete. S'il eut l'esprit peu orné par les lettres, il fut profond dans la science des Saints. L'Archevêque St. Remi voulut que cette lumiere, au lieu de rester sous le boisseau, éclairât les peuples ensevelis dans les ténebres. On rapporte qu'il lui dit : *Vous avez fui le monde jusqu'à présent : préparez-vous à le combattre désormais. Táchez de le vaincre & de le fouler aux pieds.* Il ajouta que la Morinie périssoit faute de Ministre évangélique pour lui rompre le pain de la parole. Antimond respecta les conseils & les exhortations de son supérieur. Ayant reçu l'onction Episcopale & les plus pathétiques instructions, il partit pour sa destination. Sa réception fut très-disgracieuse. Les Morins l'accablerent d'insultes & de malédictions. L'anti-Chrétien Cararic passe pour en avoir été le principal moteur. On croit qu'il se passa trois années avant qu'il pût occuper son Siége. Ce ne fut qu'à force de patience qu'il réussit à calmer l'orage. *Il fit paroître, au milieu des Loups, non seulement la douceur de l'Agneau, mais encore la simplicité de la Colombe* (a). Il mit en pratique ce verset du Pseaume 30 : *J'ai mis une garde à ma bouche, dans le temps que le pécheur s'élevoit contre moi.* Grand exemple d'imitation pour les Pasteurs moins enclins à souffrir qu'à s'impatienter dans des conjonctures fâcheuses. Le Ciel versa ses bénédictions sur les travaux de ce vertueux Prélat ; il eut la consolation de voir le nombre des Chrétiens s'augmenter considérablement. Le Temple de St. Martin que l'on avoit bâti à Térouane sur le bord de la Lis, étant devenu insuffisant pour les contenir, il en ordonna un autre sur la colline de Clarques (b).

Il y avoit environ deux siécles qu'Arius, habile sophiste, avoit infecté l'Eglise du venin de

_L'An 628._

(a) Selon l'expression de St. Chrisostôme, Hom. 34 ; in Matt.

(b) Ce Temple étoit à l'opposite d'un autre Temple, érigé par son Successeur Athalbert.

sa Doctrine. C'étoit d'abord peu de chose, mais avec le temps il en étoit résulté les plus funestes désordres. Cet hérésiarque avoit osé prêcher que le Verbe n'étoit pas de la même substance ou même nature que le Pere, que par conséquent il n'étoit ni Dieu ni consubstantiel au Pere. Malgré l'excommunication lancée contre lui par le premier Concile de Nicée l'an 325, il avoit acquis des sectateurs, même parmi les Evêques, & des protecteurs parmi les Empereurs Romains. La Gaule Belgique fut une des Provinces où cette hérésie se glissa plus difficilement. Antimond & Athalbert, son successeur, la foudroyerent jusques dans les Dioceses voisins. Nous sommes redevables à la fermeté de leur zele du peu de succès qu'elle eut dans la Morinie.

Le Ciel couronna les travaux d'Antimond vers l'an 520, après un regne de 19 ans. Il sera encore fait mention de cet Evêque & du précédent dans la partie Ecclésiastique.

Le long interregne qui suivit la mort de l'Evêque Athalbert, préjudicia aux progrès de la Religion. Les Morins ne furent pas sans quelques secours spirituels. Dieu inspira à St. Vulgan le dessein de leur tenir lieu de Pasteur. Cet Anglois de nation, né de parens Chrétiens, étoit l'ornement de Cantorberi, tant par la pureté & les austérités de sa vie que par le nombre & l'éclat de ses miracles. Ses prieres & ses discours avoient même délivré cette Ville d'un siége opiniâtre qui la menaçoit des derniers malheurs. Le Roi des

Danois, ayant mis bas les armes, s'étoit converti avec une partie de son armée.

L'An 628.

Witsant est le port où Vulgan aborda l'an 569, avec deux de ses Compagnons, nommés Rauricq & Kilien. Des Pilotes qu'il avoit non seulement garantis des suites d'une tempête, mais encore convertis pendant la traversée, lui avoient offert des présens pour marque de leur gratitude : il les avoit refusés par amour pour la pauvreté. La conquête de leurs ames l'avoit amplement payé de ses soins. Il parcourut d'abord la Morinie où le plus brillant succés illustra ses prédications; puis il fixa sa demeure à Boulogne. Toutes ses missions furent honorées de faits miraculeux. Après sept années de séjour dans cette contrée, il se retira dans une solitude chez les Atrébates. Il en sortit pour rendre la santé à un moribond, Pasteur d'une campagne voisine. C'est dans son Ermitage que se termina, le 12 Novembre 570, la glorieuse cartiere de ses jours. On l'enterra, selon un Historien de sa vie, dans l'Eglise d'un lieu nommé le terme des bons hommes, *bonorum virorum terminus*. Molan pense que cet endroit est la cité ou la ville d'Arras, surnommé ainsi à cause de l'hospitalité que l'on accordoit aux serviteurs de Jesus-Christ. Il ajoute qu'il y opéra un grand nombre de merveilles. Son corps fut par la suite transporté à Lens. Ses compagnons, ayant passé dans le Ponthieu, convertirent un riche Seigneur, appelé Riquier, fondateur d'un célebre Monastere de son nom (*a*).

(*a*) St. Riquier, Comte de Ponthieu, jeta les premiers

On pourroit comprendre ici St. Colomban, né dans ce VI.e siécle & Religieux du Monastere de Benchor ou Bançor, en Irlande, sa patrie. Il vint dans les Gaules un peu avant l'an 590 & s'y arrêta par le conseil de Childebert, Roi d'Austrasie, son protecteur. Il sanctifia la Morinie par sa présence & ses œuvres; mais il y séjourna peu de temps.

St. Amand naquit l'an 589 (a) à Herbauge, Village près de Nantes, du Comte Serein qui en étoit Seigneur; sa mere s'appeloit Amance. Il quitta le monde à l'âge de 20 ans pour s'enfermer dans le Monastere d'Oye, au pays d'Aunis. Ni les caresses ni les menaces de son pere n'avoient pu le détourner de sa vocation. Il lui avoit répondu que ses desirs ne tendoient point aux

---

fondemens du Monastere de son nom vers l'an 625, selon Mabillon. D'autres Historiens en reculent la fondation à l'an 630 & même 640. Il fut bâti sur un fonds donné par Dagobert I, dans la forêt de Créci qui s'étendoit alors jusques là. Oualde en fut le premier Abbé. On y vit jusqu'à 400 Religieux partagés en diverses classes pour entretenir une psalmodie continuelle. Du temps de Charlemagne, on comptoit 2500 maisons dans la ville de St. Riquier, nommée autrefois *Centule*, à cause des tours qui en défendoient les murailles. Ce St. Fondateur mourut en 645, étant Abbé de Forêt-Montier ou Moutier, autre Monastere qu'il avoit construit à quelques lieues d'Abbeville. *Gal. XIians, T. 10. Malb. l. 2, T. 3, du Rec. des Hist.*

(a) En 570, selon une Chronique de cette Abbaye & une autre de St. Martin de Tournai, fixant la construction du Monastere de St. Pierre au Mont-Blandin, à l'année 610.

LIVRE TROISIEME. 313

biens de la terre, mais au service de Jesus-Christ : *terrena non appeto ; tantùm mihi permitte ut Christo militem.* Il passa 15 ans dans une cellule, près de l'Eglise de Bourges. L'an 626, le Roi Clotaire & des Prélats de France voulurent qu'il fût, après son retour de Rome, établi Evêque Régionnaire. Décoré de ce caractere, il se mit en devoir de travailler à la conversion des peuples, délaissés soit pour leur férocité soit pour la stérilité de leurs campagnes. La France & l'Aquitaine recueillirent les prémices de son zele. Les Artésiens & les Ménapiens en ressentirent ensuite les effets salutaires. Ces derniers, pour leur avoir reproché les hommages qu'ils prostituoient à des arbres, le jeterent dans la Lis, après l'avoir injurié & maltraité. Ses efforts cependant vinrent à bout de dompter leur caractere féroce. La ville d'Anvers reçut, par son ministere, les lumieres de l'Evangile ; & celle de Gand fut convertie vers l'an 638. Il renversa les Autels de Mercure, & sur leurs débris, il éleva des Temples au vrai Dieu. Il rachetoit de jeunes captifs idolâtres pour les baptiser.

Ce Saint passe pour fondateur de plusieurs Monasteres : le premier est celui de son nom, édifié l'an 639 (*a*) sur un fonds que lui avoit

L'an 628.

___

(*a*) Baldéric, fils d'Albert, Seigneur de Sarcinville, en Artois, fonda le Prieuré de St. Amand l'an 1103. Cet Evêque de Noyon & de Tournai, Auteur d'une Chronique souvent citée, décéda en 1112 & fut inhumé dans la principale Eglise de Térouane.

cédé, dans une plaine entre Tournai & Valenciennes ; le Roi d'Agobert I, étant repentant de l'injuste procédé qu'il avoit tenu à son égard ; on l'a nommé originairement *Elnon*, à cause d'une petite riviere ainsi appelée, qui se jete dans la Scarpe. St. Bertin & St. Mommelin, alors Evêque de Noyon, avec d'autres Prélats, assisterent à la consécration de son Eglise, faite par l'Archevêque de Rheims en 661. Le second Monastere est celui de Courtrai (*a*), qui n'est plus qu'un Prieuré. Le 3.ᵉ est celui de St. Pierre de Gand, autrefois nommé *Blandinberg* à cause de son assiette sur le Mont-Blandin ; Sigebert, Roi d'Austrasie, l'avoit doté en 610. Les Normans l'ayant détruit, des Chanoines séculiers le posséderent durant plus de deux siécles ; le Comte Arnoul *le vieux* y remit des Bénédictins par les soins de St. Gérard de Brogne. Le 4.ᵉ anciennement établi au confluent de la Lis, s'est par la suite appelé St. Bavon (*b*). Il fut sécularisé en 1537 pour un Chapitre de Chanoines, & abatu en 1542 pour faire place à une Citadelle. Le 5.ᵉ Monastere ne subsiste plus ; il étoit au village de Deurne à une lieue d'Anvers, servant de sé-

(*a*) Ancienne Ville sur la Lis, connue dans la notice de l'Empire, où l'on fait mention d'un corps de Cavalerie que l'on avoit levé dans cette Ville & son territoire, *equites Cortoriacenses*.

(*b*) Les corps de St. Bavon & de Ste. Pharaïlde furent transportés à cause des Normans, au château de St. Omer en 846, & de là à Laon en 853, par Tarade, Abbé de Gand. *Locre* & *Meyer*.

minaire aux ouvriers Apoſtoliques. On le croit encore fondateur du Monaſtere de Dronghem, *Truncinium*, à une lieue de Gand.

L'an 628.

St. Amand, après la mort du bienheureux Jean l'Agneau, fut malgré lui l'an 649 (*a*) nommé Évêque de Maeſtricht, par Sigebert, Roi d'Auſtraſie ; il n'en occupa le Siége que trois ans. Il obtint du St. Pape Martin I ſa démiſſion en faveur de St. Rémacle (*b*), diſciple de St. Éloi. Son but étoit de reprendre les miſſions & de ſe dévouer plus librement au ſalut du prochain. Il les continua juſqu'en 679 (*c*) qu'il finit glorieuſement ſa carriere, dans l'Abbaye de ſon nom, à l'âge de 90 ans. Il y repoſe dans l'Égliſe. Une des clauſes de ſon teſtament, ſigné de St. Bertin & de St. Mommelin, portoit la défenſe expreſſe de le placer ailleurs. Lorſqu'on fit au bout de 16 ans & au commencement du IXe. ſiécle, l'élévation de ſon corps, on le jugea auſſi entier que le premier jour. Quoique l'Artois ne fût pas le

Chron. El-
non.
Gall. Xti-
ana. T. 3.
Le Mire,
T. 1. &c.

―――――

[*a*] P. Le Cointe & les Bollandiſtes, ne ſont pas d'accord ſur l'année préciſe de cette nomination. La Chronique MSSte. de Liége le nomme à cet Evêché l'an 632 : mais le Pape Martin ne commença à régner qu'en 649 ; c'eſt-à-dire, trop tard pour accepter ſa démiſſion. Il eſt bon de ſe défier des Chroniques qui ne ſont ni imprimées ni approuvées.

[*b*] St. Rémacle ſe démit à ſon tour au bout de quelques années pour prendre l'habit Monaſtique. *Annal. de Duf. de Longuerue.*

(*c*) Il mourut, ſelon Malbr. *l. 3*, en 672 ; la Chronique de Lobes le retire de ce monde dès l'an 661.

théâtre des travaux de St. Amand, cette Province participa certainement aux influences salutaires qui en résulterent pour les peuples voisins des Pays-Bas où il exerça particulierement son Apostolat.

Waffeb. Vinchant. Meibr. T. 1 & 2. Hift. de Cal. Turpin. Gall. XII ans.

XII. Didier ou Difier, & en langue Teutonique, Wilberik, héritier de son pere Robert en 581, étoit devenu le 5e. Comte de Tervanes. On lui compte trois enfans; Fumers qui suit; Duda épouse de St. Arnoud (*a*), d'abord Maire du Palais d'Austrasie (*b*), puis Évêque de Metz pendant 15. ans; & Vraye, mariée avec Brunulphe, Comte de Cambresis. De ce mariage naquirent Ste. Aye (*c*) & Clotilde.

Fumers, 6e. Comte, recueillit la succession de son pere l'an 600. Lors de son mariage, il

---

[*a*] Arnoul eut de sa femme Duda ou Doda, deux fils, Cloduife & Anfigile ou Angefige.

(*b*) Ces Maires étoient regardés comme grands Maîtres de la Maison du Roi. Cette premiere charge de l'état ne s'exerçoit originairement que pour un temps; sous Clotaire, on l'avoit à vie. Ces Officiers devinrent Ministres, Commandans des Armées, Chef de la guerre, Princes, enfin Rois de la nation. Sous la 2de race de nos Rois, ils furent remplacés par les Gouverneurs ou Comtes de Paris. Après la suppression de cette charge, on créa successivement celles de Sénéchal de France ou Prince de la Milice, de Connétable qui ne fut d'abord qu'un grand Ecuyer, *Comes Stabuli*, enfin de Maréchal de France.

(*c*) Ste. Aye, cousine & héritiere de Ste. Vaudru, prit pour époux, St. Hidulphe, Comte ou Duc de Lobes; elle se fit Religieuse après la mort de Ste. Aldegonde, sa cousine, *Vinchant, l. 3.*

avoit eu pour dot, Renti & Fauquembergue. On croit son épouse native de Sorrus, Village auprès de Montreuil. Leurs enfans furent, Valbert qui suit ; Robert, Comte de Renti ; Albert dont on ignore la qualité ; & Fumerse, mariée avec Erlebert, Seigneur de Querne, l'an 639 ; de cette union vint St. Lambert, Évêque de Lyon en 670.

L'an 618.

Valbert ou Wilbert remplaça son pere en 630. Il eut pour femme, Duda, & pour enfans, le suivant & Walmer.

Vulmer, 8.e Comte en 652, abandonna les biens paternels pour se faire Bénédictin ; il devint Abbé du Monastere de Samer (*a*) qu'il avoit fait bâtir. Il mourut en 697.

Walmer ou Vulmar succéda à son frere l'an 688. Il eut une fille, nommée Héremberte ou Bertrane, premiere Abbesse de Wiere ou Viliere aux-bois, Monastere construit par Vulmer à mille pas de Samer & détruit par les Normans. Ses deux fils furent le suivant, & Dotric, Comte de Ponthieu.

Le 10.e Comte se nommoit Othuel ou Othel, qui épousa une Comtesse héritiere de Lens (*b*);

___

[*a*] Situé dans le voisinage de la Liane, à trois lieues de Boulogne. Saumer, & par corruption Samer, est un mot tronqué par la réunion des deux premieres lettres de Saint, aux trois dernieres de Vulmer.

(*b*) Malbrancq, *l* 4, *c*. 55, dit que Othuel ajouta le Comté de Lens à son Domaine par son mariage ; il paroît qu'il s'étendoit alors jusqu'à Choques. Il fut long-temps possédé par les Comtes de Boulogne: car l'an 1106, Lambert, Evêque d'Arras, qualifioit Comte de Lens, Eustache qui l'étoit de Boulogne.

Elle lui apporta pour dot, des biens confidérables qu'elle poffédoit chez les Atrébates défignés par *adarctenfes*. Ils eurent pour enfans, une fille mariée avec le fils du Comte de Ponthieu, & celui qui va fuivre.

Frémond hérita, outre les quatre Comtés ordinaires, celui de Lens. Il devint encore Comté de Bordeaux par fon époufe dont on tait le nom. Sa valeur dans les guerres contre les Sarrafins en l'année 736, lui mérita le furnom de *Puiffant*. Ayant eu le malheur d'exciter une fédition, il fut dépouillé de fes biens par le Roi Pepin. Selon les uns, il fut relégué à Bordeaux où il finit fes chagrins; felon les autres, il fe retira chez les Sarrafins. Il laiffa un fils qui fuit.

On reftitua à Frémondin, 12.e Comte, les biens de fon pere difgracié, à l'exception du Comté de Bordeaux. Des Hiftoriens veulent que ce pere ait eu un Comté chez les Atrébates, & qu'il l'ait perdu pour fon forfait; on en remit à fon fils la poffeffion. Ce Comté étoit, felon les apparences, ce qui avoit formé la dot de fon aïeule ci-deffus.

Atton ou Hatton (*a*) fuccéda dans les terres

(*a*) L'Hiftorien de Calais donne à Frémondin pour fucceffeurs, Helgot, Helwin, Atton, Ottés & Helgot II. Il met le premier Religieux à St. Riquier, avec ceffion de fes biens à fon frere. Je n'adopte pas cette opinion contraire aux PP Malbrancq & Turpin : cet Ecrivain ne cite pas fur le Gouvernement des deux premiers des particularités capables de m'entrainer dans la fienne, d'après D. Bouquet. Peut-être n'a t'il eu en vue que les Comtes de Boulogne, & non ceux de Tervanes.

de son pere. L'Empereur Charlemagne le créa Baron d'Ordre (*a*), vers l'an 810. Malbrancq le croit Pair de France.

L'an 623.

Othés est reconnu pour fils du précédent & son successeur l'an 836. Le Roi, avant la mort d'Atton, avoit retranché quelques parties du Comté de Boulogne & les avoit soumises à Odoacre, 7.e Forestier de Flandre. Il laissa deux fils, le suivant, & Helwin ou Héluvin, mort sans postérité.

Helgot ou Hilgot, 15.e Comte, hérita les cinq Comtés de son pere; il y réunit Montreuil (*b*) qui lui doit son origine & ses premieres murailles

---

(*a*) La Baronie d'Ordre est la premiere des 12 créées dans le Boulonois. L'Empereur Charlemagne choisit les Barons parmi d'habiles Capitaines pour veiller à la garde & la défense des Ports. Ils avoient des droits sur les prises fréquentes qui se faisoient sur mer. *Malbr. l. 5.*

(*b*) Cette Ville fut élevée sur la croupe d'une montagne à 5 lieues d'Hesdin, se nommoit anciennement *Bragum*; Helgot fit défricher une forêt pour la bâtir : *erat tunc temporis*, dit Malbrancq, *civitas Monstroliensium antiquis nemoribus plena, deserta & invia, ab hominum cohabitatione remota.* Il y érigea aussi, en l'honneur de St. Sauve, un Monastere, dans l'antre où il s'étoit précédemment caché. Celui de ce St. y ayant été transféré du pays de Vimeux, cette Ville porta alors le nom de Montreuil l'an 878. *Monasterium vel Monasteriolum* est dit ainsi, soit pour Mont Royal, soit parce qu'un monstre n'ayant qu'un œil, y avoit tenu son repaire. Les descendans de Hugues Capet y eurent un palais qui fut la dot & le domicile de la Reine Berte dans sa disgrace. *Malbr. l. 6. Duchesne. Not. Gall. Vales.*

depuis l'an 850. Helgot devint Abbé de St. Riquier en 860. Il avoit épousé Sophie, fille du Duc de Frise. Ils eurent deux filles, Berte qui suit, & Florence qui s'allia en 858 avec le Comté de Vermandois.

Berte, Comtesse de Tervanes, s'unit avec Alphonse, dit Hennequin (*a*), que l'on présume avoir été frere du Comte Baudouin I. Il mourut à Samer, l'an 881, de ses blessures reçues à la bataille de Wimile, dont il sera parlé. La mort termina en même temps les jours de son épouse, tant ce malheur l'avoit affligée. Le suivant fut leur héritier.

Regnier, fils de Berte, 17.ᵉ Comte, avoit été élevé à Lens. Il passa à la Cour du Comte Baudouin, son parent. Il prit pour femme, Adelaïde dont les exemples de sagesse ne changerent point son cœur dépravé. Ses vexations & ses tyrannies lui attirerent la haine de tout le monde. On lui ôta ses Comtés de Boulogne & de Tervanes, pour avoir poignardé Hemfride, Baron d'Ordre(*b*); le Roi Charles *le Simple* en gratifia le Comte Baudouin *le Chauve*. Les enfans & les domestiques de ce Baron mirent à mort Regnier dans une forêt de Boulogne. On ignore s'il laissa des enfans.

Ce Bauduin, 2.ᵈ Comte de Flandre, fut donc mis

(*a*) Ou autrement Hernekin & Arnould.
(*b*) Il en sera fait mention au commencement du X.ᵉ siécle.

LIVRE TROISIEME.

mis en possession des deux Comtés; celui de Boulogne, & celui que nous nommerons désormais St. Pol, en arriere-Fief, l'un & l'autre relevant du Comté de Flandre. St. Pol devint donc un Fief de celui de Boulogne: il fut originairement & de toute antiquité, selon Dupuy, tenu & mouvant en plein Fief du Comté de Boulogne, & non de celui d'Artois: ce qui se reconnoît par différens actes rapportés dans son *Traité des Droits du Roi*.

Tervanes avoit cru reconnoître la main protectrice de St. Paul dans la guerre des Normans; afin d'en perpétuer la mémoire, il fut résolu que cette Ville & ses Comtes porteroient dorénavant le nom de cet Apôtre (a).

(a) On devroit donc écrire *St. Paul*, comme on l'écrivoit anciennement, dans l'Histoire & les chartres; des Ecrivains du 17.ᵉ siécle & l'Abbé Velly dans le nôtre, ne se sont pas exprimés autrement. Je ne sais pourquoi Monstrelet, du XV.ᵉ siécle, s'est avisé d'écrire St. Pol. J'ai malgré moi suivi cette ortographe, parce qu'il est difficile de détruire un usage abusif qui nous impose la loi depuis long-temps.

Tome. I.

ANECDOTES.

Chaque volume de cette Histoire, excepté la partie Ecclésiastique, sera terminé par un recueil d'Anecdotes; il comprendra l'espace de temps dont j'aurai fait mention. Il m'a paru plus convenable de former un corps séparé de certains faits que de les fondre dans le corps de l'Ouvrage. Ils sont, pour la plupart, appuyés sur des autorités plus ou moins respectables. L'Histoire a ses énigmes, ses prodiges & ses erreurs, & le Lecteur, la liberté de croire ou de rejeter tout ce qui lui paroît trop obscur, trop merveilleux ou insuffisamment prouvé. Ce n'est qu'en matiere de Religion que la croyance ne souffre ni examen ni restriction.

L'an 40 de J. Christ.

Caligula, la risée des Germains, le Brigand des Gaules, l'anatheme du genre humain, avoit imaginé le projet de soumettre les Bretons. Tous les vaisseaux de l'Empire Romain couvrirent l'Océan. Il partit accompagné de Sauteurs, de Gladiateurs, de Chevaux, de Femmes & de tout le train qui annonce un luxe ridicule. On présume que ses troupes camperent le long de la Mer vers Sangate, & selon la tradition, aux noires Mottes. A juger de cette expédition par son appareil formidable, dispendieux pour l'Empire, le

Bucher. L. 4. & alii.

succès en paroiſſoit indubitable. Le Prince Adminius, alors chaſſé d'Angleterre par le Roi ſon pere, ſe retira avec une poignée de troupes vers cet Empereur & lui communiqua des moyens favorables à ſon entrepriſe : il en fut reçu, non comme un exilé, un proſcrit, mais comme un Miniſtre chargé de lui offrir les hommages de ſa nation & de ſolliciter ſa bienveillance. Les Romains, ſéduits par cette folle idée, crurent que Caligula, par la ſeule terreur de ſon nom, avoit déjà fait trembler les peuples de cette Iſle. Ses Soldats, rangés en bataille ſur le rivage, avec les machines de guerre, étoient dans l'impatience de quelque grand événement. Quel fut leur étonnement en recevant l'ordre d'amaſſer des coquillages dans leurs caſques, & de les regarder comme *des dépouilles de l'Océan, dont ils devoient enrichir le Capitole & le Mont-Palatin !* l'Hiſtoire ajoute qu'après avoir gratifié chacun d'eux d'environ ſoixante livres de notre monnoie, l'Empereur leur dit, en les renvoyant au camp ; *allez, retirez-vous joyeux & riches.* Il mit le comble à ſon extravagance, en enlevant les hommes les mieux faits des Provinces Gauloiſes. Il les fit conduire à Rome ſous l'extérieur de captifs, dans la vue d'orner ſon triomphe : mais la conſpiration tramée contre lui, fut cauſe qu'on ne lui en décernât point les honneurs ; on ne lui rendit que ceux de l'ovation.

L'an 371 (a).

<small>Molan.
Locr.
Mialb.
Bucher.</small>

Une longue sécheresse qui anéantissoit l'espérance du laboureur, menaçoit l'Artois ou la seconde Belgique d'une grande stérilité. On tâchoit de fléchir le Ciel par des jeûnes, des prieres, des aumônes, lorsque la terre se trouva fertilisée d'une maniere extraordinaire : Elle fut couverte d'une espece de rosée, avec un mélange apparent de laine blanche. On l'appele vulgairement *Manne*, par allusion à celle dont les Israélites furent nourris dans le désert. On vit avec admiration les campagnes reprendre vigueur & promettre une récolte de Grains abondante. St. Diogene, Evêque Régionnaire chez les Atrébates, fit recueillir & déposer religieusement dans un vaisseau une certaine quantité de cette Manne (*b*). On remarque qu'elle a triomphé du pillage des Barbares & de deux incendies arrivés dans l'Eglise où elle reposoit. Elle y est restée entiere & incorruptible. St. Jérôme, Orose, Disciple de St. Augustin, St. Vincent de Beauvais, &c. en font mention dans leurs écrits. Le Pape Grégoire IX confirma par sa Bulle de l'an 1230, la sentence d'excommunication lancée par l'Evêque d'Arras contre le Châtelain de cette Ville

─────────────

(*a*) Selon St. Jérôme. Car les Historiens ne s'accordent pas sur l'année précise de cet événement, arrivé, selon Maibrancq, l'an 367, selon Gazet l'an 369, & selon Molan en 403. Locre rapporte le procès verbal de la translation de cette Manne, *pag.* 431.

(*b*) Environ un quart de Buisseau.

& autres personnes, pour des insultes commises à l'égard de cette Manne, sur la Paroisse de St. Jean en Ronville. L'Evêque Guillaume d'Issi l'a enfermée en 1286, étant présens 12 Abbés, des Chanoines d'Arras & autres, dans une châsse de vermeil, richement décorée. Elle a la forme de l'Arche de l'ancien Testament. Il institua la fête de cette Translation qui se célebre le premier Dimanche après Pâques. Il y a des Indulgences accordées par Clément VI à ceux qui visiteront l'Eglise Cathédrale ce jour-là. Cette faveur fut étendue l'an 1455 par Calixte III (c). L'an 1586, Jean-François Bonhomme, Evêque de Verceil & Nonce Apostolique, fit la visite de cette Manne & la reconnut entiere.

Un certain nombre d'habitans, armés d'arcs, MS. N.° 7. de fléches & d'autres traits, l'avoit enlevée dans un tumulte survenu le 21 Septembre 1343 : ce qui se lit dans un titre du 14.ᵉ siécle, conservé dans le trésor des chartres de l'Hôtel de Ville d'Arras. On l'avoit transportée de force dans la Pyramide du petit marché, puis dans la Paroisse de St. Géri. Un Arrêt du Parlement de Paris, rendu sous le regne de Philippe de Valois, enjoignit aux Officiers Municipaux de la restituer à l'Eglise Cathédrale. On la promenoit autrefois dans le Diocese, afin d'exciter les fideles à contribuer par leurs offrandes au rétablissement de sa nef.

Si ce fait, malgré les autorités qui l'attestent,

(c) La Bulle de ce Pape est à la pag. 522 de l'œuvre.

est jugé incroyable, que penser du suivant rapporté par le célebre Henri de Sponde, Evêque de Pamiers en 1626, & continuateur des Annales de Baronius jusqu'en 1640 ? *Au mois de Juin*, dit-il, *il plut dans la Silésie, durant une cruelle famine, des pois, des petites raves & différentes sortes de blés dont il se fit d'excellent pain.*

4.e, 5.e & 6.e Siécles.

Des tremblemens de terre s'annoncerent dans tout le monde connu l'an 365 ou 366 & 377. On en sentit un autre dans toutes les Gaules en 450; ses secousses violentes causerent de la frayeur en Artois à la vue de plusieurs édifices renversés. On fait encore mention d'un tremblement qui fut universel en 543 ou 544. Locre rapporte d'après Sigebert, que vers l'an 541, une Comete apparut le jour de Pâques, que des feux embraserent le Ciel, qu'il tomba une pluie de sang qui rougit une maison, & que des pustules s'éleverent sur le corps humain. Ces signes passoient dans ce temps d'ignorance pour des prodiges : les progrès que l'on a faits, depuis douze cens ans, dans l'Astronomie & la Physique, nous les représentent comme des effets naturels.

Vers l'an 538.

MS. N.° 7.   Clotaire I savoit estimer la vertu, quoiqu'il négligeât de la pratiquer : aussi avoit-il conçu la plus haute estime pour St. Vaast. Un Seigneur François l'invita un jour à diner avec ce Roi

On avoit préparé plusieurs coupes remplies de Biere, qui avoient été offertes au Démon & qui devoient servir à des idolâtres conviés à ce repas : car on voyoit encore des François établis du côté de Cambrai, encenser les idoles; Le vertueux Prélat fit le signe de la Croix sur ces vases; ils se briserent sur le champ; le Roi & les Seigneurs en resterent saisis d'étonnement. Ce miracle fit naître l'occasion de déclamer contre les superstitions païennes; plusieurs des témoins se convertirent à la Foi.

L'an 540 (a).

Chez les Anciens, dont les cimetieres étoient hors des Villes & en des lieux écartés, on n'enterroit qui que ce soit dans l'Eglise, à l'exception des Martyrs & des Confesseurs. L'Empereur Constantin *le Grand* ne reçut sa sépulture à Constantipole qu'à la porte de la Basilique de St. Pierre & St. Paul; cependant il en étoit fondateur. La Loi des douze Tables avoit prohibé les enterremens dans la Ville. Cette défense fut renouvellée en différens siécles. Les premiers Evêques de Tours, de Paris, &c. furent inhumés hors de l'enceinte de la Ville. Après la construction libre des Eglises, l'inhumation se fit dans les parvis & les vestibules. Ce ne fut qu'à la suite des temps que l'Eglise, qui doit être un lieu pur & sain, devint le cimetiere des grands & des riches.

Alcu'n; Locre.

(a) L'an 570, selon Locre qui fixe à cette époque la mort de St. Vaast.

Alcuin, précepteur de Charlemagne, nous consigne un fait sur l'enterrement de St. Vaast, à l'article de Raddon, Abbé de ce Monastere. On alloit porter son corps dans l'Eglise de la Ste. Vierge; mais personne n'étoit capable de le soulever. La cause de cet étonnant prodige alarma l'assemblée. On consulta Scopilion sur les dernieres volontés du Saint dont il avoit été le confident. Ce respectable Archiprêtre répondit qu'il lui avoit souvent ouï dire que l'enceinte de la Ville devoit être la demeure des vivans, & non celle des morts. On auroit pu le déposer dans le petit oratoire, construit en bois, sur le bord du Crinchon : ce qui auroit satisfait cette humilité dont il avoit constamment fait profession. Mais tout le monde fut d'avis que ce lieu, dont les marécages qui l'environnoient, auroient d'ailleurs repoussé la dévotion du peuple, n'étoit aucunement digne d'être le dépositaire d'un si précieux trésor. Tandis que l'on restoit dans une perpléxité inquiétante, Scopilion, l'ame attendrie & pleine de ferveur, adressa ces paroles à St. Vaast: *Permettez, nous vous en supplions, que l'on vous transporte dans le Temple que vos chers enfans vous ont préparé.* On essaya ensuite de lever le cercueil; la pésanteur n'en parut point sensible. On le porta avec alégresse dans l'Eglise de la Ste. Vierge. On mit reposer ses cendres vénérables au côté droit de l'Autel où ses fonctions Episcopales avoient édifié son troupeau.

PIÉCES JUSTIFICATIVES.

N.° 1.

Épitaphe de Léger II, 1.er Comte de Boulogne.

Hic situs est Leodegarius, primus Bononiensium Comes, nepos Arturii magni, ejusque sororis filius, ex nobili stirpe Uter Pendragon, Britannici populi protectoris excellentis. *Voy. L 3, pag. 260 & 262.*

Au bas de cette Epitaphe, étoit une grande pierre sur laquelle se lisoit cette inscription en caracteres anciens.

Britannica Gens, corde animoque in Deum fervens, hic jacet, non unica quidem, sed multa, non sanguine infirma, sed præclara, non crimine vitiosa, sed virtute summa, non torpore, sed amore justitiæ occisa, Hunnorum perversitatem, ac Vandalorum vecordiam vendicare curans. At quis sim, audi, dumque audieris ora, ut pro cujus amore cecidi, & hic positus sum, mihi parcat, vitamque sempiternam concedat. Leodegarius magni Leodegarii Walliæ Principis, & Dominæ Ganiæ filius sum, magni Arturii nepos, ac Uter Pendragon abnepos. Si socii quæris nomen, utique fratrem agnoscas Lucinum nomine. Si causam necis meæ hic positæ scire cupis, fidei orthodoxæ defensio.

Les Barbares du nord ne faifoient pas la guerre pour établir une nouvelle Religion ; mais ils nuifoient par leurs brigandages à la Religion Chrétienne : ils n'en refpectoient ni les Temples ni les Miniftres. En combattant contre eux, on pouvoit avoir pour but de protéger le Chriftianifme. C'eft fans doute cette raifon qui a fait inférer dans cette Epitaphe que Léger étoit mort comme défenfeur de la Foi orthodoxe.

N.° 2.

Chartre de Rameric, Abbé de St. Sauve de Montreuil-fur-Mer, appelant à fon aide le Comte d'Hefdin, à l'effet de garder fa Terre & Seigneurie de Caveron; fa date eft de la 3.e année du regne de Robert, Roi de France, c'eft-à-dire, de l'an 1000.

Voy. l. 3. pag. 271.

Quoniam fæpè rerum memoria geftarum & omnium recordatio præteritorum labentibus longi temporis fpatiis à mentibus hominum decidit ; idcircò ego Ramericus Ecclefiæ Beati Winvalolæi de Monfterolo humilis minifter prævidens ne quis forté pro confilio feductus, quod fuum non effet fibi ufurpare præfumeret. Notitiæ futurorum cartam iftam legentium & audientium declarare curavi. Qualiter Beati Winvaloæi corpus à quodam Epifcopo nomine Clemente & quodam Abbate nomine Benedicto, & quibufdam aliis Monachis, Clericis & Laïcis..... Francorum terram minoris Britanniæ vaftantium fugientibus

& in majore Britanniâ deferre volentibus, ut pote quod ejus famulatui præful dediti erant. Apud Monsterolum allatum est, quem Hergaldus qui tunc Comes erat honorabiliter suscipiens, honorabilis detinuit. Quia villam Cayeronis quæ principium ei erat alodium sine advocato sine majore penitùs liberam sancto donavit. Unde servitores vivere possent & ubi laïci qualescumque secuti fuerant habitarent. Quam decessores mei longâ in pace tenuerint. Sed invalescente mundanâ nequitiâ, partim à Dominis circùm manentibus res nostras invitè invadentibus, partim ab habitatoribus justiciæ nostræ aliquando subdi se respuentibus temporibus nostris pax illa turbata est. Hâc ergo tantâ gravissimâ necessitate compulsus consilio capituli & amicorum meorum quos prudentes & fidos credebam, ALULFUM Comitem Hisdinii advocatum constitui, quo neque fortiorem neque competentiorem rectitudini nostræ tuendæ cognovi, ut ejus potentia Dominos res nostras invadentes deprimeret, & habitatores qui rebelles essent, ad justiciam nostram venire compelleret (a). Ne qua igitur inter nostros & suos posteros seditio oriretur, consuetudines quas ei ob hanc causam concessi subsequens pagina declarat. De uno quoque horto operam dierum duodecim ad castrum Hisdinii in martio, exceptis Vavassorum hortis & mansuris quæ in atriis sunt & ex-

[a] Cette chartre, imprimée dans *Gallia Chrift*: t. 10. est tronquée à ces mots, *ad justiciam nostram &c.* jusqu'à *debet esse advocatus & defensor.*

ceptis mansuris molinorum & Cambæ. De dimidio Horto VI. dierum operam de Coteriis III.^{um} dierum operam de Porsonio Comitis infra natale Domini. De Horto V. nummos & minam avenæ & gallinam. De dimidio sive de Coterio V. obolos & quartarium avenæ & gallinam. In uno quoque anno debet habere Comes coroweias, ad galcheras, ad remotiones, ad avenas, exceptis Vavassoribus nisi fortè arent terram quæ debeat. Has consuetudines prætor comitis submonere debet in Ecclesiâ. Si verò quis non venerit, iterùm prætor submoneat ore ad os testimonio vicinorum ad justiciam ante Comitem sub nomine operæ sive coroweiæ. Si verò venerit & monstrare nequierit se fecisse operam sive corowiam, per IIIes solidos emendabit. Si autem venire contempserit, Comes ad Abbatem clamorem faciet. Quod si ante Abbatem venire noluerit, Comes quod suum est quærat. Præterea Comiti in exercitum meanti ad ducendam bennam debent Rustici ministrare quatuor equos & Vavassores II.^{os} quales habuerint. Si quis de supra dictis equis Comiti displicuerit, redimatur, sive ad Comitis creditum fiat. De impensâ Comitis vivere debent. Et sciendum est quod Comes debet esse advocatus & defensor. Si vero aliquis ad justiciam Abbatis venire renuerit, Comes cogere debet. Si autem Abbas ab aliquo auxilium habere voluerit, auxilio Comitis & justicia dari debet.

Præcepi autem ego ALULFUS Comes Hisdinii hanc cartam ideo fieri ut tam præsentibus quam futuris notum fiat. Quod hæc conventio perpetuâ stabilitate ac manûs nostræ confirmatione roboratconsistat. Actum est hoc in Cænobio Sancti Winvalolæi apud castrum Monsteriolum anno Dominicæ incarnationis. modo indictione XIII. regnante vero Rege Roberto anno III.°

Signum Alulfi Comitis qui hanc cartam fieri jussit, & manu propriâ firmavit.

S. Ramerici Abbatis.	S. Rameri rufi.
S. Herboldi Præpositi.	S. Walteri.
S. Adsonis Monachi.	S. Tedardi.
S. Warini.	S. Otberti.
S. Ebroïni.	S. Hugonis.
S. Hildredi.	S. Bernardi.
S. Fulcardi.	S. Valonis.
S. Saleconis.	S. Fulcardi.
S. Arnulfi.	S. Uldonis.
S. Madelberti.	S. Rodulfi.
S. Henrici.	S. Winoldi.
S. Lamberti.	S. Haifridi.
S. Otgeri.	

Cette chartre a été visée dans un Arrêt du Conseil, rendu en 1764. Son Sceau endommagé & en cire blanche, représente Alulfe à cheval, équipé de pied en cap. Le parchemin en est fort & bien conservé.

N.o 3.

Chartre de fondation de l'Abbaye d'Auchy, de l'an 1079.

IN nomine Sancte & individue Trinitatis, *Voy. l. 5;* ego Hubertus non preeuntibus meritis, *pag. 272.* sed solà Dei patientiâ, Taruanensium Cathedrâ intronizatus, omnibus orthodoxe fidei cultoribus tam presentibus quam futuris, salutem in Domino Jhesu. Cum sit vita hominum labilis, eorumque facta nisi memoriâ teneantur citò pereant: litterarum inditia propalandi industria adinvenit, atque mortalium opera, ne diuturnitate adnullari possint, kartis mandare consuevit. Quocircà quoniam alieno in labore quemquam gloriari absurdum valde est ac virtuti contrarium, placuit & mihi que sit mea intentio exequendi injunctum officium in uno opusculo presignare, ne commissi talenti videar repositor, cum sim forma & exemplar totius bonitatis vobis propositus à Domino. Igitur notum quidem facio vobis ac meis successoribus quoniam intervenientibus Abbatibus domno videlicet Heriberto de sancto Bertino probabilis vite viro, ac domno Norberto de Alzi sanctitatis gratiâ ac morum honestate prædito, suffragante quoque meo fideli Comite INGELRAMNO de Hesdin, altare de Alziaco hactenùs quidem non autem liberaliter ibidem Deo & sancto Silvino deservientibus assignatum, causâ Dei ac mee salutis necne pro redemptione animarum predecessorum nostrorum atque successorum, provido mentis consilio, cum suis appendiciis libertati dono, excepto altari de Wamin quod personaliter habeant. Prefatam verò ecclesiam eo tenore liberam & omni debito absolutam facio atque confirmo quatenùs ad exhibendam summo Pastori Taruanensi Ecclesie præsidenti debite subjectionis reverentiam. 11. solidos in cenâ Domini Abbas ejusdem ecclesie quot annis ad manum Episcopi reddat, sic tamen ut altare comes in feudo ab Episcopo teneat. Nullatenùs autem pretermittendum judico quoniam bone memorie Comes WALTERUS anime fue ac posterorum suorum consulens zelo Dei ac caritatis fervore coenobium in honore sancti Silvini cujus venerabile corpus ibidem requievit, ex propriâ hereditate edificare cepit. Verùmtamen morte preventus finire nequivit. Quod Monasterium sue proprietatis cum suis appenditiis voluntate & convenientiâ filiorum suorum INGELRAMNI videlicet & GERARDI sancto Silvino tali ratione deputavit, ut quem concors Congregatio de ipso Monasterio Alziacensi, nihil in hoc exigente Comite de Hesdin qui advocatus & defensor ejusdem loci est, Abbatem ex suis constituere voluerit, liberam facultatem in omnibus habeat. Si autem in eâdem Alziacensi Ecclesiâ, qui constituatur Abbas non fuerit inventus, communi quidem consilio & assensu fratrum suorum in Ecclesiâ sancti Bertini ubi ipse sanctus Silvinus corpore quiescit, licenter accipiatur. Patri vero succedens venerabilis Comes INGELRAMNUS ut pote fidelis & congruus heres, quod pater pie inceperat finire desiderans : voluntate & assensu sue conjugis Maheldis nomine, uti Pater ipsorum assignaverat & eò ampliora de reliquâ hereditate me auctore, me teste ac defensore donat atque confirmat ; que videlicet subscripta notamus; decima totius ville, molendina omnia, due cambe libere, terra ad duas carrucas submanentes viginti quatuor, omni Sabbato duo denarii ad lumen sancti. Piscaria totius aque, inventio volatùs & apum totius silve; decima Silvaticarum bestiarum, due garbe de decima Ville-grinni, de Dumvethest altare & quod ad illud adjacet & mortui : de Wamin altare & atrium & quod ad illud pertinet. De Erlencrut medietatis decime & mortui medietatis villæ de Monteni, medietas ville camporum & silve. De Superiori Monteni altare & atrium & quod adjacet. Medietas de Ville-hubi, camporum silve & aque. Mansura sancti Silvini in villâ vallis dictâ. In villâ Ami dictâ, terra ad unam carrucam & campi & sylva & aque. In villâ Marla undecimam partem terrarum & prata & silva & aque. Servi vero Arnulfus & femina ejus & infantes eorum. Odbertus & progenies ejus & femine & filii eorum. In plurimis locis servi & ancille, & censuales vectigalium multi in Pontivo & inter quantiam & altejam. Comitatus vero totius allodii ad sanctum pertinet scilicet Ban, latro, trof. Altare de Conzi & membra que ad illud pertinent scilicet Blangizel & Masnils, altare de Budberz & membra, scilicet vacaria Flers Esquavia Frodmermunt & una Garba de Budza, similiter una de omnibus membris excepta vacariâ. Terra ad unam carrucam. Piscaria molendini de Bobert. Piscaria molendini de Conzi, piscaria inter Hesdinum & Wail, altare de Fontainas & membra que sunt Moncels, nova villa emelimpuz de lizin, una garba de Budza ; altare de Casnoit & atrium, altare de Brasli & atrium, altare de Bleirvileir & atrium, altare de Erenboldcurt & atrium, altare de Cappellâ & atrium

&

& membra illi pertinentia scilicet Moncels, Gisny, Casnoit parvum, altare de engennuncurt & atrium; tertia pars altaris & atrii de Morelgunmunt & membri illius videlicet Hasperaz: de Bohiras una garba; de Budza, de Escuras similiter: altare sancti Quintini de suburbio Hesdin cum XIII. submansoribus. Comitissa Athela his adjecit unam garbam de Budza de alta Campana & de membris ejus scilicet Olvin senonis Wulfrancurt. Quod si hanc traditionem vel libertatem quivis futuro in tempore, quod absit, instinctu diaboli violare presumpserit nostrique privilegii firmitatem mutando sive minuendo debilitare conatus fuerit, autoritate Dei omnipotentis & sancte Marie atque omnium sanctorum & nostri officii quantum ad hos pertinet, *sit anathema maranatha* nisi digna satisfactione resipuerit. Anno Dominice Incarnationis millesimo septuagesimo nono, indictione secunda, ipsa sancta Morinensi Ecclesia astantibus bonis & idoneis testimonio viris quorum nomina & signa subscripta habentur. S. Arnulfi diaconi; S. Balduini decani; S. Gorelmi cantoris; S. Werin cancellarii; S. Odonis custodis; S. Johanni M.; S. Landberti M.; S. Drogonis M; S. Ingelramni Comitis, ipsius Ecclesie advocati; S. Ingelramni Lilerensis; S. Rodberti, Bituensis advocati; S. Rodberti Vice Comitis; S. Balduini de Hushem; S. Hemfridi de Tembroina, regnante Philippo Rege, anno II Epii. H.

Avis de MM. les Diplomatistes.

<small>Authenticité de la Charte ci-dessus.</small> NOUS souffignés, après avoir vu & examiné la Charte dont est question ci-dessus, certifions qu'elle est du temps de sa date & qu'elle a tous les caracteres dûs à une Charte authentique & originale. Nous regardons aussi comme une preuve surabondante de son authenticité la copie qui s'en trouve dans le Cartulaire de l'Abbaye d'Auchy que concerne la Charte susdite, & nous attestons que ce Cartulaire est de l'écriture du milieu du treizieme siécle. A Paris, le 10 Septembre 1774.

Signé, D'HOZIER de SERIGNY, *Juge d'Armes de la Noblesse de France.* CAPPERONNIER, *Garde de la Bibliotheque du Roi.* BEJOT, *Garde des Manuscrits de la Bibliotheque du Roi.* CHÉRIN, *Généalogiste des Ordres du Roi.* FONCEMAGNE, *de l'Académie Françoise & de celle des Belles-Lettres.* BREQUIGNY, *de l'Académie Françoise & de celle des Belles-Lettres.* Le Baron de ZURLAUBEN, *de l'Académie des Belles-Lettres.* FF. CLEMENT, *Religieux Bénédictin.* FF. RENÉ PROSPER TASSIN, *Religieux Bénédictin.*

N°. 4.

Acte en parchemin de l'an 1148 entre Bernard, Comte d'Hesdin, & l'Abbé de St. Sauve de Montreuil, concernant les droits de Justice & de voierie à Cavron.

AD removendos totius ambiguitatis errores & ad evitandas subsequentium astutas circumlocutiones, & ad repellendam quæ sæpè Villæ (a) Cawronis a clientibus Hisdiniensis Comitis illata est malitiam. Hoc cyrographum, annuente Domino Bernardo Comite & Mathilde & Guidone eorum filio compositum est, in quo omnes rectæ consuetudines quas Comes Hisdinii a tempore Ingelranni Comitis & Walteri in eâdem villâ habere debet, recognitione Baronum & attestatione habitatorum continentur. Ut nihil præter quod scriptum erit deinceps exigatur. Sunt autem hæ consuetudines. De uno quoque horto operam dierum XII. Ad castrum Hisdinii in martio. Vel ubi jus fuerit, exceptis II.es de quibus III.bus solidos de uno quoque habitato & exceptis vavassorum

Voy. t. 3; pag. 276.

___

[a] La Chartre écrit *que Sepe ville*. On remarquera que les monumens & les manuscrits sont pleins de la lettre *e* Pour *œ*, & d'autres pour la véritable. Les mêmes noms y sont encore bien ou mal écrits tour à tour ; par exemple: *Basilica* & *Basileca*, *Martyris* & *Martheris*, *Dionysii* & *Dionysia*, *Dagobertus* & *Dagobertus*, &c *Nouv. Tr. de la Diplomat. t. 4.*

hortis & mafuris quæ in atriis funt, & exceptis mafuris molinorum & cambæ. De dimidio horto V. dierum operam. De coteriis III.^{um} dierum operam. De Porfonio Comitis infra natale Domini. De horto V. nummos & minam avenæ & Gallinam. De dimidio five de coterio V. obolos & quartarium avenæ & Gallinam. In uno quoque anno debet habere Comes ter corweias, ad gafcheras, ad remotiones, ad avenas, exceptis vavafforibus, nifi fortè arent terram quæ debeat. Has confuetudines Prætor Comitis fubmonere debet in Eccle-fiâ. Si verò quis non venerit, iterùm Prætor fubmoneat ore ad os teftimonio vicinorum ad jufticiam ante Comitem fub nomine operæ five corweiæ. Si vero venerit & monftrare nequiverit fe feciffe operam five corweiam, per IIIes folidos emendabit. Si autem venire contempferit, Comes quod fuum eft quærat. Præterea Comiti in exercitum meanti ad ducendam bennam debent ruftici miniftrare IIII.^{or} equos quales habuerint & Major I. & Rainnerus de curiâ five heres ejus I. fiquis de fuprà dictis equis Comiti difplicuerit. Rufticus reclamat, fi ad Comitis creditum faciat. Sic & alii de impenfâ Comitis vivere debent. Major debet infra natalem IIII.^{or} foacias & II.^{os} cappones. Et Robertus Clericus fimiliter five heres ejus. Et fciendum eft quod Comes debet effe advocatus & defenfor. Si verò aliquis ad jufticiam Abbatis venire renuerit, Comes cogere debet. Si autem Abbas ab aliquo auxilium habere voluerit, auxilio Comitis & jufticiâ dari debet. Si autem aliqua confuetudinum oblivioni data eft quæ hic debuerit scribi : recordatione habitatorum tempus affuerit & nobis placuerit, non dubitetur reiterari. Facta est autem hæc concordia inter Bernardum Comitem & Eustachium Abbatem Monsteroli, in præsentiâ domini Milonis Morinorum Episcopi, anno ab incarnatione Domini millesimo centesimo quadragesimo octavo, his testibus astantibus : Philippo Morinorum Archidiacono. Gotsuino Abbate Aquiscincti. Godescalco Abbate de Alcy. Gaufrido Abbate de Blangi. Bernardo Priore S.ti Georgii. Adsone Monacho de Monsterolo. Willelmo & Roberto, Canonichis S.ti Martini. De Baronibus, Alelmopetran. Hugone de Grenny. Urcione de Calmont. Fulcone de Brasli. Roberto Dapifero. Balduino Deeskercino. Balduino de Vacheriâ. Hugone de S.to Paulo. Amelio Warino Majore. Bernardo de Brasli & Alivero fratre suo. Ingelranno Magistro Hisdiniensi. Roberto Clerico de Cawrone. Oylardo, Majore. Arnulfo, Rainnero, Vavassoribus.

Les Peres Bénédictins de Montreuil, qui ont eu la complaisance de me procurer en 1777 cette chartre & celle du N.º 2, copiées par Dom Longuéty, sont priés de vouloir bien en agréer mes remercimens publics. Cette derniere, malgré le soin pénible que l'on a pris pour la déchiffrer, n'est peut-être pas sans quelques erreurs, au reste nullement importantes à la question. Dom Legris a eu la bonté de m'en adresser une autre copie, différemment ortographiée.

Les Sceau & Layette de cette chartre sont détachés ; parchemin fort ; piéce bien conservée.

N.º 5.

Dissertation sur les anciens Comtes d'Hesdin.

L'Origine & la filiation que je produis de ces Comtes au liv. 3, n.ᵒˢ IV, V & VI, avec les éclaircissemens qui s'y trouvent joints sur la nature de leur Comté, par soi-même héréditaire & nullement à titre de bénéfice, devroient en avoir suffisamment démontré l'existence pendant une longue suite d'années. Il me reste à repousser les atteintes que l'on y a doublement portées en 1777. Cette dissertation devoit paroitre à cette époque : on me conseilla de la réserver pour cette Histoire d'Artois.

Le résumé de mes principales assertions mettra les lecteurs plus en état d'établir leur jugement sur la question présente.

J'ai avancé que les Gaules, après la mort d'Attila, avoient été partagées en beaucoup de Royaumes ou Principautés. Léger, fils ainé de Flandbert, obtint, sous l'autorité de Mérovée, tout le Pays depuis Boulogne dont il fut premier Comte, jusqu'à l'Escaut ; la puissance de son frere Cararic s'étendit sur les Morins. Clovis, en s'emparant des Etats de ce dernier, rendit tributaires, les Gouverneurs de ces Peuples, avec le titre de Ducs ou de Comtes. Clotaire, quatrieme fils de ce Roi, eut pour son appanage la Picardie, la Normandie & la Flandre.

Les Etats qu'avoient possédés Ragnacaire y furent compris. Artur, fils d'Uther Pendragon, Roi chez les Anglois, revendiqua le patrimoine de ses Ancêtres. Les places de Boulogne, d'Amiens, de Tervanes & de Tournehem furent donc cédées, avec la qualité de Comte à son neveu Léger, à titre de Fief relevant de la Couronne. La succession de ces biens patrimoniaux passa d'abord à Aimeric, son fils aîné, puis à Rodolphe, issu de ce dernier. Le Comté de Ternois fut alors démembré pour la dot de sa fille, mariée avec Lédegond. Robert, successeur de son pere Rodolphe, eut une fille, nommée Robresse qui épousa le Comte de Vermandois : on lui accorda pour dot l'autre démembrement du Ternois. Elle choisit Hesdin pour la Capitale de son Domaine. Telle fut l'origine des Comtes de cette Ville, que D. Godefroi dit avoir été une Seigneurie distincte & séparée de l'Artois, reconnue pour telle par les Souverains.

On ne s'étoit point avisé de s'élever contre l'existence de ces Comtes avant le différent survenu entre les Abbayes de St. Bertin & d'Auchi au sujet de l'élection d'un nouvel Abbé. La prétention de cette derniere à le choisir entre ses Religieux, a fourni matiere de les faire passer pour des *Comtes imaginaires*; que n'a-t-on ajouté, *pour rire* ? mais les rieurs ne se tiennent pas toujours du même côté. Elle a réclamé en sa faveur la découverte d'une chartre originale (*a*) que nous

---

(*a*) Le différent de ces deux Abbayes ne doit guere

rapportons N.º 3. L'Abbaye de St. Bertin a cru que, pour en attaquer l'authenticité avec des armes victorieuses, Il falloit anéantir les Comtes d'Hesdin. On fit donc sonner le tocsin sur eux par l'Auteur d'une *Lettre critique sur ces prétendus Comtes*, in 4.º de 27 pages. Cet Anonyme (*b*) s'y est pris avec les ruses d'un Ecrivain gagé pour les détruire. Peu de temps avant la publication de cet écrit, j'avois fait inférer, dans les feuilles d'Amiens, des notes imparfaites sur ces Comtes, avec l'intention d'un Historien jaloux de s'éclairer & de perfectionner ses recherches. M. Le Grand de Castelle prit la peine de m'adresser une Lettre in 4.º de 18 pag. en 1777, & une seconde Lettre en 1783 de 36 pag. in 4.º il y soutient le paradoxe de l'Anonyme avec le ton décisif d'un esprit prévenu. La quatrieme de mes questions proposées dans ces feuilles, étoit le nœud gordien : il s'est flatté de l'avoir délié par des preuves négatives & de la déclamation. Tandis que ces deux champions, qui jusqu'alors n'avoient lutté contre personne, s'énivroient de leur triomphe, un de leurs adversaires se présenta dans l'arene. Il étoit armé d'une *Dissertation sur l'existence de ces Comtes*. Sa vue calma leur ivresse. Le combat s'est enga-

---

m'intéresser. Je ne considere la Chartre d'Auchi, que relativement aux Comtes d'Hesdin.

(*b*) Il n'est pas Anonyme pour la ville de St. Omer où l'on sait qu'il s'appelle M. G.... Ses instigateurs lui ont reproché de s'être trop avancé. Il doit regretter d'avoir employé ses talens à défendre une mauvaise cause.

gé & la victoire est restée en balance. En secondant ce dernier, je rendrai les armes égales. Deux contre un auroient trop d'avantage.

La premiere notion que l'on nous donne d'Hesdin, date du temps d'Hélene, qui passe pour s'y être construit un domicile. Il n'est pas croyable que ce lieu ait continué d'être long-temps désert, s'il le fût à cette époque. Le voilà donc Hameau ou Village, de l'aveu du P. Malbrancq, environ six cens ans avant l'Abbé Rameric. La Camisade d'Aëtius, au V.ᵉ siécle, acheva de le tirer de son obscurité. L'Anonyme affecte d'ignorer s'il étoit hameau dans le commencement du XI.ᵉ siécle, parce qu'il veut, avec A. de Valois, que l'action de ce général Romain ait eu lieu à Lens. Une opinion contraire, adoptée cependant par beaucoup d'Historiens, auroit sapé son systême par le premier fondement. Hesdin, selon Thévet, prit bientôt après la forme d'une Ville. Ces faits ne pourroient être démentis que par des témoignages plus puissans que ceux sur lesquels je les appuie. La force égale des preuves engendreroit un doute. L'Anonyme s'est contenté de prouver les choses qu'il nie ou dont il feint de douter, par des plaisanteries.

Je prétens qu'Hesdin, sanctifié par le séjour d'Hélene & renommé par le coup de main d'Aëtius, méritoit quelque considération dès le VI.ᵉ siécle. Il ne suffiroit pas de s'inscrire en faux contre l'existence de Robresse, contre son mariage avec Vagon, la nature de sa dot, le lieu de sa réfidence, enfin contre l'enchainement de tous les faits Hiſtoriques ; il faudroit, malgré la difficulté, démontrer clairement que cette Comteſſe eſt imaginaire, avec toute ſa filiation. On a trouvé plus court d'avancer au haſard que *ce lieu étoit à peine ſorti du néant avant Rameric.* A l'aide de cet expédient, on ſe diſpenſe d'entrer dans aucun détail pendant les dix premiers ſiécles. Mais cette Ville devoit avoir quelque apparence, lorſque les peuples du nord la ravagerent dans le IX.e & le X.e ſiécles, auſſi bien que Térouane, Renti, St. Omer, le Monaſtere d'Auchi & autres lieux... Il étoit trop périlleux de raconter ces faits. Admirez la prudence de l'Anonyme : il les paſſe, comme les autres, ſous ſilence.

Il conviendra du moins de la ſplendeur d'Heſdin vers le temps de ſes derniers Comtes : mais il n'en admet aucun. Quelque choſe qui arrive, je vais fournir des armes contre ma défenſe. Ma franchiſe ſera l'éloge de mon impartialité. On obſervera que je ne garantis pas le rapport tel qu'on le lit dans quelques Hiſtoriens, qui probablement ne font qu'une ſeule autorité : il en réſulteroit un argument défavorable au parti que je ſoutiens.

Chron. des Ducs. Marchant. D'Oultreman. Loc. iiſ. Baudouin *de Mons* fit conſtruire à Heſdin un magnifique château, ſur le haut de la colline, au pied de laquelle cette Ville ſe trouvoit placée, du côté du ſeptentrion. Il y joignit un grand parc, fermé de murailles, dont il exiſte encore des runes (*a*). Son enceinte, destinée à contenir des bêtes fauves, embrassoit une vaste plaine, avec toute la largeur de la vallée de la Ternoise, & même toute la colline extérieure de cette vallée. Ce lieu fut estimé par ce Comte de Flandre comme un des plus délicieux de ses Etats, à cause des belles forêts qui le couvroient, des vignes, des prairies & autres agrémens qui l'environnoient. Tant les Nobles, jaloux de faire leur cour au Prince, que les Marchands avides de gagner la vie, s'empresserent de l'habiter. Afin de les mettre à l'abri de surprise en temps de guerre, on fortifia la partie voisine du château d'une muraille & d'un fossé ; l'autre partie servit de faubourg.

Il est sans doute ici question de Baudouin 6.e du nom, Comte de Flandre depuis 1067 jusqu'en 1070. Enguéran étoit alors possesseur de la Seigneurie d'Hesdin. On pourroit induire de la construction de ce château & du parc, que le premier étoit Comte réel de cette Ville, & que le dernier ne l'étoit qu'en peinture. Voilà, ce me semble, une des plus fortes objections.

Avant d'admettre cette conséquence, je demande 1.º s'il est bien constaté que ce château ait été bâti par Baudouin VI ; 2.º si l'époque de sa construction ne devroit pas se reculer jusqu'après la disgrace de Gauthier II, dépouillé du Comté d'Hesdin vers l'an 1119 ; 3.º s'il n'étoit pas per-

(*a*) On y voyoit en 1463, des Fontaines situées dans les prairies, entre les villages de Grigni & d'Auchi.

mis aux Comtes souverains de Flandre d'élever un pareil édifice dans un Comté dont ils n'étoient pas propriétaires; 4.° s'ils n'en avoient pas acquis le droit en vertu de quelque traité. On aura plus de peine à résoudre ces difficultés que je n'en ai eu à les imaginer. Je finirai par la réflexion suivante. Si un Comte de Flandre a bâti ce château à Hesdin, il devoit lui appartenir & à ses successeurs. Pourquoi donc les Comtes de cette Ville & les Seigneurs du canton se sont-ils, selon Malbrancq, disputé l'honneur d'offrir leur domicile au Comte Philippe d'Alsace, chaque fois que le plaisir de la chasse l'attiroit dans les environs d'Auxi-le-Château, confinant avec ce Comté ? ou le rapport de cet Historien ou celui des autres est suspect de fausseté.

_{Malbr. 1.}
_{20 c. 31.}

J'ai, comme défenseur des Comtes d'Hesdin, tracé leur Généalogie, en indiquant la nature & l'étendue de leur Domaine. elle est, je l'avoue, incomplete, & mes recherches n'ont pu la rendre plus satisfaisante. Mais quelques lacunes seroient-elles une raison de la juger fictive ? l'Anonyme affirme que *des vues secretes, déjà anciennes, ont été la cause de cette qualification*, mais sans donner aucune autre explication. Deux lignes plus bas, il suppose que *quelques-uns jaloux d'une antique origine, aura fait essayer une filiation, pour en imposer à la postérité*. Cette hypothese, gratuitement hasardée, n'en imposera à qui que ce soit. La clarté ne brille pas dans ces deux phrases où l'on appréhende de s'avancer trop. On ne sait si l'on doit croire ou douter. En même-temps l'Auteur se récrie contre le pyrrhonisme : il l'établit lui-même, puisque les Ecrivains n'avoient avant lui contredit l'existence des Comtes d'Hesdin. Est-il croyable qu'ils auroient eu là fausseté ou la bêtise de forger un Comté en l'air ? quiconque se le persuaderoit seroit tenu à découvrir le motif qui les eut incités à nous tromper. Ils paroissent n'en avoir eu aucun : l'Anonyme qui décele le sien, se donneroit envain la torture pour prouver ce qu'il avance ci-dessus.

M. le G. de C. objecte une chartre de l'an 1193, rapportée par Brussel. Elle porte » que » Lambert, Evêque de Térouane, a quitté à » perpétuité le Roi & ses Successeurs Rois, de » l'hommage qu'ils lui doivent pour le Fief » d'Hesdin, lequel hommage les prédécesseurs » du Roi, Seigneurs d'Hesdin, ont fait aux Evê- » ques de Térouane, & qu'en considération de » ce, les Evêques de Térouanne seront quittes du » droit de gite, dont ils étoient tenus, tant envers » le Roi qu'envers ses Sergens ou ses Courriers, lors- » qu'ils venoient à Térouane «. Voilà, conclut-on, la preuve complete qu'Hesdin n'a jamais été qu'un simple Fief.

On distinguoit trois sortes d'hommages, outre celui de Corps qui regardoit les hommes Serfs : *le lige* ou *plein* qui étoit une promesse de servir son Seigneur à la guerre & de le défendre envers & contre tous ; *l'ordinaire*, par lequel le vassal devoit féauté, justice & service ; *le simple* qui se faisoit nuement, sans aucune prestation de serment ou avec quelque exception. C'est ce dernier hommage que nos Rois ont dû rendre aux Evêques de Térouane.

Le Droit de gîte, établi par les Romains, est plutôt une usurpation qu'un droit volontairement accordé aux Seigneurs par les vassaux. Les Grands Bénéficiers étoient assujettis à recevoir les Rois, à leur fournir des voitures & des chevaux. Raoul de Neuville, Evêque d'Arras, s'acquitta de ce Droit envers Philippe-Auguste. Les Villes & les Bourgs ont racheté cette servitude par une somme d'argent ou par une redevance annuelle. Les Evêques & les Abbés s'en sont délivrés de la même maniere. Lors de la réunion du Comté d'Amiens à la Couronne, ce même Monarque le remit aussi à l'Evêque de cette Ville.

La Chartre de l'an 1193, citée par Brussel, n'a rien de commun avec les Comtes d'Hesdin. J'ai observé, à la fin de leur filiation, que l'Artois ayant été uni au Domaine de la France, en vertu du mariage d'Isabelle de Hainaut, ils cesserent d'exister. Ceux qui leur succéderent jusqu'au traité de Péronne ou après, ne furent que de simples Seigneurs relevant de l'Evêché de Térouane, en vertu d'une cession faite par l'un de nos Rois ou par un Comte de Flandre. L'un ou l'autre aura cédé cette Seigneurie aux Evêques des Morins, comme le Comté de Vermandois (a) le fut à

_____

[a] Les Comtes de Vermandois possédoient au X.e siècle, la Seigneurie temporelle d'Amiens : les Rois la don-

ceux d'Amiens. Ainſi l'on ne peut rien conclure de l'hommage & du Droit de gîte ci-deſſus. Cet accord entre le Roi & l'Evêque Lambert II, eſt de l'année 1193.

D'ailleurs la Seigneurie d'Heſdin auroit pu contenir un petit canton reconnu pour Fief & diſtinct du Comté. En combien de Villages voit-on des Fiefs porter le nom de la Seigneurie principale, relevant tous deux du même Seigneur ſuzerain ou de Seigneurs différens?

Je conviendrai, ſi l'on veut, qu'Heſdin étoit un Fief, mais en diſtinguant pluſieurs ſortes de Fiefs. Ceux de dignité ſont les Duchés, les Marquiſats & les Comtés. Celui dont je parle, fut un Fief très-noble, un Fief vraiment Royal, puiſque le Souverain l'avoit décoré du titre de Comté. Malbrancq & Turpin le caractériſent ainſi. Le premier le nomme *prænobilis Dominatus & Satrapia*, Satrapie, qui eſt une eſpece de Gouvernement de Province. Cet Hiſtorien qui a travaillé d'après les archives de St. Bertin, fait ſouvent mention des Comtes d'Heſdin, ſans les reconnoître une ſeule fois pour ſimples Seigneurs. L'Anonyme qui a fabriqué ſes armes dans l'arſenal de cette Abbaye, a eu ſoin de cacher tout ce qui lui ſeroit devenu contraire.

M. le G. de C. reconnoît des Comtes de St.

Malbr. L. 2. & Sckel. l. 3.

---

nerent aux Evêques de cette Ville; ceux-ci la conférent à des Officiers qui prirent la qualité de Vidames. Philippe d'Alſace, à qui ce Comté étoit venu par les femmes, l'avoit cédé à Philippe Auguſte, l'an 1185. *Wuſtel.*

Pol ou de Ternois. Pourquoi donc défavouer ceux d'Hefdin ? ne fortent-ils pas de la même fource, je veux dire, de ceux de Boulogne ? Si l'on admettoit leur exiftence, le frêle édifice du fyftême contraire crouleroit. On n'a aucun intérêt à laiffer tranquillement vivre les Comtes de Boulogne & de Ternois. Mais pour être conféquent, il faudroit les anéantir tous, ou les reconnoître : car les uns font émanés des autres.

Cet Auteur Épiftolaire exige le titre d'érection de la terre d'Hefdin en Comté. Que n'exige-t-il plutôt le titre primordial de l'érection de la France en Royaume, celui de l'inauguration des anciens Rois, les lettres de Prêtrife des premiers Evêques des Atrébates & des Morins, & mille abfurdités ? par là il vérifieroit fi la France eft réellement une Monarchie, fi ces Rois & ces Evêques ne font pas des êtres auffi fantaftiques que les Comtes d'Hefdin. » L'origine de la plupart des
» Fiefs, *dit Argou*, eft fi ancienne, que fi l'on
» vouloit obliger les Seigneurs à rapporter les
» titres des premieres conceffions, qu'on appelé
» proprement inféodations, pour fe faire payer
» de leurs droits, il n'y en auroit prefque point
» qui fuffent en état de les repréfenter ».

Léger fut premier Comte de Boulogne ; Lédegon le fut des Meldes au VIe fiécle. Burchard, Foreftier de Flandre, étoit Comte d'Harlebeck en 687. Othuel ou Othel, Comte de Boulogne vers l'an 740, ajouta par fon mariage le Comté de Lens à fon Domaine. Sifrid fut chef de la maison des premiers Comtes de Guines, vers l'an 936. Nous comptons des anciens Comtes de Renti, de Fauquembergue, d'Arques, de Blangi, de St. Pol, &c. L'existence de ces Comtés & de bien d'autres est certaine : or je serois curieux de lire leurs titres d'érection. Seroit-il sensé de conclure de l'inutilité des recherches pour les découvrir, que ces Comtés sont des chimeres ? on ne doit pas ignorer qu'il y a très-peu de chartres antérieures au XIIe siécle.

Le même voudroit encore l'exhibition des actes de foi & d'hommage, comme s'il croyoit bonnement que cette formalité se consignoit autrefois par écrit. » Anciennement, *dit l'Abbé Ingulfe*, » on conféroit la possession des terres par de sim- » ples paroles, sans chartre & sans aucune écri- » ture. On mettoit seulement en main au Dona- » taire ou à l'Acheteur, un casque, une épée, » une corne, une coupe, quelquefois un épe- » ron, un arc, une fleche, une étrille (*a*) ». La foi & l'hommage se rendoient aussi par des signes ou des figures, *in figuris*, sans qu'il en fût expédié d'acte. Mais ne suis-je pas en droit d'exiger à mon tour que l'on prouve, par des actes de foi & d'hommage, par des rapports & des dénombremens que Hesdin n'étoit qu'un simple Fief ? on prétend que les Comtes de cette Ville (sans doute à l'instar des Comtes souverains de Flandre) au-

Hist. de l'Abb. de Croyland.

―――――――――――――――
(*a*) Lorsque Gontran voulut déclarer son fils Childebert, seul héritier de ses Etats, il le présenta au peuple & lui mit sa lance à la main.

roient dû avoir une Chancellerie. Mais en trouve-t-on chez nos Comtes actuels, à moins qu'ils n'exercent une Jurisdiction souveraine ? d'ailleurs on présume qu'elle fut la négligence des archives dans ces siécles reculés, & combien les guerres y firent de ravages, surtout à Hesdin qui a perdu ses titres les plus précieux.

Si je convenois que les Comtes de cette Ville n'étoient que des Gouverneurs bénéficiaires, mes adversaires commenceroient à se dérider le front. Je serois dispensé de produire aucune sorte d'acte. Mais je les sommerois de me dire par qui ils furent institués Gouverneurs & quelles fonctions ils exercerent en cette qualité. Comme l'Histoire n'en dit mot, leur ressource seroit de tergiverser. Je m'échapperois du filet dans lequel ils auroient cru me tenir. Et en supposant qu'ils me les montrassent Gouverneurs, les chartres & tous les titres n'auroient donc point eu tort de leur avoir attribué la qualité de Comtes.

Si la terre d'Hesdin n'étoit qu'un simple Fief, on rendroit un grand service aux Historiens en indiquant le millésime de son inféodation, en produisant copie des dénombremens & des aveux fournis au Seigneur suzerain. Sinon nous penserons que Hesdin n'étoit ni Comté ni Fief. Il auroit pu cependant être l'un & l'autre. La Bourgogne n'a-t-elle pas été Duché & Comté ?

On sait que les sous-inféodations suivirent de près les inféodations, c'est-à-dire, que les grands Feudataires de la Couronne se créerent des vas-

DINSETTINGE VANDEN GRAEFSCHEPE VAN VLAENDEREN
inder manieren vanden romeynen twaelf graven onder een prinche

TOM. 1.

L'INSTITUTION DU COMTÉ DE FLANDRE.
A la maniere des Romains, douze Comtes sous un Prince.

Boutrois, Sculp.

faux qui ne relevoient que de leurs perfonnes. Les fimples Seigneurs mêmes, qui tenoient du Roi leur Domaine, firent à leur tour des conceffions à des Gentilshommes inférieurs, & ces derniers à d'autres, toujours à de certaines conditions. Les arriere-Fiefs ont ainfi pris naiffance. Léger poffeda, comme patrimoine, la Seigneurie de Boulogne, Fief d'une grande étendue: fon démembrement compofa deux arriere-Fiefs affez confidérables, ceux de Tervanes & d'Hefdin.

Baudouin I, Comte de Flandre, créa 12 Pairs pour fes Confeillers ou Juges Affeffeurs. Le Comte d'Hefdin étoit l'un des fix placés à fa droite. On les nommoit Pairs, comme étant égaux entre eux. Marchantius avoit fans doute la berlue, quand il a confidéré en 1703, dans la chambre de Juftice à Gand, un tableau très-ancien, repréfentant l'inftitution du Comté de Flandre; Baudouin y eft affis au milieu de fes Confeillers. Et le crédule l'Epinoi qui en a fait graver l'Eftampe, pag. 70 de *fes recherches*, ne nous auroit fans doute tranfmis qu'une repréfentation fabuleufe, telle qu'on la voit ici.

Il eft bon d'obferver que les Actes de foi & d'hommage, fournis par les grands Feudataires de la Couronne, ne font point rares, mais qu'il eft très-difficile d'en trouver qui aient été anciennement dreffés par des arrieres-vaffaux ou en vertu des fous-inféodations. Ces derniers, peu importans pour l'honneur de la Monarchie, auront été négligés ou égarés. Ce défaut d'actes eft largement compensé, non-seulement par la Comté-Pairie dont les Comtes d'Hesdin furent décorés, mais aussi par la pluralité des chartres qu'ils souscrivirent.

Ces chartres attestent invinciblement l'existence de ces Comtes. C'est la botte la plus terrible pour leurs ennemis. S'ils réussissoient à démontrer qu'elles sont l'ouvrage des faussaires par l'une de ces frauduleuses manœuvres, l'interpolation ou insertion, l'addition, la suppression ou la contrefaction, ces Comtes ne seroient plus que des fantômes à mes yeux, & je céderois pleine victoire. Mais tandis que l'Anonyme ne nous paiera que de faussetés (*a*), il ne sortira point victorieux de son entreprise. Je lui permettrai de prouver encore que l'Auteur de la vie de St. Josse (*b*), composée en 1015, où l'on fait mention d'un Comte d'Hesdin qui vouloit s'approprier les offrandes de ce Saint, ne mérite pas plus de croyance qu'un acte qui repose dans les Archives de l'Église de Cambrai sur les 16 otages offerts par le Châtelain de cette Ville (*c*). Si le succés de ses preuves répond à la fidélité de ses citations, d'Oudegherst, Meyer, Iperius, Sauvage, Malbrancq, Albéric, Henschenius & Pape-

---

(*a*) Voy. ces faussetés mises en opposition avec la vérité dans la *réponse à sa lettre* sur l'existence de ces Comtes, pag. 15 & 16.

(*b*) Cette vie se trouve à Montreuil dans l'Abbaye de St. Sauve.

(*c*) Voy. l. 3, pag. 272.

brock (a), Marchantius, Guicciardin, Duchesne, Longueval, Vinchant & Ruteau, Godefroi, les ff. de Ste. Marthe, Turpin, Rumet, Foppens, Buzelin, Lemire, Carpentier, les Auteurs de *Gallia Christiana*, le nouvel Historien de Calais, tous ceux qui ont parlé de la bataille de Wimile & de la révolte de Gautier II, en le qualifiant de même que Heffred, Comte d'Hesdin, tous ces Ecrivains, dis-je, & plusieurs autres tant anciens que modernes, me sembleront des visionnaires, des imposteurs, des imbécilles qui ont eu la maladresse de se copier les uns les autres. J'ajouterai que l'Auteur Anonyme de la *Lettre critique* a développé plus d'intelligence, plus de sagacité qu'eux tous, dans l'examen de ces Comtes. Mais tout de bon ces Ecrivains auroient-ils eu l'intention de nous tromper & quel en seroit le motif? Je défie qu'on le devine. S'ils sont coupables d'un mensonge si hardi ou d'une grossiere erreur, que penser de leurs matériaux historiques? Ils nous deviendront suspects. Nous voilà donc sans guides certains, errans à l'aventure dans le dédale obscur des premiers siécles de l'Histoire. Mais je demande lequel est le plus préférable, ou le témoignage de cette foule d'Auteurs ou celui d'un esprit paradoxal qui aura rêvé que Hesdin n'a jamais eu de Comtes, parce que leur réalité seroit défavorable aux vues qu'on lui a suggérées.

─────────

(a) Ces deux Savans observent que Hesdin eut autrefois des Comtes particuliers : *Hesdinum seu Hesdinium antiquum hodierna Artesia oppidum suos olim habuit Comites.*

Certainement un seul parmi eux, tel que le célebre Godefroi, qui a travaillé par ordre du Gouvernement sur les titres de la Couronne, est plus digne de croyance qu'un particulier qui, uniquement pour obliger, n'a suivi que les idées vagabondes de son imagination, sans pouvoir citer un seul Ecrivain qui ait nié l'existence de ces Comtes. L'espece d'héréfie qu'il affiche, est sans doute moins sérieuse que puérile, & l'on est tenté de demander avec Horace, à la vue de sa critique monstrueuse, *risum teneatis amici?*

Si ces Seigneurs n'avoient point été effectivement Comtes, auroient-ils osé en usurper la qualité dans des actes publics, destinés à passer à la postérité? comment le Souverain l'auroit-il ignoré? & le sachant, il auroit eu la foiblesse de le souffrir? lorsque nous nous arrogeons des titres étrangers, ne nous oblige-t-on pas à les désavouer, à les faire biffer des actes? on ne sauroit contester celui de ces Comtes, parce que quelques-uns l'ont omis dans leurs signatures, tels qu'Alolphe dans le Concordat de l'an 1056, & Anselme dans la chartre de 1127. On remarque en plusieurs chartres du XIIe. siécle des souscriptions d'Évêques, de Châtelains & d'autres Officiers, où il n'est pas fait mention de leurs qualités. Ils n'ont signé que leurs noms avec celui du lieu de leur Épiscopat ou de leur emploi, par exemple, *tel de St. Omer,* sans qualification. On lit dans *le Traité de la Diplomatique,* qu'il arrivoit très-souvent que les Comtes & les

N. Diplom. t. 4.

Marquis n'exprimoient point dans leurs chartres de quelles Villes ni de quels cantons ils étoient titrés. De pareilles omissions, communes chez les anciens moins scrupuleux que nous sur cet article, n'arrêtent que les regards d'un critique pointilleux, ou trop peu instruit des usages. Elles ne donnent matiere à aucun argument contre ces Comtes : plusieurs chartres où elles se trouveroient, ne prévaudroient pas contre d'autres qui énonceroient la qualité. Dans la *Collection des Historiens de France*, on observe de ces fréquentes omissions, telles que *Balduinus Flandrensis*, *Odo Blesensis*, *Rodulphus de Amboasiaco*, &c. (*a*). La donation du Comte Baudouin *de Lille*, en faveur de l'Église de Bergue en 1067, est simplement signée, Roger de St. Pol, *signum Rogerii de S. Paulo*. Sa qualité de Comte y est oubliée, tandis que le souscripteur qui le précede, a écrit, *Eustache, Comte de Boulogne*. Mais dans un Diplome, donné en 1039 par Hugues, Évêque de Noyon & de Tournai, en faveur de l'Abbaye de Phalempin, les mêmes Roger & Eustache avoient pris la qualité de Comte (*b*). Alolphe & Anselme étoient donc libres de signer avec leurs titres. Il est clairement prouvé que leurs prédécesseurs & successeurs en userent ainsi. Ce dernier est repris dans la Chartre de l'an 1127 avant les Com-

---

(*a*) De telles omissions fournissent ailleurs ; voy. entre autres, Meyer aux années 1096, 1101, 1142, 1193, 1203, &c.

(*b*) Voy. A. le Mire, t. 1. p. 52 & 511.

tes de Boulogne & de Guines; on voit par cette préféance qu'on lui confervoit fon rang de Pair affis à la droite. Il n'eft pas toujours effentiel de fe parer d'un titre qui eft dû. De grand feigneurs l'omettent tous les jours dans les fignatures. D'ailleurs Charles de Danemarck avoit confifqué le Comté d'Hefdin fur Gautier, prédéceffeur d'Anfelme, pour avoir défendu le parti de Guillaume d'Ipres : peut-être n'étoit-il pas encore reftitué, en 1127. Dans ce cas, feroit-il furprenant qu'il n'eût pas figné comme Comte ?

Avant de combattre une vérité hiftorique, reconnue par un grand nombre d'Écrivains, il eft de la prudence de bien combiner le pour & le contre, de pefer la force des preuves, & de convaincre les lecteurs de l'impartialité qui a guidé la plume. Or l'exiftence des Comtes d'Hefdin a été généralement avouée jufqu'à nos jours. Leurs adverfaires n'ont découvert aucun nouveau titre contraire. Tout ce qu'ils citent, a été obfervé par des Hiftoriens qui n'ont pas fongé à les anéantir. Leurs preuves négatives font incapables de convaincre. De plus on convient que l'efprit de partialité a mis le glaive dans les mains de l'Anonyme. Il s'eft figuré qu'il alloit terraffer ces Comtes & leurs partifans; fes vains efforts ont rendu leur triomphe plus éclatant.

AVIS

AVIS.

LA Table des matieres indiquera, encore mieux que les Sommaires, la nature & le nombre des articles traités dans ce premier tome ; le second auroit été livré à la Presse les premiers jours de Juin, sans un voyage de Paris, où je vais reprendre & terminer mes recherches, afin de porter dans mon Manuscrit les additions & les corrections convenables. Après mon retour dans deux ou trois mois, les tomes suivans seront expédiés le plus promptement possible. On est bien excusable quand on differe pour un mieux.

Le Public doit être persuadé que je ne songerai jamais à lui en imposer, en lui faisant accroire que j'ai fouillé dans les archives, tandis que je n'aurai copié que de mauvais Manuscrits, des Almanachs, des Gazettes, les Mémoires de nos Bailliages & de nos Villes & autres écrits fugitifs. Il est facile de s'assurer, par les dépositaires des titres, des recherches d'un Historien. Mes amis connoissent les peines que je me donne pour approprier à cette Histoire tout ce qui peut en augmenter l'intérêt ; elle doit être l'ouvrage réfléchi d'un certain temps. La précipitation n'engendre que du bousillage, c'est-à-dire, une compilation de faits entassés les uns sur les autres sans ordre ni liaison, sans suite ni exactitude de chronologie. Les grands ouvrages, les mémoires & les manuscrits que j'ai feuilletés, formeroient une précieuse bibliotheque.

TABLE DES MATIERES
DU TOME PREMIER.

Ab. *signifie Abbaye ;* **B.** *Bourg ;* **Ch.** *Château ;* **Ev.** *Evêque ;* **P.** *Peuple* ou *Peuples ;* **V.** *Ville ;* **R.** *Riviere* ou *Ruisseau ;* **S.** *Saint. Le chiffre romain renvoie à la Préface.*

A.

Aa ; R. 53. son canal, 54.

Abbayes d'Artois, Lettre circulaire de l'Auteur à ces Abbayes, xxxiii.

Adalsgaire ou *Adalfgaire*, Seigneur d'Auchi, 267.

Adrien ; bien & mal qu'il fit, 136.

Aëtius, Général Romain ; son caractere, 191 *& suiv.* Sa Camisade, 193. Il fait sa paix, 195. Sa conduite contre Attila, 245. Sa mort, 246.

Agnéric, Comte d'Arques, 263.

Agrippa (V), Gouverneur de la Belgique, 131.

Aimeric, 2.d Comte de Tervanes, 262. il est tué, 265.

Ainé des familles ; favorisé par une ancienne Coutume, 203.

Aire ; ancienne branche de son commerce, 199. Ce qui s'y pratique aux funérailles, 202. Passage de Thévet sur les habitans, 209. Forestiers de Flandre enterrés dans cette Ville, 299 *& suiv.*

Alains, p. 186.

Alaric ; sa défaite par Clovis, 249.

Albin [Cl.] ambitieux Général Romain, 139. Sa fin tragique, 140.

Alcaire, 1.er Comte de Ponthieu, 261.

Aldegonde [Ste.] cousine de Ste. Aye, 316.

Aldéric, Comte d'Arques & pere d'Agnéric, 264.

Allemands ; signification de ce terme, 189. Ils sont vaincus à Tolbiac, 249.

Alquines ; séjour des anciens Evêques de Térouane, 44.

Aluise ; chartre en faveur de ce Comte d'Heidin, 330 *& suiv.*

Amand [S.] sa patrie, ses vertus, son Apostolat, les monasteres qu'il a fondés & sa mort, 312 *& suiv.*

Aa ij

Arianſe [S.] ce qui réſulta de ſon martyre, 149.

Ambiorix, Belge, 117. Il eſt vaincu 118.

Ambleteuſe; ancien lieu diverſement nommé, avec un Port, 45. Chétif Village, 85.

Amiénois, p. 26.

Amiens; de ſa Citadelle, 137. Ville floriſſante au IV.e ſécle, 171.

Ammien-Marcellin; de ſon Hiſtoire, XVIII.

Anecdotes, 522.

Année; ſon commencement ſous les Mérovingiens, 196.

Annolin; il ſurcharge les Artéſiens d'impôts & ruine leur pays, 135.

Antimond [S.] travaux apoſtoliques de cet Evêque, 308 & ſuiv. Sa mort, 310.

Antoine [M.] Lieutenant de Céſar, 143 & ſuiv. Maître des Artéſiens, 130.

Antonin le pieux; ſon éloge, 137. Etat de la religion ſous ſon regne, 149.

Arbalétriers; leur origine, 232.

Argaſſe, Comte, 184.

Arcade, 185.

Archives; à qui eſt convenable le moyen d'en forcer l'ouverture, XXXIII.

Arioviſte, Roi des Germains; ſes conquêtes chez les Atrébates & les Morins, 103. Sa défaite par Céſar & ſa mort, 106.

Arius; ſa doctrine pénétra fort difficilement en Artois, 319 & ſuiv.

Armentieres, Village & aujourd'hui Ville de Flandre, 159.

Armes; Arſenaux où elles ſe fabriquoient, 231. Leurs différentes eſpeces, ibid. & ſuiv.

Armoiries; celles de Térouane, 16. de Boulogne, 23. de St. Omer, 26. des Foreſtiers & des Comtes de Flandre juſqu'à Thierri d'Alſace, 300.

Armorique [pays], ſa ſituation & ſon étendue, 6.

Arnoul [S.] ce qu'il étoit, 316.

Arques; pourquoi ce Village eſt ainſi nommé, 36. ſon Comté, 263. donné au monaſtere de St. Bertin, 264. Son étendue, ibid.

Arras; ſon étymologie, 9. Antiquité de ſa Cité, 10. Ce qu'étoit cette Ville dans ſon origine, 13. Céſar y paſſe l'hiver, 123. On la ruine, 135. Carauſe s'en empare, 164. Maxime s'en rend maître auſſi, 185. Ses Manufactures, 223. Ravages que les Huns y font, 245.

Arriere-Fiefs; leur origine, 355.

Artéſiens [anciens] ils paſſent ſous la puiſſance d'Antoine, 130. veulent ſecouer le joug, 131. épouſent le parti des Germains, 133. leur défection, 134. Annolin les ſurcharge d'impôts, 135. leurs malheurs ſous Domitien, 136. ils rentrent ſous la domination Romaine, 142. Ils changent de maître, 142. ils ſont perſécutés, ibid. affranchis du joug des Romains, 143. leur éloge par rapport à la Religion, 144. trois époques de leur converſion & la 1re 144. & ſuiv. Sentimens ſur leurs premiers Apôtres, 145 & ſuiv. 2.de époque de leur converſion, 172 & ſuiv. Ils chaſſent les Barbares, 184. leurs mœurs & uſages, 198 & ſuiv. Leur caractere, 209. & ſuiv. Sentiment de M. Bignon ſur les Artéſiens, 212. leur religion ſous les Romains, 236. 3.e époque de leur converſion, 304 & ſuiv.

Artois; des écrits ſur l'Artois, XVIII.

formation de ce mot, 14. l'étendue de cette Province dans le moyen âge, *ibid.* des Germains y sont transplantés, 131. ravages que l'on y exerce, 135. Antonin *le Pieux* y voyage, 137. on y tolere le christianisme, 155. c'est l'ornement des Gaules sous Julien, 170. biens procurés à l'Artois par Valentinien I, 172. la religion y fleurit, 174. inondation des Barbares, 186. Cette Province sort de la domination des Romains, 192. son climat & ses influences sur les habitans, 205 & *suiv.* Maladies qui y regnent, 207. la populace y parle mal, 211. Vide dans son Histoire, XXVII & 280. fléaux qui l'affligent, 283. Autre Vide dans son Histoire, 286.

Artur [A] 244. Il revendique les possessions de son neveu dans la Morinie, 254. sa mort & son tombeau découvert, 260.

Ataulfe, 189 & *suiv.*

Atrébates; leur ancienne situation, 10. étendue de leur pays avec les divisions, 13. peuples de leur voisinage, 26 & *suiv.* Leur Gouvernement & leurs Loix avant César, 127. leur état primitif, 143. leurs Provinces divisées en Dioceses, 150. leurs ressources primitives, 211.

Attila; il ravage les Gaules, 243. & *suiv.* Sa défaite, 244. sa mort, 246.

Atton, 13.ᵉ Comte de Terrares, 318.

Aubigni, bourg d'Artois, 139.

Auchi, Ab. chartre de sa fondation, 333 & *suiv.*

Audoëre ou *Audovere*, origine & malheureux sort de cette Reine, 281.

Audruicq; rétablissement de son château, 49.

Au gui la neuf ou *Agui la neuf*; ce que c'étoit, 240.

Auguste; signification de ce terme, 130. comme Empereur, *voy. Octave.*

Aurélien; sa mort, 143. persécuteur de la Religion, 155.

Austreberte [Ste.] pourquoi dite *Virgo Tervenensis*, 265. son origine, 267. abrégé de son Histoire, 268.

Authie, R. 54.

Auteur; remercimens de l'Auteur de cette Histoire à ceux qui l'ont obligé, VI. & *suiv.*

Avoués; leur origine, 128.

Aye [Ste.] de qui elle étoit fille & épouse, 316.

B.

Bágaudes, Voleurs, 162.

Bailleul, petite V. de Flandre, 51. son Fondateur, 245.

Baldéric, Év. Auteur d'une Chronique & Fondateur d'un Prieuré, 313.

Bapast, (Fontaine de) 76.

Barbare; signification de ce terme, 6.

Baron d'Ordre; le Ier. créé, 319 nombre de ces Barons & leurs fonctions, *ibid.*

Baronius; ses annales, XXXI.

Bastelne, espece de litiere, 201.

Bataille; diverses formes de bataille chez les Romains, 116.

Batisfid, fils de Robresse & Comte d'Hesdin, 267.

Baudouin I, Comte de Flandre; création de ses 12 Pairs, 355.

Baudouin II, dit *le Chauve*; ce Comte de Flandre mis en possession des Comtés de Boulogne &

de Tervanes, 320.

Baudouin VI, dit *de Mons*, Comte de Flandre, 168 & 346.

Bavai, Métropole des Nerviens, 27.

Bavon (S.) translation de son corps, 314. Monastere de ce nom, *ibid.*

Beauvoir, R. 55.

Belges; leur origine, 4. Leur ligue contre César, 107. Leur jonction aux Tréviriens, 138. Leurs mœurs & usages, 197 & *suiv*. Leur caractere, 208 & *suiv*. Leurs habillemens, 213. Leur langue, 217. Exercices communs à leurs enfans, 230. Leurs usages à la guerre, *ibid*.

Belgique (la) 2 & *suiv*. Peuples qu'elle renfermoit, 4. Ses Villes, 9. Plusieurs de ses Gouverneurs, 134 & *suiv*. Sa rechute dans l'idolâtrie, 173.

Belgium; quelle étoit cette contrée, 31. César y retourne, 123.

Bellovaques, P. 26 & *suiv*. Leur défaite par les Romains, 122.

Bergue St. Vinock, son origine & son 1.er nom. 50.

Bert (Fontaine de S.) 78.

Berte, 16.e Comtesse de Tervanes, 320.

Bibrax, V. des Rémois, 81.

Biere, ancienne boisson, 200.

Birin [S.] Év. 153.

Birrus; sa signification, 214 & *suiv*. *Atrebatium birri*, 224.

Blandinberg, Monastere, 314.

Bomi, ancien village, 46.

Bonose, Gouverneur de la Belgique & usurpateur puni, 154.

Boulogne; son ancienne dénomination & son origine, 22 & *suiv*. Révolutions que cette Ville a subies, 24. Sa réunion à la Couronne, *ibid*. Fonctions de ses Comtes, *ibid*. Le port Itius n'y étoit pas, 85. L'Empereur Adrien y reside, 136. On y bâtit une Église, 153. Carausie s'empare de cette Ville & en fortifie le port, 164. Le Grand Constantin y séjourna, 168. Valentinien I. s'y embarque, 172. Origine de ses Comtes, 265 & *suiv*.

Bournonville (Guill. & Gér. de) 274.

Bragum, ancien nom de Montreuil, 319.

Brai, R. 55.

Bretons, P. 26 & *suiv*.

Brette, R. 65.

Brigandage; à quelle condition autrefois permis & pourquoi, 128.

Brunehaut; opinions sur les grands chemins que l'on attribue à cette Reine, 38 & *suiv*. Elle se remarie avec son neveu, 282. Ses intrigues & sa mort ignominieuse, 285. Réflexions sur cette Reine, *ibid*.

Brutus (D) Amiral Romain, III. Il est chassé des Gaules, 130.

Buc (Ch. de) son origine & sa situation, 287.

Busnes, R. 55.

C

Cabarets; ordonnance de 1414 pour en diminuer le nombre, 210.

Calais; son ancien nom, 91. reconnu pour port Itius. *ibid*.

Calédoniens, P. 140.

Caligula; sa folle vanité, 133 & 322.

Cambrai; son origine, 10. Capitale des Nerviens, 27. ravagée par les Huns, 245.

Cancie, R. 55. son canal, 56.

Capelle; étymologie de ce Village 40.

Cararie, Chef des Morins, 245.

il regne sur Térouane, 248. on lui tranche la tête, 249 & suiv.

Carause, Ménapien ; son origine, sa révolte, ses exploits & sa mort, 163 & suiv.

Carenci, R. 75.

Carin, Officier Romain ; sédition qu'il appaise dans la Morinie, 131.

Carin, fils de l'Empereur Carus ; ce tyran est tué, 155.

Carmesses ; leur origine, 210. ce qui se pratique à celles de Dunkerque, 286.

Casaques d'Arras ; mot de Gallien à ce sujet, 214.

Cassel ; antiquité & célébrité de cette Ville, 47 & suiv. sa forteresse 102.

Cassivellaune, Chef des Bretons, 96.

Castel de César, voy. Mont-Câtel.

Castellum Morinorum & Menapiorum ; ce que c'étoit, 102.

Cativulce, Belge, 117.

Cats ou Cattes, (mont des) 51.

Cavron [R. de] 72. donation de sa Seigneurie, 270 & suiv. acte sur les droits de justice & de voierie dans ce Village, 359.

Centrons, P. 26 & suiv.

Centule, voy. St. Riquier.

Centurion, Officier chez les Romains, 108.

César ; signification de ce terme, 130.

César, [C. J.] ses Commentaires, XVIII. son camp vers Estrun, 10 & suiv. son embarquement pour l'Angleterre, 93 & suiv. sa naissance, 103. il s'oppose aux conquêtes d'Arioviste & le défait, 104 & suiv. son inquiétude à la bataille de la Sambre, 108. ses expéditions chez les Morins 111 & 114. réflexions sur ses conquêtes, 118. sa mort, 130.

Champ Saint (le) pourquoi ce lieu nommé ainsi, 153.

Charlatanisme, ses intrigues pour le débit des ouvrages, VI.

Charpentier (J. le) de son histoire de Cambrai, XXII.

Chars, leur usage à la guerre, 235.

Chartres ; caracteres de leur fausseté, 356. manieres différentes de les souscrire, 358 & suiv.

Chemins ; différence des chemins verts de ceux des Romains, 37 & suiv. & 89. ancien chemin d'Arras à Térouane, conservé, 47.

Childéric ; sa disgrace & son rappel, 247 & suiv. il divise les Gaules, 248. sa mort, ibid.

Chilpéric, Souverain de l'Artois, 280, comparé à Néron, ibid. guerre qu'on lui fait, 281. il rentre en possession du Soissonnois, 282. il punit la révolte de son fils, ibid. il est poignardé, 284. son caractere, ibid.

Chorographie ; son utilité, XXVI.

Chryseuil ou Chrysole [S.] Apôtre des Nerviens, 151. son martyre, 159.

Cicéron [Q] Lieutenant de César, 117.

Cimetiere ; on y enterroit les anciens sans distinction, 327.

Civitas ; signification de ce terme latin, 15.

Clarence ou R. Choquoise, 57.

Claude ; entrée de cet Empereur dans la Morinie, 133 & suiv.

Cleniance, R. 58.

Clodion ; les conquêtes de ce Roi, 191 & suiv. il est battu par Aëtius, 193. sa mort, 195.

Clotaire I; en quoi confiftoient fes Etats, 253. il devient maître de toute la monarchie Françoife, 280. fa mort & fes quatres fils partagés, *ibid*. ce qui lui arriva avec St. Vaaft, 327.

Clotaire II; vainqueur & vaincu, 285. en quoi confiftoient fes Etats, *ibid*. il devient maître de tout l'Empire François, 286.

Clotilde; conduite vertueufe de cette Reine, 249.

Clovis; il défait Syagre, 248. fa converfion, 249. fa victoire à Vouillé, *ibid*. ce que l'on penfe de fes meurtres, 252. fa mort & partage de fes Etats, 253.

Cochilias; il trouble la paix en Artois, 261. il eft tué dans un combat, 261.

Cohorte Romaine; ce que c'étoit, 8.

Cogeul, R. 58.

Colme, R. 59.

Colomban, [S.] fa patrie & fon Apoftolat, 312.

Comines, [Ph. de] de quel lieu natif, 159. fondation de la Collégiale de Comines, 160.

Comius; médiateur de la paix, 96. prifonnier chez les Bretons, 115. il fut relâché peu de temps après, 94 & 120. fon éloge & les caufes de fon élévation, 119 & *fuiv*. fa révolte, 120. fa défaite, 121. continuation de fa révolte, 124. réflexions fur fa conduite & fa fin malheureufe, 125.

Commerce, fa liberté & fes privileges dans les premiers âges du Chriftianifme, 222 & *fuiv*.

Commode; vexations de cet Empereur dans la Belgique, 138. état de la Religion fous fon regne, 140.

Comté [la] R. 5).

Comtes; leur origine & leurs fonctions, 255 & *fuiv*. de différentes fortes, 256. abus qu'ils firent de leur autorité, 258.

Concordat, confirmé entre Bernard, Comte d'Hefdin, & l'Abbé St. Sauve de Montreuil, 339 & *fuiv*.

Concubinage, autrefois permis & aujourd'hui réprouvé, 253.

Conftance, frere de Conftantin le jeune, 169 & *fuiv*. fon indifférence pour la Religion, 173 & *fuiv*.

Conftance-Chlore; fa conduite à l'égard des Chrétiens, 155. un des deux Céfars affociés à l'Empire, 164. fes actions & fa mort, 165.

Conftant [Jul.] il défait les Francs 169. il eft maffacré, *ibid*.

Conftantin le Grand, aufpices favorables de fon regne, 165. il bat les Francs, 166. fon zele pour la Religion, 174.

Conftantin le jeune; fon appanage & fes actions, 169.

Conftantin, Soldat ufurpateur; il pénètre dans la Morinie, 187. il obtient le Confulat des Gaules, 188 & *fuiv*.

Correa, Chef des Bellovaques; il combat & périt, 121 & *fuiv*.

Correyus, Auteur fabuleux, XIX.

Cotta (L. A.) Lieutenant de Céfar, 115 & 117.

Courant, R. 60.

Courtrai, V. 314. de fon ancien Monaftere, *ibid*.

Coxin, char des anciens, 234.

Crânes; leur ufage chez les Gaulois, 200.

Cran-Madame; ce que l'on appelle ainfi, 11.

Crépin & Crépinien [SS.] Apôtres des Sueffons, 151.

Chrechea, R. 60. de qui il dépend, 61.

Critique ; caracteres d'une bonne critique, XXXII & *suiv.*
Crotoi, ancien Monastere, 262.
Cuens, voy. *Queen.*

D.

*D*Anois ; leur défaite, 261.
Dece, persécuteur implacable de la Religion, 149 & *suiv.*
Decentius, César ; son désespoir, 169.
Denis [S.] il divise les Provinces en Paroisses ou Dioceses, 150.
Despautere [J.] de quel lieu natif, 159.
Désurcanes ou *Desvres*, 44.
Deule, R. 61. son canal, 62.
Deurne, un Village où étoit un ancien Monastere, 314.
Didier ou *Difier*, 5e. Comte de Tervanes, 316.
Dimanche ; loi pour le sanctifier, 167.
Dioclétien ; Auteur de l'association à l'Empire, 161. persécuteur outré des Chrétiens, 173.
Diogene [S.] Missionnaire chez les Atrebates, 177. & *suiv.* Son martyre, 179. manne qu'il fit recueillir, 324.
Disparg ; où étoit ce château, 192.
Domitien ; imitateur de Néron, 135. & *suiv.*
Doudeauville, Baronie, 39.
Doulens, ancien boulevard de la Picardie, 46.
Droits onéreux ; leur origine, 258.
Dronghem, Monastere 315.
Druides, Prêtres Gaulois, 237 & *suiv.* Leurs différentes classes & fonctions, 239 & *suiv.*
Drusus, Général Romain, 11. sage Gouverneur de la Gaule, 131. sa mort & son successeur, 134.

Ducs ou *Chefs* ; leur origine & leurs fonctions, 254 & *suiv.* Abus qu'ils firent de leur autorité, 258.

E.

*E*Change des effets commerçables, 223.
Édiles ; leurs fonctions, 6.
Edvens, p. 104.
Église ; on y enterroit autrefois fort rarement, 327.
Électre, métal, 222.
Éler, noble Breton, 43.
Eleuthere [S.] Ev de Tournai, 252.
Elnon, Monastere de St. Amand, 314.
Emergarde ou *Emergaët* ; tragique aventure de cette Princesse, 287 & *suiv.*
Empire Romain ; mauvais choix dans les Successeurs, 142. 1.re époque du bas Empire, *ibid.* division de l'Empire & les causes de sa ruine, 183.
Enceladus, voy. *Licinius.*
Éperlecque, ancien Comté, 44.
Ere de Dioclétien ou *des Martyrs* ; quand elle commence, 156.
Escrebieu ou *Esrebiere*, R. 61.
Esirires, petite V. aujourd'hui Comté, 44.
Estaminets, 210.
Estrun, R. 63. fontaine d'Estrun, 77. son ancien Camp, 10. & 118.
Étaples ; origine du nom de ce lieu ; son château & les trois hommes célèbres qui y naquirent, 41 & *suiv.*
Étymologies de plusieurs lieux, 32 & *suiv.*
Eucaire ou *Euchaire* [S.] Ev. 148.
Eugene ou *Eubert* [S.] Apôtre des Nerviens, 151. mort 160.

Eustache, Abbé de Montreuil; acte qu'il passa en faveur d'un Comte d'Hesdin 276, & 339.

F.

Fabius (C.) Lieutenant de César, 117 & 121.

Farmatifiens ou *Ennuiers*, p. 193.

Faron [S.] Ev. fondateur d'un Monastere, 45.

Fauquembergue; monnoie que l'on y battoit, 229. par qui fut possédée cette Seigneurie au commencement de VII.e siécle, 317.

Femmes; leur esclavage, 202.

Fiefs; de plusieurs sortes, 351. leur origine, 352.

Firmin [S.] Apôtre des Amiénois, 151. les travaux & le martyre de leur 1.er Evêque, 160 & *suiv*.

Flamand; d'où ce nom provient, 297.

Flandbert, neveu de Clodion, 195. il est tué en combattant les Barbares, 244. de ses enfans, *ibid*. & *suiv*. les 1.ers Comtes de Tervanes en descendoient, 265. autre fils & Successeur de Flandbert, 287.

Flandre; ses 1.ers Comtes au VI.e siécle, 264. son ancienne étendue & sa division, 296. avantages que lui procurerent les 6.e & 7.e Forestiers, 302 & *suiv*.

Fléaux; divers fléaux en Artois, 326.

Fleurettes; monnoie, 229.

Florus [J.] il souleve les Belges, 132.

Fontaines en Artois, 78.

Fontes; Village connu par ses Cressonnieres, 47.

Forestiers de Flandre, leur origine, 294. leurs fonctions, 297 & *suiv*. Etendue de leur Gouvernement, 295.

Ces Forestiers sont, I. Lideric, I. 295.
II. Antoine, 300.
III. Burchard, *ibid*.
IV. Estorede, 301.
V. Lideric II, *ibid*. fut-il propriétaire de la Flandre? 302.
VI. Engelram, 302.
VII. & dernier. Odoacre, 303.

Forêt charbonniere; pourquoi nommée ainsi, 297.

Frameuse ou *Framekilde* [Ste]; temple que cette épouse de Batefrid érigea, 167.

Francs; quels étoient ces peuples, 6. étendue de leur Contrée, 7. ils sont défaits par Constantin *le Grand*, 166. encore vaincus par Jul. Constant, 169. pourquoi ainsi nommés & leur costume, 184. leur établissement dans les Gaules, 191. quand appelés François, *ibid*.

Francs-Saliens, p. 190.

Frédégonde; crimes qu'on lui impute, 281 & *suiv*. sa punition, sa mort, son origine, 284.

Fréderife [Ste.], sa sortie d'Angleterre & le lieu de sa retraite, 46.

Frémond, II.e Comte de Tervanes, 318. sa disgrace, *ibid*.

Frémondin, 12.e Comte de Tervanes, 318. devint-il Comte chez les Atrébates? *ibid*.

Fruges; origine de ce Bourg, nombre de ses habitans & ses divers Seigneurs, 43.

Fumers, 6.e Comte de Tervanes, 316. Seigneur de Renti & Fauquembergue, 317.

Funérailles chez les Gaulois, 202.

Furfi [S.] temps & lieu de sa mort, 40.

Fufcien (S.] Apôtre des Térouanois, 151 & *suiv*. il est persécuté & martyrisé, 156 & *suiv*.

G.

Gache, R. 63.
Gaguin, [Rob.] 84.
Galba, Roi de Soissons; chef de la conjuration des Belges, 107.
Galba, Empereur, 134.
Galet, Village dans l'Amiénois, 83.
Gallien; mot de cet Empereur sur les étoffes d'Arras, 214.
Gallus; persécuteur de la Religion, 150.
Gand [S. Pierre de] Monastere, 314.
Gaules [notice & division des] 1 & suiv. construction & fortifications de leurs Cités, 8.
Gaulois; leurs anciennes Loix, 127 & suiv. ennemis d'une grosse corpulence, 129. on leur donne le droit de bourgeoisie, 134. leurs désastres sous les Officiers Romains, 142. fléaux qui les affligent, 154. leurs usages dans le coucher, les repas, &c. 200. leur maniere de se retrancher & de se défendre, 231. leurs Dieux, 236. leur opinion sur l'ame, 237. leurs Prêtres, ibid. & suiv. cruels dans leurs sacrifices, 240.
Gazet; sentiment sur son Histoire Ecclésiastique, XIX.
Geneviève de Paris [Ste.] par qui fut bâtie son Eglise, 249.
Gentien; son courage & son martyre, 157 & suiv.
Germanie; ce que c'étoit 4 & 7, ses anciennes Loix, 127 & suiv. ses mœurs & usages, 204. de ses chevaux, 230. ses Dieux, 236. ses Druidesses ou Prophétesses, 238.
Gessorisc, ancien nom de Boulogne, 23 & 86. le *Gessoriscum navale*, selon Malbrancq & autres, 48, 85, 86 & 99. l'Empereur Claude s'embarque dans ce Port, 134.

Gessoriaques, p. 26 & suiv.
Gi [Pont du] comme riviere, 63.
Gillon ou *Gilles*, Comte; il gouverne pendant l'interregne, 247. sa mort, 248.
Gite [droit de] en quoi il consistoit, 350.
Godefroi [D.] citation de son *traité des droits du Roi sur le Comté d'Hesdin*, 278 & suiv.
Good, (G.) son témoignage sur la mission de Joseph d'Arimathie, 146.
Gordunois, p. 26 & suiv.
Gots, p. 188.
Gouverneurs anciens; ce qu'ils étoient, 255.
Gracilis ou *Gracchus* [Æl.] 134.
Gratien, déclaré Auguste, 172, 176. & 182. sa mort & son éloge, 183.
Gravelines; sa signification, 34. origine, canal & château de cette Ville, 49.
Grégoire de Tours; de ses Annales, XVIII.
Groenberg, voy. *Bergue-St. Vinoc.*
Grudiens, p. 26 & suiv.
Guarbecque, R. 64.
Guines; ancienneté de cette Ville & son 1.er Comte, 40.
Guingalois [S.] voy. *S. Sauve*.

H.

Habillemens militaires, 235.
Ham, R. 64.
Hasebrouck; son petit canal, 69.
Hatton, voy. *Atton*.
Hebbingshem, ancien nom de Sithiu, 25.
Hecquet, [Ad.] Carme, cité, 159.
Hélene [Ste.] sa répudiation, 164 & 167. Son origine, ses vertus & sa mort, 167. choisit-elle Hesdin pour son domicile? ibid.
Helgot ou *Hilgot*, 15.e Comte de Terranes, 319.

Hellefaut, Village; construction de sa 1.ere Eglise, 152.

Hemfride, Baron d'Ordre, mis à mort, 320.

Hennequin, Comte; il est tué à la bataille de Wimile, 320.

Hesdin, V. son origine & son 1.er château, 168, 345 & *suiv*. origine & filiation de ses anciens Comtes, 265 & *suiv*. étendue de son Comté, 269. il est incorporé dans la Flandre, 277. citation de plusieurs personnes qui porterent le nom d'Hesdin, 277 & *suiv*. dissertation en faveur des Comtes de cette Ville, 342 & *suiv*.

Histoire; publication d'une prétendue Histoire d'Artois, v. définition, caracteres & utilité de l'Histoire, ix & *suiv*. points essentiels à observer quand on l'écrit, xii & *suiv*. de la narration, xiv. diverses manieres d'écrire l'Histoire, xvi & *suiv*. préjugé en faveur d'un Ecrivain qui entreprend celle de sa patrie, xxiv. sujets principaux traités dans cette Histoire, xxvii & *suiv*. obstacles qui arrêtent dans cette entreprise, xxviii & *suiv*. gloire & utilité de cette Histoire pour les Artésiens, xxv & *suiv*. avis aux Lecteurs sur l'Histoire littéraire de cette Province, xxx. moyens de perfectionner celle d'Artois, xxxiv.

Historien; ses principaux devoirs, ix. précaution dont il doit user, xii. objets qu'il doit se proposer, xv. sentimens sur plusieurs Historiens de Flandre & d'Artois, xviii. autres Historiens cités, xxiv. erreurs dont il est difficile de se garantir, xxxi. & *suiv*.

Hommage; de différentes sortes, 349. comment il se rendoit anciennement, 355. anciens actes de foi & d'hommage difficiles à trouver, 355.

Honorius; Empereur d'occident, 185. son caractere & sa mort, 190.

Hubert; Evêque de Térouane; sa chartre de l'an 1079, 272.

Hugi [Pont d'] *voy. Gi*.

Hugues, Comte de St. Pol; il est cité comme rebelle, 275.

Huns; p. 243. desastres qu'ils causerent, 262.

Hyde de terre; sa quantité, 146.

Hydromel; boisson usitée chez les anciens, 201.

I.

Iperius; ce que l'on pense de ses annales, xx.

Isles flotantes auprès de St. Omer, 78. fête que l'on y donne en 1782, 79.

Itinéraire d'Antonin, 137.

Itius [port] ses divers noms, 80. opinions sur sa situation, 81 & *suiv*. opinion en faveur de Calais, 91. lieu du promontoire d'Itius, 92. systême de Malbrancq sur ce port & son Golfe, 98.

J.

Jargon ancien, 220.

Joseph d'Arimathie; de sa mission, 145.

Joseran de Dijon; grande sévérité que son pere exerça contre lui, 298.

Jovien; vertus de cet Empereur, 175.

Jovin, Empereur d'Occident, 189.

Julien; bonnes & mauvaises qualités de cet Empereur, 170 &

suiv. il est contraire au Christianisme, 174. sa mort 175.

K.

K*ar* ou *Car* ; signification de ce mot, 201.

Kilien [S.], 311. riviere Kilienne, 64.

L.

L*Abienus*, Lieutenant de César, 96, 116 & 121.

Lact, voy. *Nat.*

Lambert [S.) origine de cet Evêque de Lyon, 317.

Landevenec ; nom d'un Monastere, 271.

Langue latine ; la maternelle des Gaules, 217. son usage supprimé dans les Chartres & le Barreau, 218 & *suiv.* Langue *Romance* ; son invention, 220. Langue *Bretonne* ; ce que c'est, 221. Langue *Teutonique* ou *Tudesque* ; son usage, 219.

Laquette, R. 65.

Lave, R. 65. fossés des Laves, 65.

Lédegonde, Comte des Meldes, 263.

Legati ; ceux qui se nommoient ainsi, 256.

Léger I, 1.er Comte de Boulogne, 245.

Léger II, Comte de Boulogne & 1er, Comte de Tervanes, 260. il est tué avec ses deux fils, 262. son épitaphe, 319.

Légions Romaines ; leur origine & leur nombre, 7. César en place dans le Belgium, 31. 117 & 123.

Lens (Comté de) son étendue au VIII.e siècle, 317.

Léonard (S.] Ab. 40.

Lérins, Ab. 179.

Lévêques, P. 26 & *suiv.*

Licinius (Encelladus) concussions de ce Receveur des Impôts, 131.

Licinius, cruel ennemi de la Religion, 174.

Lidéric, Ermite ; son aventure, 289 & *suiv.* pere nourricier de Lideric, Forestier de Flandre, 291 & *suiv.* ce dernier tue dans un combat singulier le tyran Phinaërt, 293 & *suiv.* caractere de ce Forestier, 298. sa nombreuse postérité, 299.

Lis, R. 66. son canal de jonction à l'Aa, 68. depuis quel temps on l'appelle Lis, 70.

Lisbourg, Marquisat, 67.

Locre ; de ses chroniques xx.e

Loix ; celles des Gaulois & des Germains, 127 & *suiv.*

Longvilliers, Ab. 42.

Louene ou *Louere*, R. 69.

Louis, Roi de Germanie ; sa réponse aux soldats de Charles le Chauve, 220 & *suiv.*

Luce ; conversion de ce Roi de la Grande Bretagne, 148.

Lucien [S.] Apôtre des Bellovaques, 151 & *suiv.* son martyre 160.

Lucinus, tué dans un combat, 262.

Lugi, Marquisat, 67.

M.

M*Achines de guerre* 233 & *suiv.*

Madick ou *Madi*, R. 69.

Magnence ; désespoir de ce Comte usurpateur, 169.

Maires du Palais ; ce qu'ils furent anciennement & par la suite, 316.

Maiseroles, autrefois *Maioc*, Village, 40.

Majorien, Empereur d'Occident, 193.

Malaré, fontaine, 76.

Malbrancq (Pere) ce que l'on doit

penser de son Histoire des Morins, XXI.

Malguille, compagnon de St. Furli, 40.

Manne; fait qui s'est passé dans l'Artois à ce sujet, 324 & *suiv.*

Manufactures dans les Gaules, 223 & *suiv.*

Marc-Aurele, Empereur, 137.

Marcone, fontaine, 77. Église construite dans le Village de ce nom, 267. son étymologie, *ibid.* son ancien Monastere, 268.

Marek; Village dans le Calaisis, diversement nommé, 41.

Mariage; maniere d'y procéder chez les anciens, 201.

Marichons [fontaine des] 77.

Martial (S.) 1er. Évêque de Limoges, 147.

Martin (S.) Évêque de Tours, 177.

Materne [S.] son Apostolat, 148.

Mathilde, Dame d'Arques, 262.

Maurisme, veuve de Ragnacaire, 251. son sort après la mort de son époux 260 & *suiv.* elle se remarie, 261 & *suiv.*

Maxime (S.) 177. ses travaux Apostoliques, 180 & *suiv.*

Maxime, Général Romain, 182. & *suiv.* son élévation & sa mort, 246.

Maximien-Hercule; persécuteur de la Religion, 156. son désespoir, 162.

Maximien (Val.) cruel ennemi de la Religion, 174.

Maxmin; persécuteur de la Religion, 149.

Méates, P. 140.

Melde, R. 70.

Meldes, P. 25 & *suiv.*

Ménapie; ancien nom de la Flandre, 296.

Ménapiens, P. 26 & *suiv.* leurs habitations & leurs retranchemens 3. & *suiv.* leur soumission à César, 110. on les souleve, 135. ils sont molestés par les Sicambres 136.

Mérence, (Ste.) trait que l'on en raconte 43.

Mérovée; incertitude sur son origine, 196. fondateur de la Monarchie Françoise, 247.

Mérovée, fils de Chilpéric; son mariage, sa révolte & sa fin malheureuse, 282 & *suiv.*

Merville; petite V. 50.

Mesnil, paroisse de Marconne; chapelle & hôpital que l'on y fonda, 277.

Meullediq, R. 70.

Meyer; ce que l'on pense de ses annales, XX.

Mire [Aub. le] du recueil de ses chartres, XXII.

Moines; de ceux qui ont écrit dans les 1.ers siécles, XXIII.

Molan; de son martyrologe Belgique, XX.

Monasteres; de leurs chroniques & annales, XXIII.

Monnoies; leurs especes, leurs figures, leur usage avant & après Jesus-Christ, 224 & *suiv.* maniere de les fabriquer, 225. lieux de leur fabrication & leur valeur, *ibid.* & *suiv.*

Mont-Blandin, voy. *Blandinbergh.*

Mont-Câtel; ce que c'étoit, 88.

Mont des Cats, voy. *Cats.*

Montreles; étymologie de ce lieu, 40.

Montreuil; son Monastere de Ste. Austreberte, 269. villes anciennement du ressort de son Comté, 279. origine & 1.er nom de cette Ville, 319.

Morins; origine & signification de ce nom, 15 & *suiv.* peuples voisins des Morins, p. 26 & *suiv.* leurs habitations & leurs retranchemens, 111 & suiv. leur soumission à César, 114, violation de leurs promesses & leur punition, 116. leur Gouvernement & leurs Loix avant César, 127. on les souleve, 135. ressources primitives de ces peuples, 221. leur ancienne maniere de commercer, 222.

Morineus ou Morus; conte fabuleux sur ce Général Maure, 16.

Morinie; fixation de ses limites, 17. Divers sentimens sur son étendue, 18 & suiv. son port jalousé, 102. ce pays dévasté par César, 113. 1.er Comte propriétaire de la Morinie, 303 & suiv.

Moucherons (fontaine des) 78.

N.

NAnienus, Général Romain, 184.

Nart ou Mart (le) pourquoi ce lieu ainsi nommé, 35. son étymologie, 267.

Nave, R. 71.

Némétocene, Cité d'Arras, 12.

Néron, Empereur, 134.

Nerviens, P. 26 & suiv. nation Belliqueuse, 102.

Neuf-fossé, R. 71.

Niepe; son petit canal, 69. sa forêt, 99.

Noires mottes, 92.

O.

OCtave; Auguste & Empereur après sa victoire, 130. il établit l'imposition d'un pour cent, 132. ses Ordonnances publiées à Arras, ibid. sa mort, ibid.

Omer (S.) cet Evêque donna le voile à Ste. Austreberte, 268. Comme Ville, voy. St. Omer, lettre S.

Oppidum; signification de ce terme chez les Belges, 112.

Origiacum; sa signification, 12.

Oromansaques, P. 26 & suiv.

Ostrevant; étendue de ce pays, 13 & suiv. diversement écrit en latin, ibid.

Ostrogots, P. 188.

Othès, 14.e Comte de Tervanes, 319.

Othuel ou Othel. 10e. Comte de Tervanes, 317.

Oudegherst (d') de ses chroniques, XIX.

P.

PAgus; ce que César a désigné par ce terme, 14. Pagus Mempiscus; 29. Pagus Gesoriacus, 85.

Pasquier; cité à l'occasion de cette Histoire, v.

Patrice, (S.) sa mission & ses travaux, 177 & 179.

Pavilli; Monastere gouverné par Ste. Austreberte, 268.

Péteresse, voy. Wandone.

Peuple; création des Défenseurs du peuple sous Valentinien I, 172.

Peutinger; ce qu'il faut penser de sa Carte, 87.

Pharaïlde (Ste.) translation de son corps, 314.

Pharamond; élu Roi, 190 & suiv.

Phinaërt; cruautés de ce tyran, 287 & suiv. il est tué dans un duel, 295.

Philibert, I & II; leur origine, 287.

Piat (S.) Apôtre des Nerviens, 151. Martyre de ce 1.er Evêque de Tournai, 159.

Pictes & Ecossois; leurs incursions, 172.

Pierre & Paul (SS.) s'ils vinrent dans la Morinie, 146 & suiv.

Plancus (C. M.) chassé des Gaules, 130.

Planquette, R. 72.
Pleumosiens, P. 26 & suiv.
Pont de fin; ancien pont à Lille, 293.
Ponthieu; pourquoi ce Comté nommé ainsi, 36. il comprenoit deux sortes de Comtés, 263.
Port Gessoriac, 86.
Posthume, Restaurateur de l'Artois, 142.
Préfets du Prétoire; leurs fonctions, 5.
Préteur; ses fonctions, 5.
Probe, Gouverneur de Térouane; ses nombreux exploits, lorsqu'il fut Empereur, 153 & suiv. son mot plaisant sur Bonose, 154.
Proconsul; pays qu'il gouvernoit, 5. ses fonctions, P. 255 & suiv.
Procule; punition de cet usurpateur, 154.
Propréteur, voy. suprà *Proconsul*.
Puits de Boïaval, 80.

Q.

Queen; signification de ce mot, 255.
Quentin (S.) Apôtre des Amiénois, 151. son Martyre, 156. & suiv.
Querne; Seigneur de ce Village au VIIe siècle, 317.
Quintinus, Général Romain, 184.

R.

Ragnacaire; Gouverneur d'Arras, 248. mis à mort, 250 & suiv. sort de sa veuve, voy. *Mantiane*.
Rameric; cet Abbé de St. Sauve institue un Avoué, 271. sa chartre citée, 330.
Raurieq, compagnon de St Vulgan, 311.
Regnier, 17e. Comte de Tervannes, 320. ses vexations & sa fin malheureuse, ibid.

Rémacle [S.] ev. 315.
Remi (S.) ses soins pour la Religion, 305.
Renti; ancienne forteresse & 1er. Marquisat en Artois, 45. par qui fut possédé Renti au VIIe. siècle, 317.
Ricaire ou *Regnier*, Gouverneur de Cambrai, 248. mis à mort, 250 & suiv.
Richilde, Douairière de Baudouin VI, Comte de Flandre; fut-elle Comtesse d'Hesdin? 274.
Rictiovare; ce Gouverneur de la Belgique persécute les Chrétiens, 156 & suiv. son désespoir, 161.
Rigobert, Comte de Blangi, 267.
Rihoult ou *Ruhout*; signification de ce lieu, 48. sa forêt, ibid.
Riquier (S.) Fondateur d'un Monastere de son nom, 311 & suiv. sa mort, 312.
Rivieres; leur origine, 75 & 76.
Robert le Belliqueux, 4e. Comte de Tervannes & Comte de Flandre, 264.
Robresse, Comtesse de Vermandois; Elle obtient un démembrement du Ternois, 265, 1ere. Comtesse d'Hesdin, 267, 345.
Rodolphe, 3e. Comte de Tervanes, 263.
Rustique (S.) 180 & 181.
Ruthéniens, anciens P. 45.

S

Sabinus [Q. T.] Lieutenant de César, 115 & 117. il est tué dans une embuscade, 117.
Sacrovir (J.) il souleve les Gaulois, 132.
Saga Atrebatica; signification de ces mots, 223 & suiv.
Sait ou *Sayon*; ce que c'étoit, 214.
Sainte Marthe

Sainte Marthe (freres de) de leur *Gallia Christiana* xxii.

Saint-Omer, V. de son origine, son accroissement & ses I.res fortifications, 25 & *suiv.*

Saint-Pol; monnoies que l'on y battoit, 227 & *suiv.* son ancien château, 259. sa I.ere dénomination & ses armoiries, *ibid.* ses I.ers Comtes, 260 & *suiv.* étendue de cette Seigneurie, 261. suite de ces Comtes de Tervanes, aujourd'hui St. Pol, 316 & *suiv.* quel devroit être le veritable nom de cette Ville, 308.

Saint-Sauve; du I.er nom de ce Monastere, 270. érection d'un autre Monastere par Helgot, 319.

Saint-Vaast; origine de ce Monastere, 308.

Salvœn, Prince de Dijon; sa rencontre funeste, 286 & *suiv.*

Samarobriva; signification de ce mot, 30.

Sambre (bataille de la) 108.

Samer, Monastere, 317.

Sangate; Village diversement nommé, avec un château, 41. si l'embouchure du Port Itius y étoit, 82.

Saxons, P. 26 & *suiv.*

Scarpe, R. 72. son Canal, 73.

Scupilion, Archiprêtre de St. Vaast, 328.

Seclin; fondation de sa Collégiale, 159.

Sensee ou *Sance*. R. 74.

Séquanois, P. 132.

Sévere (Alex.) avantages de son regne pour l'Artois, 141. son eloge, 142. il avoit été favorable à la Religion, 149. embrassa-t-il le Christianisme ? 165.

Sévere (Sept.) il séjourne dans la Morinie & campe à Térouane, 140. & *suiv.* sa mort 141. il avoit proscrit la Religion, 149.

Sévere; perfidie barbare de ce Commandant des Romains, 172.

Sicambres; incursions de ces peuples en Artois, 136.

Sigebert, frere de Cararic; il est mis à mort, 250.

Sigebert, Roi de Metz; il humilie Chilpéric, 281. il est assassiné, 281 & *suiv.*

Sigefroi ou *Sifrid*; I.er Comte de Guines, 40.

Silicerne; ce que c'étoit chez les Romains, 203.

Simon le Cananéen; de son Apostolat, 145.

Sithiu, voy. *suprà* S. Omer.

Sixte, I.er Archevêque de Rouen; son Apostolat, 147.

Sorricus; son expédition, 138.

Souchez, R. 75.

Stilicon; sa naissance & ses exploits, 185 & *suiv.*

Suéves, P. 186. leur défaite à Tolbiac, 249.

Syagre; sa défaite par Clovis, 248.

T.

Tacite; Gouverneur de la Belgique, 135.

Targette; signification de ce mot, 35.

Taxe; de deux sortes sous les Romains, 170.

Terme des bons hommes; quel étoit ce lieu, 311.

Ternois; I.er démembrement de ce Comté, 163. autre démembrement, 265.

Ternoise ou *Ternois*, R. 75.

Térouane; limites & origine de cette

Ville, 10 & *suiv.* révolutions qu'elle a subies, 22. on la ruine, 135. sa reddition aux Germains, 139. Son état au III.e siècle, 151. Carause s'en empare, 164. Constantin *le Grand* la soumet 166. oratoire qu'y construisit St. Maxime, 180. prise de cette Ville, 183.

Terres, leur partage sous Clovis, 252 & *suiv.*

Tervanes, voy. St. Pol.

Théodebert ; il est tué, 281.

Théodose le Grand ; Prince Religieux, 176, 182 & *suiv.* sa mort, 185.

Thiembronne ; de ses Templiers, 42.

Thierri, Roi ; vainqueur des Danois, 261.

Thomas de Cantorberi (S.) un de ses miracles à Dommartin, 277.

Thibere ; Gouverneur de la Belgique, 131. fait Empereur, 132.

Tour d'ordre à Boulogne, 133.

Tourhoult ou *Thorolt*, B. 51.

Tournai ; ruine de cette Ville, 135.

Tournehem ; d'où ce nom provient, 36. ancienne Ville, 49.

Toxandrois, P. 16 & *suiv.*

Trajan ; ce que l'on pense de cet Empereur, 136.

Transsacaire, Seigneur de Werchin, 43.

Trie (Renaud de) mort enchaîné dans une tour, 45.

Turmes ; ce qu'elles étoient chez les Romains, 8.

Tirans ; ceux que l'on nommoit ainsi, 154.

U.

Ultur ; signification de ce Monastère, 178.

Uther Pendragon, 245.

V.

Vaast [S.] abrégé de sa vie, 305 & *suiv.* prodige qu'il opéra sous les yeux du Roi Clotaire I, 326. fait rapporté sur son inhumation, 328.

Valbert, donateur du Comté d'Arques, 264.

Valbert ou *Wilbert*, 7.e Comte de Tervanes, 317.

Valens, Arien, 176.

Valentinien I ; ce que fit cet Empereur en Artois, 172 & 176. sa mort, 182.

Valentinien II ; sa mort anticipée fut contraire au Christianisme, 176.

Valentinien III ; son accord avec Attila, 245 & *suiv.* meurtre dont on accuse cet Empereur, 246.

Valere [S.] Apôtre des Tréviriens, 148.

Vandales, p. 186. désastres qu'ils causerent, 262.

Veille ; division de la nuit en veilles, 93.

Vanetes ; habiles Marins, 110. forme de leurs vaisseaux, 111. leur defaite par César, *ibid.*

Vargasillaune, Auvergnat, 121.

Verricus ; son expédition, 138 & *suiv.*

Vespasien ; impôt imaginé par cet Empereur, 135.

Vicaires des Provinces, 5. devoirs des Vicaires des Comtes, 255 & *suiv.*

Victor, fils de Maxime ; on lui coupe la tête, 184.

Victorie [S.] Apôtre des Oromansaques, 151 & *suiv.* il est persécuté & martyrisé, 156 & *suiv.*

Victrice (S.) son Apostolat & son Martyre, 177 & *suiv.*

Vicus ; signification de ce terme chez

les Belges ; 182.

Vieute, R. 65.

Vignes ; leur plantation dans les Gaules, 154. mot d'Appollonius fur celles que l'on y avoit arrachées, *ibid*.

Villes ; ravagées par les Huns, 245.

Vimes ; Oratoire que l'on y érige, 180.

Vin ; défense d'en boire chez plusieurs peuples, 201.

Viomade ; sa politique, 247.

Visigots ; P. 188.

Vitellius [C.] sa rivalité, 134. il souleve les Morins & les Ménapiens, 135.

Vlaminck ; sa signification, 297.

Voies Romaines, 36 & *suiv*.

Voitures en usage chez les anciens, 201.

Volusenus, Officier de César, 93 & 114. grièvement blessé, 114.

Vulgan [S.] ses vertus, son apostolat, ses miracles & sa mort, 310. & *suiv*.

Vulmer, 8.e Comtes de Tervanes, 317.

Walmer ou *Vulmar* ; 9.e Comte de Tervanes, 317.

Wandone ; ancien Village, 42.

Warlincourt ; effet attribué à l'eau de ce lieu, 65.

Warneton, ancienne petite V. 51.

Warneton, Préteur & Gouverneur de Térouane, 138.

Waste'au ou *Wastelot*, forêt, 48.

Werchin, ancien Village, 43.

Wervick, R. de Flandre, 50.

Wiere ou *Viliere-au-Bois* ; son Monastere, 317.

Wilberik, voy. *Didier*, Comte de Tervanes.

Wimille ; sa bataille, 270.

Wissant ; signification de ce mot, 33. ancien lieu célebre & son Monastere, 45. le port Itius n'y étoit pas, 88. de la fréquentation de son Port, *ibid*. Vulgan y aborda, 311.

Wizernes ; Monastere que l'on y érige, 174.

FIN DU TOME PREMIER.

ERRATA.

Page xiij, lig. 10, évidence, *lisez* certitude.
Pag. 12, lig. 7, Nemetocenna, *lisez* Nemetocenna.
Pag. *Idem.* lig. 20, a pris, *lisez* a prise.
Pag. 42, lig. 5, Val-Reftaut, *lisez* Val-Reftaut,
Pag. 49, lig. 5 de la note [*b*] convertie, *lisez* converti.
Pag. 50, lig. 6, Niépe, *lisez* Niépe.
Pag. 57, lig. 26, Mareft, Camblain, *lisez* Mareft-Camblain.
Pag. 62, lig. 1, navigable : *lisez* navigable,
Pag. 77, lig. 24, l'ammener, *lisez* l'amener.
Pag. 109, lig. 4, apporté : *lisez* apporté,
Pag. 115, lig. 12, Q. Titurius, Sabinus, *lisez* Q. Titurius Sabinus.
Pag. 116, lig. 1 de la note [*a*], *cuneus*, *lisez* *cuneus*.
Pag. 135, lig. 1 de la note [*a*] a mit, *lisez* mit.
Pag. 136, à la marge fous *L'An 117*, *lisez* *Bergier*, *L.* 1.
Pag. 137, à la marge vers le milieu, *lisez* 138.
Pag. 149, lig. 3, y fit, *lisez* y firent.
Pag. 159, lig. 14, d'Armentiere, [*b*], *lisez* d'Armenüeres (*b*).
Pag. 171, note [*a*], *lisez* nommée.
Pag. 246, à la marge, *P. Coufin*, *lisez* *P. Cauffin*.
Pag. 270, lig. 30, Caveron, *lisez* Cavron.
Pag. 316, lig. 10, St. Arnoud, *lisez* St. Arnoul.
Pag. 317, lig. 1, pour dot, *lisez* pour lot.
Pag. 332, lig. 15, coroniam, *lisez* coroneiam.
Pag. 333, lig. 3, Dominicæ incarnationis Modo indictione XIII. *lisez* Dominicæ incarnationis millefimo indictione XIII.
Pag. 339, lig. 15, *lisez* 11.^{bas} & 111.^{es}
Pag. 356, lig. 17, où l'ont, *lisez* où l'on.

Table des Matieres.

Art. *Lave*, foffés, *lisez* foffé.
Art. *Ménapiens*, 3, *lisez* 111.

PRIVILEGE.

LOUIS, par la grace de Dieu, Roi de France & de Navarre, à nos amés & féaux Conseillers, les Gens tenans nos Cours de Parlement, Maitres des Requêtes ordinaires de son Hôtel, Grand Conseil, Prévôt de Paris, Baillifs, Sénéchaux, leurs Lieutenans Civils, & autres Justiciers qu'il appartiendra : SALUT. Notre *bien amé le Sr. HENNEBERT, Chanoine de l'Eglise de Saint-Omer*, Nous a fait exposer qu'il désiroit faire imprimer & donner au Public l'*Histoire Générale de la Province d'Artois, de sa composition*, s'il nous plaisoit lui accorder nos Lettres de privilége pour ce nécessaire. A CES CAUSES, voulant favorablement traiter l'Exposant, nous lui avons permis & permettons par ces Présentes, de faire imprimer ledit Ouvrage autant de fois que bon lui semblera, & de le vendre & débiter par tout notre Royaume; Voulons qu'il jouisse de l'effet du présent Privilége, pour lui & ses hoirs à perpétuité, pourvu qu'il ne le rétrocede à personne; & si cependant il jugeoit à propos d'en faire une cession, l'acte qui la contiendra sera enrégistré en la Chambre Syndicale de Paris, à peine de nullité, tant du Privilége que de la Cession; & alors, par le fait seul de la Cession enrégistrée, la durée du présent Privilége sera réduite à celle de la vie de l'Exposant, ou à celle de dix années, à compter de ce jour, si l'Exposant décede avant l'expiration desdites dix années; le tout conformément aux articles IV & V de l'Arrêt du Conseil du 30 Août 1777, portant Reglement sur la durée des Priviléges en Librairie. Faisons défenses à tous Imprimeurs, Libraires & autres personnes de quelque qualité & condition qu'elles soient, d'en introduire d'impression étrangere dans aucun lieu de notre obéissance; comme aussi d'imprimer ou faire imprimer, vendre, faire vendre, débiter ni contrefaire ledit Ouvrage, sous quelque prétexte que ce puisse être, sans la permission expresse & par écrit dudit Exposant, ou de celui qui le représentera, à peine de saifie & de confiscation des exemplaires contrefaits, de fix mille livres d'amende, qui ne pourra être modérée pour la première fois, de pareille amende & de déchéance d'état en cas de récidive, & de tous dépens dommages & intérêts, conformément à l'Arrêt du Conseil du 30 Août 1777, concernant les contrefaçons : à la charge que ces Présentes seront enregistrées tout au long fur le Regiftre de la Communauté des Imprimeurs & Libraires de Paris, dans trois mois de la date d'icelle ; que l'impreffion dudit Ouvrage fera faite dans notre Royaume & non ailleurs, en beau papier & beaux caracteres, conformément aux Réglemens de la Librairie, à peine de déchéance du préfent Privilége ; qu'avant de l'expofer en vente, le manufcrit qui aura fervi de copie à l'impreffion dudit Ouvrage fera remis dans le même état où l'approbation y aura été donnée ès mains de notre très-cher & féal Chevalier, Garde des Sceaux de France, le Sr. HUE DE MIROMESNIL, Commandeur de nos Ordres ; qu'il en fera enfuite remis deux Exemplaires dans notre Bibliotheque publique, un dans celle de notre Château du Louvre, un dans celle de notre très-cher & féal Chevalier, Chancelier de France, le Sieur DE MAUPEOU, & un dans celle dudit Sieur HUE DE MIROMESNIL : le tout à peine de nullité des Préfentes ; du contenu defquelles vous mandons & enjoignons de faire jouir ledit Expofant & fes hoirs, pleinement & paifiblement, fans fouffrir qu'il leur foit fait aucun trouble ou empêchement. Voulons que la copie des Préfentes, qui fera imprimée tout au long au commencement ou à la fin dudit Ouvrage, foit tenue pour dûment fignifiée, & qu'aux copies collationnées par l'un de nos amés & féaux Confeillers Secrétaires, foi foit ajoutée comme à l'original. Commandons au premier notre Huiffier ou Sergent fur ce requis, de faire, pour l'exécution d'icelles, tous Actes requis & néceffaires, fans demander autre permiffion, & nonobftant clameur de Haro, Charte Normande, & Lettres à ce contraires. Car tel eft notre plaifir. Donné à Paris le onzieme jour du mois d'Octobre l'an de grace mil fept cent quatre vingt-cinq, & de notre Regne le douzieme. Par le Roi, en fon Confeil. *Signé*, LE BEGUE.

Regiſt é ſur le Regiſtre XXII de la Chambre Royale & Syndicale des Libraires & Imprimeurs de Paris, N.º 28 Fol. 421, conformément aux diſpoſitions énoncées dans le préſent Privilége; & à la charge de remettre à ladite Chambre, neuf Exemplaires preſcrits par l'Arrêt du Conſeil du 16 Avril 1785. à Paris le 11 Octobre 1785. Signé, LE CLERC, Syndic.

J'Ai lu par ordre de Monſeigneur le Garde des Sceaux, le premier volume d'un Ouvrage ayant pour titre Hiſtoire générale de la Province d'Artois, par M. HENNEBERT, Chanoine de l'Egliſe de Saint Omer, & je n'y ai rien trouvé qui m'ait paru devoir en empêcher l'impreſſion. A Amiens, ce 25 Novembre 1785. Signé, BOULLET DE VARENNES.

AVIS AU RELIEUR.

LA Figure sépulcrale d'Enguéran, Comte d'Hesdin, doit regarder la page 273.

La gravure de l'institution du Comté de Flandre, doit regarder la page 355.

Le Carton contient les pages 15, 16, 17 & 18, des feuilles signatures A & B.

www.ingramcontent.com/pod-product-compliance
Lightning Source LLC
Chambersburg PA
CBHW051828230426
43671CB00008B/880